바다에서 본 耽羅의 歷史

개정증보판

바다에서 본 耽羅의 歷史

초판 인쇄 2006년 6월 7일
초판 발행 2006년 6월 15일
개정증보판 인쇄 2008년 6월 16일
개정증보판 발행 2008년 6월 24일
글쓴이 고용희
펴낸이 박경훈
펴낸곳 도서출판 각

도서출판 각
주소 제주도 제주시 건입동 89
전화 064-725-4410
팩스 064-759-4410
홈페이지 www.gakbook.co.kr
등록번호 제80호
등록일 1999년 2월 13일

ⓒ 고용희

ISBN 978-89-6208-006-3 03900

값 30,000원

영주(瀛州)

　진번 해민의 주류는 어쩔 수 없이 조선 왕실을 따라 요하의 왕검성으로 집결하여 진번국을 세웠으나, 많은 진번 해민들은 자유로운 세계를 찾아 황해를 남하함으로써 역사상 첫 번째의 진번 해민 대이동이 시작되는 것이다.

　『탐라국왕세기』(耽羅國王世紀)[7]에는 연왕이 북쪽에 있는 조선을 공격하여 번한의 경계 천여 리를 탈취할 때에 많은 동방 인민이 난을 피하여 배를 타고 남쪽 바다를 건너 탐라로 들어왔다고 기록하고 있다.[8]

　이들 해민 집단은 황해를 남하하면서 해상교통이 편리한 조선반도 서해안과 남해안의 포구로 들어가고, 또 다른 집단은 동지나해를 남하하여 주산(舟山) 군도를 거점으로 항주만(杭州灣)에 산개하며 그 중 일부는 더욱 남하하여 남월(南越)에 이르러 번우(番禺, 지금의 廣州)라는 도시를 이루어 그 곳을 중심으로 장사를 한다.[9]

　또 다른 집단은 선수를 동쪽 일본 열도로 돌려 1세기 초에는 왜의 땅

---

7) 저자와 발행 연대는 알 수 없으나 1805년(乙丑) 발행된 『제주고씨보』(濟州高氏譜)에 탐라국 왕세기가 수록되고 있던 것이 1973년 발행된 『고씨세보』(高氏世譜)에 이어 1979년 발행된 『탐라성주유사』(耽羅星主遺事)에도 수록되어 있다. 추측컨대 조선조 초·중기에 누군가에 의하여 쓰여진 것으로 보이는 이 기록은 45세에 이르는 탐라 국왕의 이름과 함께 터무니없이 신라에 편중된 공허한 내용으로 일관되어 있어서 그 신빙성을 의심치 않을 수 없으나 드물게 해양에 관하여 언급하고 있으므로 탐라사를 연구하는 데 다소 참고가 될 것으로 생각되어 본고에 더러 인용하기로 한다. (저자)

8) '耽羅國 王世紀', 『耽羅星主遺事』, 1979, pp.277~278.

9) "中國往商賈者多取富焉, 番禺其一都會也", 『漢書地理志』, 奧地.

에 100여 개의 나라가 형성되고 있음을 본다.10)

문정창(文定昌)은 B.C. 280년 연(燕)의 장군 진개(秦開)의 난으로 지금의 북경 지방에 위치하던 진번 조선이 망할 때 수많은 조선 사람들이 바다를 건너 일본 열도에 들어왔다고 보고 있다.11)

이들 해민 집단 중에 하나의 현명한 무리가 대륙세력의 침략이 미치지 못하는 곳, 그리고 동서남북으로 흩어진 해민집단의 중심이 되는 하늘과 같이 넓은 바다(天潯中原)의 한가운데 있는 섬 영주(瀛州)로 집결한다. 집단의 지도부는 이 섬에 정착하고 더러는 이 섬의 북쪽, 반도의 서남단에 위치한 영산강을 소급하여 정착한다.

지금의 전라남북도의 경계를 이루는 노령(蘆嶺)은 북으로부터의 외침 방어에 적절하였으며, 영산강의 수로로부터 여수반도에 이르는 해안선은 굴곡이 심하고, 섬들이 많아서 외침을 막는 데 이점이 있었다. 더욱이 영주의 땅과 비교하여 영산강 유역의 기름진 평야지대는 농사를 짓기에 최적의 조건을 제공하였다. 후일 이들은 이 곳에 탐라국을 세우게 된다.

지금까지 탐라국이라는 나라는 지금의 제주도만을 지칭한 것으로 알려져 왔으나 탐라국은 제주도와 오늘날의 전라남도 전역을 포함하는 넓은 지역에 있었음이 밝혀질 것이다.

일본에서는 청동기 문화를 야요이 문화(彌生文化)라고 부르고, 야요이 시대의 시작을 B.C. 3세기로 보고 있으며, 섬나라인 제주도 역시 그 궤(軌)를 같이하여 연나라의 조선공격과 시공적으로 일치하고 있다. 이들

---

10) "樂浪海中有倭人 分爲百餘國, 以歲時來獻見云",『漢書地理志』, 倭.
11) 文定昌, '倭の稱號考',『韓國史の延長 古代日本史』, 柏文堂, 1974, p.15.

번한 해민이야말로 이 시대 동아시아 최고의 조선술과 항해술을 자랑하는 해민 집단이었으며 황하와 요하유역에서 발달한 청동기문화(靑銅器文化)와 양자강 유역에서 발달한 수도문화(水稻文化)를 조선반도와 일본열도에 전한 역사의 주인공이었던 것이다.

왜인국(倭人國)

A.D. 178년경 중국 서쪽 돈황(敦煌)에서 동쪽의 요동에 이르는 광활한 지역을 지배하던 선비족의 수장 단석괴(檀石槐)가 동쪽 지역을 순행(徇行)하다가 넓이가 수백 리나 되는 오후진수(烏侯秦水)라는 흐름이 멈춘 연못에 이르렀다. 그 곳에는 물고기가 많았으나 그들로서는 잡을 수가 없었는데 왜인들이 그물을 이용하여 물고기를 잘 잡는다는 말을 듣고 동쪽에 있는 왜인국을 공격하여 1,000여 가를 데려다가 물고기를 잡게 하여 그들의 식량으로 했다는 고사가 있다.12) 문정창(文定昌)은 이 때의 왜인국을 발해의 북안(北岸)지대로 비정하고 있다.13)

후위(後魏)의 역도원(酈道元)이 찬(撰)하고 왕복청(王福淸)이 교주(校注)한 중국에서 가장 오래된 지리서의 하나인 『수경주』(水經注) 유수(濡水, 灤河)조에 의하면 란하는 열하의 어이진(禦夷鎭) 북쪽을 흐르다가 녹수지(綠水池), 남지(南池) 등 수연(水淵)에 이르러 흐름을 멈춘다고 하였는데 오후진수(烏侯秦水)는 지금의 승덕(承德) 남쪽에 있는 반가구수고(潘家口水庫)가 아닌가 생각된다.

---

12) 『後漢書』, 烏桓鮮卑傳.
13) 文定昌, 前揭書, p.15.

『수경주』(水經注) 권14 대요수(大遼水)조에 의하면 "백랑수(白狼水)는 창려 고성(昌黎 故城) 서쪽을 흐른다. 지리지에 이르기를 교려(交黎)라 하였다. 동부도위치소(東部都尉治所)가 있던 곳이며, 응소(應劭)는 지금의 창려(昌黎)라 하였다. 고평천(高平川)이 서북쪽에서 나와 동쪽으로 흐르다가 왜인이 떠나버린 왜성(倭城) 북쪽을 흐른다. 백랑수는 동쪽으로 흐르다가 두 줄기로 나누어지는데 그 오른쪽 강줄기가 아마 유수(渝水)일 것이다. 지리지에도 유수(渝水)가 백랑수를 받아들인다(首受)"고 하였다.14)

이 곳 요서 지방은 란하의 동쪽 지류와 대능하의 서쪽 지류, 그리고 요하의 서쪽 지류인 시라무렌하(西拉木倫河)와 노합하(老哈河)가 복잡하게 얽혀 있어서 고대 중국인들조차도 명확하게 이들 강줄기를 구분하지 못하였던 것으로 보인다.

또한 왕조의 교체에 따라 하천의 명칭도 변하였으므로 지리서 자체가 혼돈하여 불분명하기는 하나 왜성은 란하의 동쪽, 고평천, 백랑수의 남쪽에 위치한 창려왕검성과 동일한 장소이거나 가까운 거리에 있었음이 분명하다.

진번인의 일부가 배를 타고 왜의 땅에 건너가 나라를 세워 한나라에 해마다 조공하면서 그들의 고향인 이 곳 요서에 기착하고 있었으므로, 바다를 모르던 선비족이 배를 부리는 진번인들을 왜인으로 본 것이며, 진번인들의 창려 고성(昌黎 故城)을 왜인국 또는 왜성으로 본 것이다.

선비족들이 왜인(倭人)이라고 보았던 요서의 잔류 진번인들은 진세(晉

---

14) "白狼水又東北逕 昌黎故城西, 地理志曰交黎也, 東部都尉治……應劭曰今昌黎也…… 高平川水注之水出西北 平川東流 逕倭城北 蓋倭人徙之……白狼水又東北出, 東流分爲二水, 右水疑卽 渝水也, 地理志曰 渝水首受白狼水",『水經注』, 卷14 大遼水條.

世)에 백제의 진평이군(晉平二郡)을 설치하고 있었음이 중국 정사인 『송서』(宋書), 『양서』(梁書), 『남사』(南史) 등에서 확인된다.15)

만주(滿洲)는 곧 조선(朝鮮)이다

연(燕)장성과 만리장성

B.C. 3세기경 연(燕)나라는 란하 유역의 조선을 동쪽 천 리 밖으로 내몰고 서쪽 조양(造陽, 上谷)에서 동쪽의 양평(襄平)에 이르는 장성을 쌓고, 상곡(上谷), 어양(漁陽), 우북평(右北平), 요서(遼西), 요동군(遼東郡)을 설치하였다.16)

연나라가 쌓은 장성을 연장성(燕長城)이라고 하는데, 장성의 동단에 해당하는 양평(襄平)이 어디냐 하는 문제가 제기된다.

이병도(李丙燾)는 위략의 취지이천리설(取地二千里說)과 "지금의 요동군이 다스리는 곳(今遼東所理也)"이라고 한 당나라 사람 사마정(司馬貞)의 색은(索隱)과 일본학자 이나바(稻葉岩石)의 주장에17) 근거하여 양평을 주저없이 요동반도의 요양(遼陽)으로 못박아버린다.18)

---

15) "百濟略有遼西, 百濟所治, 謂之晉平郡 晉平縣"(『宋書』, 百濟傳), "晉世百濟亦據有遼西, 晉平二郡地矣 自置 百濟郡"(『梁書』, 百濟傳), "晉世百濟亦據有遼西, 晉平二郡矣, 自置 百濟郡"(『南史』, 百濟傳).
16) 『史記』, 匈奴列傳.
17) 稻葉岩石, 『滿鮮史體系의 再認識』上, 青丘學叢 第11號, 1933. 2.
18) 李丙燾, 『浿水考』, 青丘學叢 第13號, 1933.

이것이 통설이 되어 오늘날 우리의 역사서, 중·고교의 교과서에 이르기까지 존재한 사실조차 없는 가공의 연장성(燕長城)이 요동반도까지 길게 그려져 있는 것이다.

그러나 이 시대 연나라의 양평은 이병도가 지적한 요양(遼陽)이 아니라 연나라의 국경수비군이 연나라 동부 국경에 주둔하던 유성(柳城, 지금의 朝陽)의 서쪽 480리 떨어진 곳에 있는 유관(渝關), 여라(汝羅), 회원(懷遠), 무여(巫閭), 양평(襄平) 등 수착성(守捉城) 중의 하나였음이 밝혀진다.19)

이들 수착성 중에서 유관수착성(渝關守捉城)은 유림관(榆林關), 임유관(臨渝關) 또는 천하제일관(天下第一關)이라 불리는 지금의 산해관(山海關)이며, 연나라의 양평이다. 양평은 이어 연나라의 요동군이 된다. 지금의 요서지방이다.

요녕성(遼寧省)의 서북단 노합하(老合河)변 흑수(黑水) 북쪽에 연장성의 유적이 있는 것을 감안하면 연장성은 산해관을 기점으로 북으로 어이진(禦夷鎭)이 있던 열하초원을 거쳐, 적봉시(赤峯市) 또는 영성(寧城) 부근에서 서쪽으로 구부러지고, 하북성의 북부에 지금도 남아 있는 장성의 유적과 연결되었다고 볼지언정 지금의 요동반도까지 동쪽으로 뻗었다는 기록은 고사하고 현재 그와 같은 흔적마저도 찾아볼 수가 없다.

연장성의 동단은 현존하는 산해관이므로 장성은 지금의 하북성과 요녕성의 경계를 크게 벗어나지 않는다. 양평성은 산해관 가까운 곳에 있었으며 장성의 내부에 연나라가 설치한 요동군 등 다섯 개의 군이 있었던 것이다.

연나라 사람들은 란하를 가리켜 유수(濡水) 또는 요수(遼水)라고 불렀

---

19) 『新唐書』, 地理三 營州 柳城郡條.

다. 『수경주』권14 유수(濡水)조에 의하면 "유수(濡水)는 어이진 동남을 흘러 두 물줄기가 협산(夾山)으로 들어와 서북에서 산과 합쳐져 하나의 내를 이룬다. 생각건대 유수는 지금의 란하에서 나온 것이다."(濡水出 禦夷嶺 東南, 其水二源, 雙引夾山, 西北流出山合成一川, 案, 濡水卽今灤河源出也)라고 되어 있어 유수가 란하임에 틀림없음이 확인된다.

연나라는 이 강을 중심으로 동과 서에 요동군과 요서군을 설치하였으므로 란하의 동안(東岸)에 있던 창려왕검성(昌黎王儉城)은 당연히 연나라가 설치한 요동군에 편입되는 것이다.

B.C. 221년 진나라가 천하를 통일하여 진제국(秦帝國)이 되고 시황제는 임조(臨洮,甘肅)에서 요동에 이르는 만리장성을 쌓는다.

"험한 산과 구릉과 계곡을 따라 기존의 성은 수리, 보수하였다." 하였으므로 만리장성의 동쪽 부분은 기존의 연장성과 연결하여 약간의 수리를 가한 것에 지나지 않으며, 연장성이나 진장성의 동단이 산해관과 인접한 갈석산(碣石山)이었음[20]을 부정할 이유가 하나도 없는 것이다.

또한, 시황제는 봉건제도를 폐지하여 천하를 36개의 군(郡)으로 나누고 있는데 여기에는 상곡, 어양, 우북평, 요서, 요동군 등 연나라가 이미 연지(燕地)에 설치하였던 5개의 군을 그대로 존속시키고 있다. 연나라의 요동군이 진나라의 요동군이 되었으므로 창려 왕검성의 자리에는 진나라의 동부도위치소(東部都衛治所)가 설치되어 그 옆에 있는 임유관(臨渝關,山海關)과 함께 진나라의 요동성(遼東城)이 되고, 장성과 대능하 사이의 넓은 지역에는 완충지대를 설치하여 이 곳을 '진나라의 공지'(秦空地)라고 불렀다.

---

[20] 尹乃鉉, 『中國 史料의 檢討』, 前揭書, p.95.

위만조선(衛滿朝鮮)과 만번한(滿番汗)

중국 대륙에서는 시황제(始皇帝)가 천하를 통일하여 진제국(秦帝國)을 세운 지 15년 만인 B.C. 206년에 서초(西楚)의 항우(項羽)에게 멸망하고 한(漢)나라의 시대로 바뀐다. 한나라는 동쪽 국경이 너무 멀리 떨어져 있어 방어하기가 어렵다하여, 옛 장성을 수리하고 진나라가 했던 것처럼 장성까지만 지키고, 조선을 패수(浿水, 大淩河)[21] 밖에 묶어둔 채 태위(太尉) 노관(盧綰)을 연왕(燕王)에 임명하여 조선을 함께 다스리도록 하였다.

그 후 B.C. 195년 한의 고조(漢高祖, 劉邦)가 죽고 여태후(呂太后)가 나라의 실권을 잡게 되자, 한나라의 장래에 불안을 느낀 연왕 노관(燕王 盧綰)은 흉노(匈奴)로 망명한다.

같은 시기에 연나라에 살던 조선인 위만(衛滿)은 무리 천여 명을 거느리고 장성을 넘고 대능하를 건너 요하의 왕검성(遼河 王儉城)에 이르러 조선의 준왕(準王)에게 망명한다. 위만은 망명 후 장성과 대능하 사이의 완충지대인 '옛 진나라의 공지'(秦空地)를 거점으로 장성의 안팎을 넘나들면서 동쪽 조선으로 넘어오는 연(燕), 제(齊), 조(趙)의 피난민들을 규합하여 준왕의 정권을 전복하고 조선왕이 된다(B.C. 194년).

요하(遼河)의 왕검성은 주인이 바뀌어 위만조선(衛滿朝鮮)이 되고 진번 또한 '위만의 번한'으로 바뀌어 만번한(滿番汗)이라고 부르게 된다. 사마천『사기』의 '진번, 조선'을 만번한이라고 부르게 된 것은 앞서 인용한 어환(魚豢)이 찬하고 진수가『삼국지』에 인용한 위략에서 비롯된 것으로

---

21) 김용간·석광준, '패수는 산해관 동쪽에 있는 지금의 대능하이다.' ,『고조선의 령역과 그 중심지』, 고조선문제연구논문집, 사회과학출판사, 1977.

보인다.

　신채호는 만번한의 위치를 『한서지리지』의 문현(文縣), 즉 지금의 요녕성, 개평(蓋平) 부근으로 비정하여, 만번한을 지금의 대동강 이남에서 구하려는 한국 사학계의 잘못을 지적하고 있다.[22]

　일본중추원 촉탁(日本中樞院 囑託) 오오하라(大原利武)마저도 만번한의 위치를 개평(蓋平) 서쪽에 있는 복주(復州)라고 비정하고 있다.[23]

　윤내현은 고조선의 마지막 왕검성(險瀆)을 요하 동부 연안의 심양(沈陽)으로 보고 있다.[24]

　북한사회과학원 김용간, 석광준도 고조선 말기의 왕검성의 위치는 대능하의 동쪽 요하의 하류로 보고 있다.[25]

　후일 만주(滿洲)라는 명칭은 이 곳이 '위만 조선(滿)의 땅(洲)' 이었다는 사실에 근거한다. 위만 왕은 준왕의 굴욕적인 대한정책(對漢政策)에 불만을 품고, 대륙의 혼란기를 틈타 잃어버린 옛 단군 조선의 영광을 되찾으려 했던 야심 찬 정치가였다. 이 시대에 있어서 조선이라는 국가의 개념은 만주와 한(韓), 그리고 동이 제국(東夷 諸國)의 총화로 보아야 할 것이다.

---

22) 申采浩, '三朝鮮分立時代', 前揭書 1, pp.80~87.
23) 大原利武, '山海經の倭と蓋國に就て', 雜誌 『朝鮮』 212호, 高麗書林, 1933. 1.
24) 尹乃鉉, '고조선의 도읍 遷移考', 『韓國古代史新論』, 一志社, 1986. 4. 9, p.113.
25) 김용간·석광준, '고조선 말기의 중심지인 왕검성은 료하 하류 동쪽 류역', 『고조선 문제연구논문집』, 사회과학출판사, 1977, pp.71~73.

마한(馬韓)과 곰나루(熊津)

한편 위만에게 나라를 빼앗긴 준(準)왕은 좌우의 궁인들과 함께 바다로 도망친다. 조선 왕실을 지탱하던 세력이 진번인(眞番人)들이었으므로 이들 중 일부가 왕과 함께 B.C. 3세기경 해민들이 남하하였던 해로를 따라 발해를 빠져 나와 한반도의 경기만(京畿灣)으로 들어간 후 한강을 거슬러 올라가 한지(韓地)에 정착하여 한국(韓國)을 세우고 스스로 한왕(韓王)이 된다. "B.C. 194년경 한왕 준이 도읍한 한지(韓地)는 옛 경기도 광주군(廣州郡), 지금의 서울시 강남구 대치동(大峙洞)에 있던 '한터'가 그곳이라고 비정한다.[26] 한국(韓國)은 그 후 B.C. 18년경 곰나루(熊津)로 남천(南遷)한다. 곰은 옛부터 조선 사람들의 토템(totem)이며 지표지명(指標地名)이다. 『삼국사기』(三國史記)에는 '고사부리'(古沙夫里)라고 기록되어 있는데 '고사부리', '고마나리'는 '곰나루', 즉 지금의 공주를 말한다. 한국(韓國)은 A.D. 9년 백제에 복속되어 건마국(乾馬國)이라는 국명으로, 다시 익산(益山)으로 남천하고 있는데 후세 사람들은 이를 두고 '남쪽으로 쫓겨난 한국' 또는 '남쪽의 한국'이라는 뜻으로 '마한'이라고 부르고 있다. 남쪽바람을 '마바람'이라고 하므로 마(麻)의 음을 따서 마한(馬韓)이 된 것이다."

잃어버린 역사를 되찾기 위하여

김부식의 사대주의 사관

B.C. 109년 이후 한나라 무제(漢武帝)에 의한 동정(東征, 朝鮮征伐)으로 조

선 민족이 대이동하던 와중인 B.C. 104~91년경에 사마천이 『사기』를 쓰고, 그 후 약 200년이 지난 후한(後漢)시대에 반고(班固) 등에 의하여 『한서』(漢書, A.D. 62~100년경)가 쓰여지는데 이 200년 동안에 동아시아의 판도는 엄청나게 변하여 란하 유역에 있던 요동군(遼東郡)은 요하(遼河)의 동쪽으로 이동하고, 요서군(遼西郡) 또한 요하의 서쪽까지 옮겨지고 있다. 민족의 대이동으로 그들이 살던 지명(地名), 강명(江名)까지도 동쪽으로 이동한 것이다.

반고 등이 『한서』를 쓰던 시기는 한무제의 동정이 끝나고 새로운 군현이 생겨난 이후의 일이므로 사기의 요동군과 한서의 요동군이 같은 장소에 있을 리가 없다.

그럼에도 불구하고 우리나라 사학계는 『사기』에 나타나는 요동(遼東)과 요서(遼西)를 『한서지리지』에 맞추려 하므로 엉뚱한 곳에 엉뚱한 시대의 지명이 나타나는 것이다.

역사가 이렇게 왜곡되는 이유 중에 하나는 분명 김부식의 역사관에서 유래한다.

한나라의 무제(武帝)는 유교를 국가의 통치이념으로 삼았으므로 김부식은 우리나라도 한나라의 통치이념에 영합하여야 한다고 생각하였던 것이다. 그는 고려 인종(仁宗) 때 북방 영토의 수복과 서경천도(西京遷都, 平壤)를 주장하던 묘청(妙淸) 일파를 황당한 음양도참설(陰陽圖讖說)로 백성을 현혹한다하여 주살하고 1145년에 『삼국사기』를 써 내놓는다.

그는 『삼국사기』 고구려본기 마지막 부분에서 중국 천자의 땅을 고구려가 참절(僭竊)하였다고 주장하고 있다.

---

26) 金聖昊, '衛滿朝鮮과 韓', 『沸流百濟와 日本의 國家起原』, 知文社, 1982. 8, pp.106~111.

그는 비단 고구려에 한하지 않고 대륙을 경영하였던 고조선, 발해까지도 싸잡아 국토 참절의 원흉이라고 매도하고 있는 것이다. 뿐만 아니라 대양을 경영하던 백제사(百濟史)에서도 대양에 관한 기록을 모두 지워 버렸다. 그의 모화, 숭유(慕化, 崇儒)의 사상은 극단적인 신라중심의 쇄국주의로 발전하여 고려 시대를 거쳐 이조 500년을 지나는 동안에 우리나라 유가(儒家)에 뿌리박혀 비록 국왕이라 할지라도 대륙을 넘보는 자가 있으면 반인륜적인 파렴치범으로 몰아 죽여 없애 버렸다.[27]

이런 와중에서 설사 역사적 진실을 아는 사람이라도 감히 나서서 이를 거론할 수가 없었으므로 오늘날까지 맹목적으로 계승되어 이론적 검증을 거부하고 있는 것이다.

김부식 이후의 모화 숭유(慕化 崇儒)의 사대주의(事大主義) 사상은 그 후 비유교국인 몽골의 지배를 받는 동안 움츠르드는 듯하였으나, 유교를 표방한 명나라의 발흥과 더불어 일어난 조선 유림은 한나라 천자가 봉한 기자조선과 기자를 승계한 한(韓, 후에 馬韓)을 정통으로 본다. 이에 반하여 한무제와 맞서 싸웠던 위만조선을 부정한다. 그 대표적인 사례가 안정복(安鼎福, 1712~1791)의 『동사강목』(東史綱目)이다.

조선의 유교는 동방예의지국(東方禮儀之國)을 자처하면서 한편으로는 비유교국가인 이웃 여진과 일본에 대하여 오랑캐 취급을 서슴지 않고 있었다.

중국의 유교가 중화(中華)라고 한다면 조선의 유교를 소화(小華)라고 지

---

[27] "且光海之處滿洲問題者, 可謂自守之深計矣. 當時諸臣之意, 只依賴明人, 口不絶呼於 父母之大邦, 而茫無自衛之術 徒爲大言(下略)", 洪熹, 『廢主光海君論』, 靑丘學叢 第 20號, 1935.

적하는 사람도 있다(司馬遼太郎). 스스로 중국 천자의 대리인임을 자처하는 착각에 사로잡혔다는 뜻이다.

16세기와 17세기 중기에 걸쳐 임진왜란과 병자호란을 겪게 된다. 특히 인조 15년(1637년) 병자호란 때에는 국왕이 한강에 나가 오랑캐(淸)의 황제가 앉아 있는 단상 앞에 엎드려 삼배(三拜)를 하고 스스로 머리를 아홉 번 두들기는(九叩頭) 굴욕적인 성하지맹(城下之盟)을 하면서도, 조선유림의 입장은 서쪽의 천자(天子)나 북쪽의 천자(天子)나 후에 동쪽의 천황(天皇)이나 별로 다를 것이 없었으므로 기미년 3·1운동 때 "아(我) 조선의 독립국…"으로 시작되는 독립 선언에 참여를 거부하는 것이다.

왜냐하면 조선 유교의 기본 이념은 천자국의 속국으로서만 그 존재 의의가 있었을 뿐 어느 구석에도 국가 독립이라는 인식이 없었기 때문이다.

한국 사학의 식민사관

일본은 1876년 병자수호조약을 계기로 조선을 합병하려 하였으나 조선이 형식상 청나라의 속국으로 되어 있어 종주국인 청나라의 승인 없이 합병할 수가 없었으므로 조선을 청으로부터 분리·독립시켜 청과 대등한 제국으로 승격시킨 다음, 한·일 두 나라의 합의에 의하여 합병하는 형식을 취하고, 옛 조선의 땅인 만주 역시 청과 분리·독립시켜 만주국이라는 괴뢰 정권을 수립하여 조선과 만주를 차례로 차지하려하였다.

그들은 어용학자들을 총동원하여 대륙의 고조선사(古朝鮮史)를 지워버리고 고조선과는 이미 뿌리가 끊겨버린 마한(馬韓)의 이름을 가져다 새로운 국명으로 채택하여 고조선과의 연결고리를 상징적으로 단절시킨 후

고종 34년(1897년) 대한제국(大韓帝國)을 급조·선포한다.

이선근(李瑄根)은 "총체적으로 볼 때에 신흥 일제 세력의 군사적인 중압과 정치적인 간섭 아래 강요당한 홍범 14조를 포함하여 독립의 서고(誓告)가 어느 정도의 자주성을 지니는지는 별 문제로 하고 조선왕조의 주권을 의미하는 국왕이 자주독립을 선포한 것은 초유의 일임에 틀림이 없다."[28]라고 하여 본질을 외면한 채 구차한 변명을 늘어놓고 있으나, 일제의 강요에 의하여 기자조선의 홍범 구주(洪範 九疇)와 유사한 대한제국의 홍범 14조와 독립 서고를 가지고 조선의 자주 독립 선포라고 볼 수는 없다. 대한 제국은 일본이 조선을 합병하기 위하여 만든 괴뢰 정부에 다름 아니다.

만주의 땅은 본래 옛 조선, 고구려로 이어지는 조선의 고지(故地)였으므로 일제는 만주의 땅에서 조선의 잔재를 일소해야만 했다.

일본 학자 이나바(稻葉岩吉)는 단군설화는 고려 시대 몽고의 부단한 압력으로 나라의 독립이 무너지자 민족적 수난을 극복하기 위하여 조작된 것이라 하여 단군 조선의 실체를 부정하고, "만주는 만주이고, 조선은 조선이다."[29] 라고 노골적으로 김부식 사상을 옹호하면서 만주에서의 조선사 청소에 나서고 있다.

여기에 이병도가 "패수(浿水)는 청천강 지류인 박천강(博川江)이며 번한(番汗)의 위치는 박천군(博川郡)이다. 위략의 '만번한으로 경계를 삼았다.' 는 것은 바로 지금의 박천강으로 경계를 삼았다는 것"이라고 주장하고 나서자,[30] 김원룡(金元龍)도 요녕지방(遼寧地方)의 청동기 유물과 관련하

---

28) 李瑄根, '國王의 獨立誓告와 洪範 十四條 頌布', 『韓國史』現代篇, 震檀學會, 1963, p.332.
29) 稻葉岩吉, 『滿鮮史體系の再認識』上, 青丘學叢 第11號, 1933. 2.

여 "우리 민족이 만주에서 내려왔다고 하여 만주사(滿洲史)가 우리 역사가 된다면, 거꾸로 우리 역사가 만주사에 포함되어도 할 말이 없는 이론이 된다."31)라는 묘한 주장을 펴고 있다. 뿐만 아니라 고등학교 지리부도에는 하북성에 있는 만리장성의 동쪽 기점인 산해관 말고 또 하나의 산해관이 요동 반도의 요양 부근에도 그려져 있다.32)

가공의 연장성 동단에 해당하는 지점이다. 침략자인 일본인들이야 그렇다 치더라도 우리나라의 역사학·고고학·지리학계가 삼위일체가 되어 만주에서의 고조선사를 부정하고 있는 것이다.

이렇게 하여 만주의 땅에는 고조선의 역사가 깨끗이 청소되고, 1910년 한일합병에 이어 1932년 만주국(滿洲國)을 분리·독립시키고 나서 일제는 조선과 만주를 차례로 삼켜버린다. 대륙의 역사와 대양의 역사가 실종되고 만 것이다.

올바른 역사관의 정립을 위하여

김부식의 사상과 이병도의 사상이 절묘하게 영합하면서 "한반도는 지리적 성격상 자주 독립할 수가 없으므로 강한 자에게 빌붙어 살아야 한다."는 소위 반도적 성격론을 근간으로 하는 식민주의 사관이 오늘날 한국 사학계의 역사관으로 굳어버린 것이다.33)

---

30) 李丙燾, 『浿水考』, 靑丘學叢, 제13호, 1933.
31) 金元龍, '우리나라 청동기 문화', 『韓國考古學槪說』, 一志社, 1986. 9, p.67.
32) 이지호 등 8인의 공저, 『고등학교 사회과부도』 만주주요부, 주식회사 보진재, 1987. 3. 1, p.43.

오늘날 한국 사학계의 강단을 거의 독점하다시피 하고 있는 영남 사학(嶺南 史學)의 사상적 근저에는 대륙과 해양의 역사를 철저히 배제하여 소백산맥으로 둘러싸인 분지 내에 안주하려는 신라 중심주의가 도사리고 있다.

문경현은 단군 신화가 고려 중기 이후에 불교, 도교에 의하여 만들어진 것이라는 일본학자들(白鳥庫吉, 수西龍 등)의 주장을 그대로 받아들여 단군 신화는 고구려 고주몽 신화를 승화시켜 고구려, 신라, 백제, 발해를 포함하는 민족적 국조신(國祖神)으로 만들기 위하여 조작된 것이라고 하여 단군조선을 부정한다.[34] 그러자 한국의 매너리스트들은 기다렸다는 듯이 전국 각지에 세워진 단군상의 목을 잘라 버린다. 단군 조선이라는 통일 국가적 이미지가 그들에게는 불안하였기 때문이다.

그러나 고대 국가의 건국에 얽힌 설화가 일반적으로 그러하듯 단군 설화 역시 신화적인 형식으로 기록된 이상, 설령 중국인들이 구리로 된 머리에 쇠로 된 얼굴을 가진 괴물로 묘사하고, 불교도들에 의하여 불교적 언어로, 혹은 도교 또는 샤먼의 언어로 표현, 윤색되었다고 하여 단군기 그 자체가 부정되는 것은 아니다. 지금까지 목적론적 사가들의 끈질긴 편견에도 불구하고 오늘날 방대한 역사적 자료에 대한 자유스러운 과학적 검증에 의하여 단군조선의 실체성은 날이 갈수록 확고부동하게 자리매김하고 있음을 본다.

반도 내에 있어야 할 고구려가 감히 중국 천자의 땅을 도적질하였다는 김부식의 주장과 고조선의 영역을 조선반도 안으로 국한시키려는 이

---

33) 李基白, '半島的 性格論 비판', 『韓國史市民講座』 제1집, 一潮閣, 1987.
34) 文暻鉉, 「檀君神話의 新考察」, 『嶠南史學』 창간호, 1985.

병도의 주장에 화답하듯 중국은 동북공정(東北工程)이라는 새로운 침략 의지를 공공연히 드러내고 있다. 중국의 동북공정은 한국사학이 자초한 결과이며, 중국의 보호 아래 영남 분지가 영남인들의 안식처가 될 것이라는 천년 전의 발상은 오늘날에 있어서는 한낱 조작된 역사의 허상일 뿐이다.

이대로라면 조선 민족은 그 뿌리가 통째로 뽑히고 중국의 군현에 편입되어 만주의 여진인들처럼 중국 내의 소수민족으로 전락하지 말란 법도 없다. 역사라고 하는 것은 특정한 집단이나 정권을 위한 장식품이 되어서는 안되며 긍정적이든 부정적이든 간에 인간이 살아가는 기록이어야 한다.

지금 시급한 것은 잃어버린 대륙과 대양의 역사가 제대로 복원되어야 한다는 것이다. 거짓된 역사의 토대 위에서는 거짓된 미래가 있을 뿐이기 때문이다.

삼신산(三神山)

영주(瀛洲)

『사기』권28 봉선서(封禪書) 제6에 의하면 제(齊)나라의 위왕(威王, B.C. 378~343년), 선왕(宣王, B.C. 342~324년) 및 연(燕)나라의 소왕(昭王, B.C. 311~279년) 등이 봉래(蓬萊), 방장(方丈), 영주(瀛洲)의 삼신산에 사람을 보내어 불사약을 구하려 하였다는 기사가 보인다.

삼신산(영주)

전하는 말로 봉래, 방장, 영주의 삼신산은
발해 한가운데 있다.

그다지 멀지는 않으나, 어렵사리
그 곳에 이르더라도
바람에 밀려나
가까이 할 수가 없다.
더러 그 곳에 간 사람들도
있다고는 하는데

그 곳에는
선인과 불사약이 있어
물건과 새와 짐승이 모두 새하얗고
황금과 은으로 궁궐을 지어

멀리서 바라보면
구름과 같고
어쩌다 그 곳에 이르더라도
바람에 내몰리고
삼신산은 물 속에 잠겨 있어
끝내
그 곳에 이르지를 못한다.

영주가 이렇듯 바닷길이 험하여 이르기가 어렵기는 하였으나, 모험적인 신변 해민들은 연(燕) 소왕(昭王) 시대에 연나라의 공격을 받고 대륙을 탈출하여 영주의 서해안에 상륙한 후 섬의 원주민들을 제압하고 섬 한가운데 우뚝 솟은 산(한라산)을 두무악(頭無岳)이라고 칭하면서 두무악의 나라를 세우고 있었다.

그 후 약 7, 80년이 지난 B.C. 219년 진시황제는 제나라 사람 서시(徐市)에게 동남동녀(童男童女) 수천 인을 거느리게 하여 삼신산 불사약을 구하여 오도록 발해(渤海)의 바다로 내보냈으나 서시 일행은 돌아오지 않고 B.C. 210년 시황제는 죽고 만다.

삼신산에 관한 학설은 지금도 구구하나 영주가 지금의 제주도라고 하는 데는 의의가 없는 듯하다.

탐라의 역사는 바다의 역사이다

우리나라의 사학계에서는 탐라라는 나라를 일찍이 신라에 복속하였다가 후에 백제에 복속한 하찮은 나라로 비하하여 그 나라의 활동 범위를 한반도 안으로 한정하고 해외에서의 교류 등을 부정한다.

그러므로 『삼국지』위서의 "승선왕래 시매중한"(乘船往來 市買中韓)이나 『후한서』(後漢書)의 "승선왕래 화시한중"(乘船往來 貨市韓中)의 구절을 "한국의 영역 안에서 장사를 한다."라고 못박고 있다.

이조 시대의 역사관을 지금도 마냥 답습만 하고 있는 것이다.

최근 일본의 젊은 학자들이 제주도 해민에 관한 매우 흥미있는 논문을 발표하고 있다.[35] 대충 요약하면 다음과 같다.

신숙주(申叔舟)의 제주관

조선왕조 전기(朝鮮王朝 前期)를 대표하는 신숙주가 쓴 『보간재집』(保間齋集)이라는 문집 속에 1467년 제주 안무사 겸 목사로 부임하는 김호인(金好仁)에게 보내는 글(送金同年好仁按撫使濟州序)이 있는데, 여기에 실린 한 구절, "이에, 주(州)의 서쪽은 중국의 명주(明州)에 다다르고, 동으로는 일본의 구주(九州)에 이르며, 남쪽으로는 유구제도(琉球諸島)에 통한다."(況, 州西值中國之明州, 東當日本之九州, 南通琉球諸島)라고 하여 지금까지 제주도가 세계의 끝자락에 떠 있는 섬이라는 인식 범위를 벗어나서 바다를 통하여 다른 나라 또는 지역과 교통하고 있음을 보여주고 있다.

---

[35] 藤田明良·李善愛·河原典史 共同硏究, '島嶼から見た朝鮮半島と他地域の交流', 『濟州島を中心に』, 靑丘學術論集 第19輯, 2001. 11. 25.

논문은 또 농본주의를 근본으로 유교적 가치관에 의하여 통치하던 조선조의 제주관(濟州觀)은 현대까지도 그 영향을 미치고 있는데, 신숙주의 글은 역사상 최초로 새로운 제주관을 표명한 것으로서 후세에 고전으로 남을 만한 가치가 있다고 한다.

한라장촉(漢拏壯矚)

1703년 완성된 『탐라순력도』(耽羅巡歷圖)의 첫머리에 있는 한라장촉(漢拏壯矚)이라는 지도에 의하면 한라산을 중심으로 바다의 주변에 오(午), 정(丁), 미(未) 등 주색(朱色)으로 표시된 방향과 함께 안남(安南), 교지(交趾), 말라카(滿剌加), 영파(寧波), 소·항주(蘇·杭州) 등의 지도가 그려져 있고, 그 밑부분에는 북으로 해남 970리 거리(北距海南九百七十里) 곤(坤) 방향으로 영파(寧波) 팔천 리 거리(坤距寧波八千里) 등 지명과 거리가 표시되어 있다. 이 지도는 단순한 지명과 거리의 표시가 아니라 실제로 제주 해민이 그 곳과 교통하고 있다는 증거가 된다고 보는 것이다.

그 밖에도 1488년 나주 출신으로 성균관, 홍문관의 관료를 지낸 바 있는 최부(崔溥)의 『표해록』(漂海錄), 1663년 김여휘(金麗輝)의 유구(琉球) 표류 등 제주 해민이 외부 세계와 접촉했던 사실을 구체적으로 논거하고 있다.

탐라인의 해상활동

탐라인들의 해상활동은 상상을 초월한다.

본고에서는 탐라 해민들이 중국의 땅에 영토를 점유하고, 일본 열도로 건너가 나라를 세우고 일본의 천황에 재위하였으며 조선사람으로서는 처음으로 바다의 실크로드를 통하여 페르시아, 아라비아 상인들, 그리고 유럽의 포르투갈인들과 조우하였을 뿐만 아니라 남지나해와 인도양을 지나 아프리카의 동해안까지 진출하였음이 밝혀질 것이다.

민족 대이동기

탁수(涿水)에서 온 사람들

진나라 피난민(秦之亡人)

초(楚) 한(漢) 두 나라가 중원에서 사투를 벌이고 있던 시대, 조(趙, 山西), 제(齊, 山東), 연(燕, 河北)에 살던 조선인들이 장성을 넘어 동쪽 조선으로 물밀 듯이 몰려오고 있었다. 이들을 가리켜 '진나라의 피난민'(秦之亡人)이라고 불렀다.[1) 이들은 원래 이 지역에 살던 조선의 유민들이었으므로 중원이 혼란하여지자 자기 뿌리를 찾아 나선 사람들이다.

한(漢)나라에서는 고조(高祖, 劉邦)가 죽은 후 여후(呂后)의 시대(B.C. 194~180년)에 중원이 평정되자, 동쪽 국경을 주목하게 된다. 인구의 수가 국력을 가름하던 시대라 조선이 커지는 것을 방관할 수 없었던 것이다.

한(漢)의 요동 태수는 조선왕 위만에게 조선이 한나라의 외신국(外臣國)이 되어 성 밖에 모여든 만이(蠻夷)들을 보호하여 한나라의 국경인 장성

---

1) 『後漢書』, 辰韓傳.

을 침범하지 못하게 하고, 만이의 군장(君長)이 천자를 알현(謁見)하고자 할 때에는 이를 막지 않겠다는 약속을 받아 내어 천자의 허락을 받고 그렇게 시행하기로 하였다. 그런데 위만왕은 도리어 그 위력으로 작은 나라들을 차례로 복속시켜 조선의 영토가 수천 평방 리에 달했다. 위만이 죽고 그 아들에 이어 손자인 우거(右渠)가 조선왕이 되었는데 우거왕은 한나라에서 몰려오는 망명자들을 받아들여 그 수가 날로 증가하자, 한나라의 천자에게 입조(入朝)하기는커녕 '진번 옆에 있는 진국'(辰國)이 천자에게 글을 올리고 천자를 알현하고자 하는 일마저 봉쇄하여 버렸다.[2]

　조선의 역계경(歷谿卿)이 우거왕을 말렸으나 듣지 아니하므로 그를 따르는 이천여 호의 백성을 데리고 동쪽에 있는 진국(東之辰國)으로 떠난 후 조선과의 왕래를 끊고 말았다.[3]

　조선의 우거왕(右渠王)은 진나라의 피난민(秦之亡人)들을 요하의 왕검성 동쪽으로 몰아넣고 한나라와의 교통을 엄격히 통제하였으므로 이 때에 일시적으로 형성된 피난민 집결지를 중국인들이 '진번 옆에 있는 진국' (眞番旁辰國) 또는 '동쪽의 진국' (東之辰國) 이라고 부른 것이다.

　중국을 가리켜 차이나라고 부른다. 그것이 주(周), 진(秦), 한(漢), 또는 어떤 국명이든 간에 '진' 은 시황제의 진(秦), 즉 지나(支那), 차이나(China)를 말한다. 지금까지 우리는 한자의 마술에 놀아난 것이다.

　중국인들은 시황제의 거룩한 국명(秦國)을 동이(東夷)가 함부로 쓰는 것이 불쾌하였던지 진(秦)을 진(辰)으로 고쳐 쓴 것에 지나지 않으며 진국(辰國)이 따로 있었던 것은 아니다.

---

2) 『史記』, 朝鮮列傳.
3) 『三國志』 韓傳에 인용한 魏略.

중국 각처에서 모여든 피난민 집단 중에는 조선의 우거왕과 함께 생사를 같이하는 집단도 많았지만 그렇지 못한 집단들은 요하의 왕검성을 뒤로 하고 다시 육로 동진하여 준왕이 세운 한터(韓地) 마한쪽으로 이동한다.

『삼국유사』 진한전(辰韓傳)에 의하면 진(秦)나라에서 피난 온 사람들이 한국에 오니 마한은 동쪽 경계의 땅을 나누어주었는데 이들을 가리켜 진한(秦韓)이라고 불렀다 한다. 한터의 동쪽은 지금의 경기도 광주군에 해당된다. 후일 이들은 남한강을 거슬러 경북 지역으로 이동하였으므로 처음 마한의 동계(東界)에 있던 진한을 경기진한(京畿辰韓), 경북지역으로 이동한 후의 진한을 경북진한이라고 부른다. 따라서 박혁거세(朴赫居世)의 초기 신라의 도읍지인 서라벌(徐羅伐)은 경주가 아닌 현 서울이라는 설(說)이 제기되는 것이다.[4]

탁수계(涿水系)**의 지표지명**(指標地名)

"진나라에서 온 피난민(秦之亡人)들은 서로 부르기를 '도'(徒)라 하여 진나라 사람들의 말투와 비슷하였으나 연나라(河北), 제나라(山東) 사람들도 사물의 명칭에 '도'라는 말을 많이 쓴다."고 하였다.[5]

이에 대하여 신라의 최치원(崔致遠)은 "진한(辰韓)은 본래 연나라에서 온 피난민으로 그들이 살던 탁수(涿水)의 이름을 따서 그들이 살고 있는 마을 이름을 사탁(沙涿), 점탁(漸涿)이라고 하였는데, 신라 사람들의 언어

---

4) 金聖昊, '新羅初期史와 朴昔金 三姓系譜', 前揭書 부록 1.
5) "相呼皆爲徒, 有似秦人, 非但燕齊之名物也", 『三國志』, 魏書 東夷傳.

습성상 '탁'(涿)을 '도'(道)라고 발음하였으므로 사탁(沙涿)을 사량(沙梁)이라 쓰고 양(梁)의 음(音)을 도(道)라고 발음하는 것이다." 라고 말한다.6)

연나라(涿郡)의 중심을 흐르다가 황하와 합류하는 도수(桃水), 래수(淶水)를 통틀어 탁수(涿水)라고 부른다.7) 진시황은 황하의 수덕(水德)을 기린다는 뜻으로 황하를 덕수(德水)라고 개명한 사실이 있다.8) 그러므로 황하가 곧 탁수가 되는 것이다. 진나라 피난민들은 대능하(大淩河, 淇水)의 또 다른 이름인 유수(渝水)를 '투수'라고도 불렀다. 투(渝)의 본음은 '유'(yu)이다.

"탁수의 이름을 사람이 사는 마을 이름에 붙이는 습성(取涿水之名, 稱所居之邑里)"은 황하(黃河) 유역을 비롯한 중국 동북부 지역에 살던 조선족 일반의 습성으로 보인다.

김성호(金聖昊)는 탁(涿)의 음이 신라 향가에서 'tu'로 발음되었다가 지금은 'tu' 또는 'to'로 남게 되었으며 수(水)의 고대음(古代音)은 '물'(勿)이므로 오늘날에는 '도물' 또는 '두물' 등이 지명으로 남게 된 것인데 이것을 탁수계 사람들의 지표지명(指標地名)이라고 부르고 있다.9)

필자가 조사한 바로는 물(水)은 뜻(意)에 따라 천(川), 천(泉), 포(浦), 지(池) 등으로 나타나기도 한다. 탁수의 지명은 진한(辰韓)계의 사람들이 사는 곳에 많은 것은 사실이나 그 밖의 물과 관련있는 다른 지역에서도 나타나고 있음을 확인하였다.

『동국여지승람』(東國輿地勝覽) 제주목 산천조에 의하면 한라산을 두무

---

6) 辰韓, "又崔致遠云, 辰韓本燕人避之者, 故取涿水之名, 稱所居之邑里, 云沙涿, 漸涿 等 羅人方言, 讀涿音爲道, 故今或沙梁, 梁亦讀道",『三國遺事』, 卷一 紀異 第一 辰韓.
7)『漢書地理志』, 涿郡條.
8) '更名河曰德水, 以爲水德之始', 司馬遷『史記』卷6, 秦始皇 本紀.
9) 김성호, '辰國과 眞番',『비류백제와 일본의 국가기원』, 지문사, 1988. 10, pp.111~115.

악(頭無岳)이라고 표기하고 있다. '두무', '도무'는 탁수계 사람들의 지표 지명으로서 그들의 언어습성에 따라 그렇게 부른 것이며 그들은 그들이 사는 마을과 산은 물론이고, 그들의 나라, 하물며 그들 자신마저도 두무 악이라고 칭하였던 것이다. 『일본서기』에서는 도무다레(忱彌多禮, トムタレ)라고 쓰고 있는데, 도무는 '두무'이고 다레는 '높은 산'(岳)을 말한다. 김종철(金鍾喆)은 다래오름(月羅峰)의 다래를 '달'(達)에서 유래된 높은 오름이란 뜻으로 보고 있다.[10] 따라서 도무다레는 한라산, 즉 두무악을 지칭하므로 『영주지』(瀛洲誌)의 국호 '탁라'(乇羅)는 두무악의 별칭에 지나지 않는다.

탁수계(涿水系) 지명 분포

필자가 가까운 생활주변에서 수집한 대표적인 탁수계의 지명은 다음과 같다.

제주도 지방

두모리(頭毛里) – 제주시 한경 두모

난덕포(亂德浦) – 서귀포시 대정 동일

돈도미 – 서귀포시 대정 일과, 영락리 일대

감은데기(感恩德川) – 제주시 한경 용당, 용수

덕나루(개)(德浦) – 제주시 한림 옹포

도노미 – 제주시 애월 어도

---

10) 金鍾喆, '다래오름(月羅峰)', 『오름나그네 2』, 도서출판 높은오름, 1995. 1. 10, pp.120~125.

검은대기(黑德泉) - 제주시 애월 금덕

귀덕포(歸德浦) - 제주시 한림 귀덕

덕수리(德修[水]里) - 서귀포시 안덕 덕수

덕지물(德泉) - 제주시 이호 1동

한데기(大德水) - 제주시 용담동

도리물(頭池) - 제주시 외도 1동

독지골(獨池洞) - 제주시 이도이동

마두포(馬頭浦) - 제주시 한림 한림

함덕포(咸德浦) - 제주시 조천 함덕

도원포(道圓浦 道頭里) 제주시 도두동

두물(斗泉) - 제주시 용담 1동

전남지방

도무(道武) - 강진

덕진포(德津浦) - 영암군 덕진면

두힐현(百濟의 豆肹縣, 會津) - 나주시 다시면 신풍리

인덕지(仁德池) - 나주 성내

대진(大津) - 해남군 문내면 선두리

돈도두포(豚道頭浦) - 옛 장흥부(長興府)

득량도(得良島) - 장흥 동쪽 해중

내덕도(來德島) - 장흥 남쪽 해중

대덕포(大德浦) - 장흥군 대덕읍 대덕리

덕산포(德山浦) - 장흥군 화진면 덕산리

두무살 – 보성군 보성읍 용문동

용두포(龍頭浦) – 보성 동쪽 28리

득량(得粮) – 보성군 득량면

두원(頭原, 百濟의 豆肹縣) – 고흥군 두원면

도화(道化) – 고흥군 도화면

도양(道陽) – 고흥군 도양면

도덕(道德) – 고흥군 도덕면

포두(浦頭) – 고흥군 포두면

사도영(蛇渡營) – 고흥군 영남면 금사리

마두포(馬頭浦) – 순천부 동쪽 30리

용두포(龍頭浦) – 순천부 동족 20리

조선과 한(漢)의 전쟁

진(秦)과 한(漢) 초기의 요동성(遼東城)

한나라의 무제(武帝)는 원봉(元封) 2년(B.C. 109년) 섭하(涉河)를 조선에 보내어 우거왕을 협박하기도 하고 달래기도 하였으나 우거왕이 끝내 받아들이지 아니하므로 섭하는 하는 수 없이 왕검성을 떠난다. 섭하의 행렬을 조선의 비왕(裨王) 장(長)이 호송하고 있었는데 일행이 대능하를 건널 때에 섭하가 자기의 마부를 시켜 장(長)을 살해하고 급히 말을 달려 요동성(山海關)으로 달아난다. 섭하가 돌아가 황제에게 조선왕이 말을 듣지 아니하므로 조선의 장수를 죽였다고 보고하자 황제는 문책하기는커녕 도리어 칭찬하여 그를 요동도위(遼東都尉)에 임명한다. 이에 분개한 조선은 요동성을 공격하여 요동도위를 죽여 버린다.11)

『사기』를 해석한 장수절(張守節)의 정의(正義)에 의하면 섭하가 달아난 요동성을 가리켜 평주 유림관(平州 楡林關)이라고 주석하고 있는데, 『구당서』(舊唐書) 지리1 평주조(平州條)에 의하면 평주는 수나라 때에 북평군(北平郡)이 되었다가 당나라 무덕(武德) 2년(619년)에 임유현(臨楡縣)과 비여현(比如縣)을 거느리는 곳으로 격상하고 있다. 그러므로 평주에 속한 임유현(臨楡縣)에 있는 임유관(臨楡關)이나 유림관(楡林關)은 같은 이름이며 지금의 산해관(山海關)일 수밖에 없는 것이다.

드디어 전쟁이 시작되는 것이다. 한무제(漢武帝)는 전국에서 사형에 처할 죄수들을 모집하여 조선공격군을 편성하고 있는데, 한무제가 공격하려는 조선은 한반도의 좁은 회랑(回廊)에 위치한 지금의 평양이 아니라 만주의 땅, 대요하(大遼河)의 하구에 있는 난공불락의 험독 왕험성(險瀆 王險城)이다. "그해 가을 누선장군(樓船將軍) 양복(楊僕)이 이끄는 수군 5만은 발해에 뜨고, 좌장군 순체(荀彘)가 이끄는 육로군(수 미상)은 요동성(遼東城, 山海關)을 출발하여 조선으로 향했다."12)

조선군은 수륙양면의 싸움에서 선전하였으나, 한무제는 숨돌릴 틈도 없이 공격에 실패한 위산(衛山), 공손수(公孫遂) 등 총사령관의 목을 차례로 베어 교체하면서 계속해서 증원군을 투입한다. 전쟁이 열달째가 되어 이듬해 여름이 되자 조선군 진영은 기진맥진하여 내부에서 반란이 일어나 대신 한음(韓陰)과 장군 왕겹(王唊)이 왕검성을 탈출하여 한무제에게

---

11) 『史記』, 朝鮮列傳.
12) 『史記』, 朝鮮列傳.

항복하고, 조선의 이계상(尼谿相) 삼(參)이 우거왕을 암살하여 한무제에게 항복한다. 그러나 조선의 대신 성사(成巳)는 끝까지 성을 지켜 항전하였으나 같은 조선인에 의하여 죽임을 당하고 성은 함락된다.

조선이 한무제 원봉 3년(B.C. 108년) 여름 요하의 왕검성에서 패망하자, 조선 유민(朝鮮 遺民)의 대이동이 시작된다. 유민들은 각기 작은 나라 단위로 집단을 이루어 이동한다.

세 번째의 진번

왕검성의 험한 물줄기에서 양복의 누선군단을 격파한 바 있는 진번 수군과 왕검성을 중심으로 모여 살던 진번인들은 발해를 빠져나와 대동강, 재령강 하구로 들어가고, 또 다른 일부의 해민 집단은 150여 년 전 그들의 조상들이 남하하였던 해로를 따라 두 번째의 해민 이동이 시작되어 그 중 일부가 또 다시 제주도에 들어오게 되는 것이다. 순채의 육로군에 대항하여 패수(浿水)의 서군(西軍)과 상군(上軍)을 형성했던 고구려인 집단 중 일부는 요하를 북상하고, 또 다른 고구려인 집단은 압록강 북쪽에 집결하며, 또 다른 집단은 압록강을 소급하여 동진한다.

인간의 역사라고 하는 것은 사람이 살아 움직이는 기록이므로 끊임없는 변화의 연속 속에서 동태적으로 접근하여야만 역사의 진실에 가까워질 수 있다.

민족이 대이동하던 시기에 한나라는 연지(燕地)에 있던 요동군과 요서군을 떼어내어 동쪽으로 확장하고 만번한이라고 부르던 요하의 왕검성을 중심으로 낙랑군과 진번군을 설치한다. 또 낙랑군의 북부(요하 중류의 고구려 땅)에 현도군을, 그리고 현도군과 가까운 지역에 임둔군을 설치하고 있다.

한무제가 설치한 현도군 안에 고구려현(高句麗縣)이 있는 것으로 보아 계루부의 고주몽이 고구려를 통일하기 이전에 있던 본래의 고구려일 것이다.

따라서 조선 반도의 대동강, 재령강 유역에 있던 낙랑 진번은 한무제가 설치한 군현이 아니라 전번 조선인들이 한과의 전쟁에서 패하여 동쪽으로 이동하던 시기의 일시적인 집결지로 보아야 할 것이다. 오늘날 우리

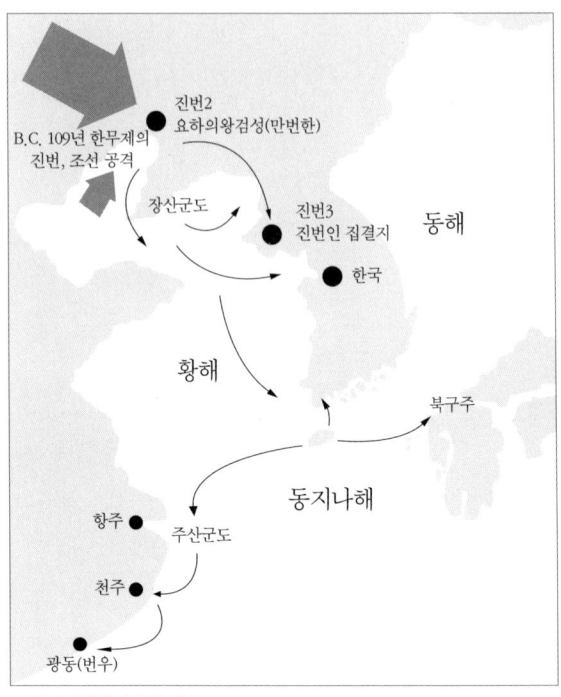

세 번째의 진번과 해민이동

가 이 곳을 평양, 왕검성, 낙랑이라고 부르게 된 것은 고구려 동천왕 21년(247년)에 위(魏)의 유주자사 관구검(毌丘儉)이 고구려를 침공하여 환도성(丸都城)을 초토화시키고 능묘들을 파괴하였으므로 난이 평정된 후 대동강 유역에 평양성을 쌓고 단군과 고구려 시조의 사직을 함께 옮겨 단군 왕검의 건국 이념을 계승한다는 뜻으로 평양의 왕검성, 즉 낙랑이 되었기 때문이다. ('築平壤城, 移民及廟社, 平壤者 本仙人王儉之宅也, 或云王之都王險.' 三國史記 高句麗 本紀) 이 때에 기자(箕子)의 묘도 함께 옮겼을 것이다.

그 후 200여 년이 지나서 장수왕 15년(472)에 고구려는 수도를 이 곳

새로운 평양으로 옮기고 있다.

진번(변한)이라는 지명은 적어도 세 군데의 지역에서 나타난다. 그것은 진번인들이 역사적 상황에 따라 란하의 창려에서 요하의 하구로, 그리고 재령강 유역까지 이동하는 과정의 현상이며, 패수(浿水)라는 강명(江名)도 사람따라 동쪽, 지금의 청천강으로 이동하고 있음을 본다. 왕검성의 경우 B.C. 1100년경 주무왕(周武王)에 의하여 기자(箕子)가 조선후에 봉하여진 후 창려왕검성에서 요하왕검성으로 천도하고 거기에서 패망하였으므로 B.C. 1100년 이후에 지금의 평양이 조선의 왕검성이 되어본 적이 없다.

승, 일연(僧 一然)의 『삼국유사』에서도 하(夏)나라 요(堯)의 시대에 단군왕검이 평양성에 도읍하여 조선을 개국한 후 백악산 아사달(白岳山 阿斯達)로 천도하여 도합 1,500년을 다스린 후, 기자조선으로 바뀌었다고 하였으므로 기자조선 이후에 평양성이 조선의 왕검성이 될 수는 없는 일이다. 그럼에도 불구하고 조선반도에 있는 낙랑은 그 전부터 그 곳이 조선의 왕검성이고, 진번 또한 처음부터 그 곳에 있던 진번국이라는 식으로 움직이는 역사이 흐름 속에서 조선 유민들이 한반도에 일시적으로 몰려 있던 한순간, 한 장면에 초점을 맞추어 역사를 고정시켜 버린 것이다. 신채호(申采浩)는 요하의 왕검성을 북낙랑(北樂浪), 대동강 유역의 낙랑을 남낙랑(南樂浪)이라고 부르고 있다.

"진한인들은 낙랑인을 가리켜 아잔(阿殘)이라고 부른다. 이들의 언어로 '아(阿)'는 '아(我)'를 뜻한다. 즉, 낙랑인들도 본시는 우리(我)와 같은 조선인들이었으나 한(漢)나라에 빌붙어 낙랑에 남아 있는 잔당(殘黨), 즉 낙랑놈이라고 욕하는 것이다."[13]

한무제가 설치한 군현은 조선 유민들의 계속되는 저항으로 26년 후인

B.C. 82년에는 진번군을 파하여 낙랑군에 합치고, 임둔군을 파하여 현도군에 합치고 있다.[14]

그 후 B.C. 75년에는 현도군이 서쪽으로 밀려나고[15] 낙랑군은 후에 요동 태수 공손도(公孫度)의 휘하에 예속된다. 후한 말 공손도의 아들 요동 태수 공손강(公孫康)에 이르러 낙랑군 둔유현(屯有縣) 이남의 땅을 분리하여 대방군(帶方郡)을 설치하였으므로 옛 요하의 왕검성의 자리가 대방군이 되는 것이다. 한의 대방군은 후에 위의 대방군으로 승계된다.

영주인과 두무악

해민의 나라

두무악(頭無岳)이라고 불리는 탐라 해민은 이 시대에 이미 글로벌(global)한 세계관을 가지고 활동하던 사람들이었으므로 전통적인 조선 유교의 시각을 가지고서는 이들의 활동을 이해할 수가 없다.

탐라의 역사를 알기 위하여 탐라 문화의 원천이 되는 대륙과 대양의 역사에 우선적으로 관심을 두는 것은 당연한 일이며, 탐라와 직접적으로

---

13) 李丙燾, '漢四郡의 疆域問題와 그 植民 政策', 『韓國史』古代篇, 震檀學會 乙酉文化社, 1973. 6, p.155.
14) "至昭帝始元五年, 罷臨屯眞番以幷樂浪玄菟", 『後漢書』, 卷85 東夷列傳 高句麗.
15) "六年春正月募郡國徙築遼東玄菟城", 『漢書』, 卷7 昭帝 6年條.

관계있는 고구려와 백제, 그리고 중국, 일본의 고대사가 복원되어야만 탐라의 역사도 부상할 수 있는 것이다.

본고에서는 편의상 빗살무늬 토기의 시대를 살았던 키 작은 제주도의 원주민을 『사기』 봉선서와 제주도의 역사를 처음으로 기록한 『영주지』의 뜻을 살려 영주인(瀛洲人), 영주문화(瀛洲文化), 영주시대(瀛洲時代)라 부르고, B.C. 3세기 이후 이 땅에 들어와 청동기 문화를 전한 번한 해민집단을 그들의 자칭(自稱)을 존중하여 두무악(頭無岳)이라고 부르고자 한다.

영주인에게 있어서 두무악의 출현은 정복자 바로 그것이었을 것이다. 두무악은 영주인들을 차례로 흡수하여 물이 있는 곳을 찾아 새로운 마을과 작은 나라(涿, 徒)를 이루어 나갔다. 한라산의 풍부한 나무를 가지고 새로운 기술과 도구를 사용하여 더 크고 튼튼한 배를 만들어 대양을 마음먹은 대로 향해하는 대양의 역사, 즉 두무악의 시대가 열리는 것이다.

두무악의 해로

두무악 해민들이 바다로 나가는 길은 크게 4개의 항로가 있었다.

그 첫째의 항로는 영내 해로로서 한반도의 남서해안에 이르는 뱃길이다. 그 중에서도 가장 가까운 뱃길은 해남반도와 완도 사이를 지나 지금의 강진에 이르는 뱃길이며, 또 하나의 영내 해로는 진도를 서쪽으로 돌아 영산강 하구에 있는 나주의 영산포에 이르는 길과 동쪽으로 고흥, 여수에 이르는 뱃길이 있었다. 이 곳은 B.C. 3세기경부터 요서의 번한 해민 대이동시에 하구와 포구에 진입하여 정착한 두무악 해민의 영역이다. 노령(蘆嶺)의 남부, 섬진강의 서부, 즉 오늘날의 전라남도 대부분의 지역은 청동기 시대부터 두무악이 지배하던 지역이다.

『삼국사기지리지』(三國史記地理志)에는 강진을 도무(道武)라고 표기하고 있는데 도무(道武)와 두무(頭無)는 동일한 것으로서 강(涿水)과 바다에 의지하여 생활하던 두무악 해민들이 "탁수의 이름을 따서 그들의 사는 마을의 이름으로 하였다."라는 기사에 근거하여 초기에는 노령 이남 섬진강 이서의 땅을 통틀어 도무 또는 두무로 불렀을 것이다.

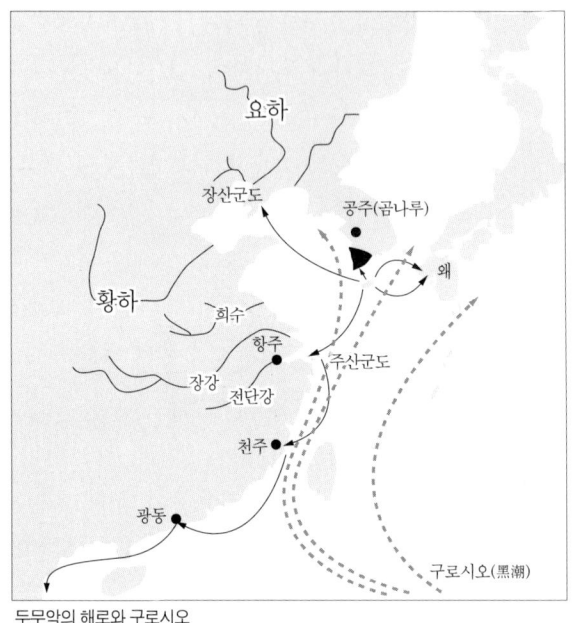
두무악의 해로와 구로시오

두 번째의 항로는 북로(北路)이다. 이 항로는 처음 진번 해민들이 영주에 들어온 두모리(頭毛里) 포구를 기준으로 역으로 항해하는 해로서, 그들의 본향인 요서(遼西)로 향하는 길목에 요동의 고구려와 낙랑군이 있었으며 요동반도의 남쪽 장산군도(長山群島)의 해랑도(海浪島)가 그 거점이다. 북로의 출항지는 제주도 서부의 두모리, 모슬포, 당캐(唐浦, 안덕면 대평리) 등이었다.

셋째, 남로가 있었다. 동지나해를 남서로 횡단하여 주산(舟山)으로 향하는 해로이다. 출항지는 서귀포시 표선(表善)의 당캐(唐浦)와 성산(城山)의 당캐(唐浦)를 주로 이용하였다. 제주도의 옛 지도에는 당캐를 당포(堂浦)로 표기하고 있는데, 여기에서의 '당'은 중국(唐)을 가리키는 것이다.

네 번째의 항로는 제주도 북부의 포구를 출항하여 조선반도의 남해안을 횡단하여 왜(倭)로 가는 통로였다. 제주도에서 해류를 타면 곧바로 북구주 근해까지 단숨에 도달하기 때문에 두무악 해민들은 이 항로를 취항함에 있어서 반도의 동남단에 위치한 가야(伽倻)의 여러 나라와 대마도(對馬島)를 거치지 않고 직동진하여 하카다(博多) 또는 가라쓰(唐津)로 진입하거나 고토 열도(五島 列島)를 돌아 아리아케 해(有明海)로 들어가 북구주(北九州)의 여러 나라와 교역하고 있었다.

두무악의 해역에는 또 하나의 해양 국가인 왜노국(倭奴國)이 가세하여 두무악과 함께 이 해역을 누비고 있었던 것으로 보인다.

두무악의 지석묘

두무악의 대표적인 묘제는 남방식 지석묘이다. 제주도에는 현재 애월읍 광령리의 지석묘군을 비롯하여 60여 기가 남아 있는데 대체로 남방식 지석묘에 속하며, 일본 구주 지방의 지석묘와 관련이 있다고 보고 있다.[16]

전남 지역에 분포된 지석묘는 해안과 영산강 유역을 따라 집중되는데 지금까지 조사된 지석묘만도 도서지방을 포함하여 6,000기에 이르며, 조사 중인 화순, 나주, 고흥 등지의 것을 합하면 훨씬 많은 지석묘가 분포되어 있는 것으로 보고 있다.

전남 지방의 지석묘의 형식을 남방식과 개석석(蓋石式)으로 구별하고 있는데 개석식 지석묘가 다수를 차지한다고 하나[17] 이 지방의 개석식 지

---

16) 李淸圭, '북제주군 애월읍 광령리 지석묘군', 『탐라문화』제4호, 1985.
17) 최몽룡, '전남지방 소재 지석묘의 형식과 분류', 『역사학보』제78집, 1978.

석묘라는 것도 따지고 보면 남방식 지석묘의 변형에 지나지 않으며, 제주도의 광령리 지석묘군이나 전남 지방의 지석묘군, 그리고 일본 하라야마(原山) 지석묘군은 청동기 시대(頭無岳 시대)의 것으로 그 뿌리에는 해민의 문화가 자리한다.

고구려

고구려의 약진

광령리 지석묘(위), 나주시 공산면 신포리 지석묘(아래)

『후한서』에 "고구려는 부여의 별종이다. 그 나라는 소노부(消奴部), 절노부(絶奴部), 순노부(順奴部), 관노부(灌奴部), 계루부(桂婁部) 등 5개의 나라로 구성되어 있다. 본래는 소노부가 고구려의 왕을 하고 있었는데 점차 쇠약해져서 지금은 계루부가 왕을 이어 받았다."고 기록하고 있다. 『삼국유사』 북부여조에는 "천제(天帝)인 해모수(解慕漱)가 한나라 선제(宣帝) 신작(神爵) 3년(B.C. 59년)에 오룡거(五龍車)를 타고 흘승골(訖升骨)에 내려와 북부여를 세우고, 이어 동명제(東明帝, 鄒牟王)가 북부여를 계승하였다."라고 한다. 또 『삼국유사』 고구려조에는 단군기(檀君記)를 인용하여 단군과 해모수를 동일한 인물로 해석하고 있다. 단군조선의 왕을 단군이라 하였으므로 단군의 혈통은 기자조선과는 별도로 고구려(貊族) 사람들에 의하여 이어져 내려왔다고 보인다.

『수서』 배구전에는 "고구려는 본래 고죽국(孤竹國)"이라고 하였으며 북한 학자 리지린, 강인숙의 저서에서는 고구려의 기원을 B.C. 3세기경으로 보고 있다. B.C. 107년 한무제가 설치한 현도군(玄菟郡)에 고구려현이 있는 것으로 보아 B.C. 194년 이후 위만조선이 한(漢)나라에 항전하는 것과 때를 같이하여 패수서군(浿水西軍), 패수상군(浿水上軍)으로 참전하였다가 패하여 흩어진 나라들을 계루부의 추모왕(鄒牟王)이 통합하여 B.C. 37년에 왕조가 교체된 것으로 보인다. 추모왕은 비류국(沸流國), 행인국(荇人國), 북옥저(北沃沮) 등 맥족 국가들을 차례로 복속시키고, A.D. 3년 유리왕(瑠璃王) 때에 국내성(輯安)으로 천도하고 있다.

A.D. 12년 한나라의 왕망(王莽)이 흉노를 공격하면서 고구려군의 동원을 요청한다. 유리왕이 거절하였으나 강압에 못 이겨 소수맥(小水貊)의 군사를 파병하였는데 고구려군은 돌연 공격 방향을 바꾸어 한나라 지역을 유린한다. 요서(遼西)의 대윤(大尹) 전담(田譚)이 고구려 군사에게 죽임을 당하자, 왕망은 엄우(嚴尤)를 시켜 유리왕을 속여 성 안으로 유인한 후 죽여 버린다. 왕망은 고구려를 하구려(下句驪)로, 왕을 후(侯)로 격하시켜 호칭하도록 천하에 고지한다.[18] A.D. 14년 고구려는 양맥(梁貊, 小水貊이라고도 함)을 완전히 통합하고 현도군을 공격하여 고구려현을 수복한다. A.D. 22년 대무신왕(大武神王)은 부여를 흡수하여 갈사왕(曷思王)을 연나부에 봉하고 있다. A.D. 30년 낙랑의 조선인 왕조(王調)가 낙랑태수를 죽

---

[18] 『後漢書』, 東夷列傳 高句麗.

이고 한나라에 반기를 들자, 후한의 광무제(光武帝)는 새로이 낙랑태수 왕준(王遵)을 임명 파견하여 왕조를 죽이고 난을 평정한다.

낙랑군 공격

A.D. 32년 대무신왕은 사자를 광무제에게 보내어 수교하고, 왕망 이후 단절되었던 국교를 정상화하는 한편 고구려의 국명, 왕의 칭호 등도 원상태로 회복하고 있다. 대무신왕은 호시탐탐 낙랑 공격의 기회를 노리다가 A.D. 37년, 드디어 낙랑군을 급습하여 낙랑태수를 죽이고 무자비한 보복으로 낙랑군을 멸망시켜 버린다. 많은 낙랑인이 죽거나 포로로 잡히고, 더러는 마한의 동계(東界)에 있던 경기 진한으로 망명한다.

『삼국사기』 고구려본기 대무신왕 20년(A.D. 37년)조의 "왕은 낙랑을 습격하여 이를 멸망시켰다."라는 기사와 신라본기 유리이사금 14년(A.D. 37년)조 "고구려 왕 무휼(無恤)이 낙랑을 쳐서 이를 멸망시켰다. 그 나라 사람 오천 명이 내투(來投)하므로 육부(六部)에 나누어 살게 하였다."라는 기사에 대하여 이병도는 아예 무시해 버린다. 그도 그럴 것이 그는 신라사의 초기 기록을 부정하는 입장이고, 이를 승계한 한국 사학계에서는 이 기사의 낙랑을 한(漢)이 요하유역에 설치한 낙랑군이 아니라 고조선 국가군의 어느 작은 부족 국가 정도로 폄하하여[19] 고구려의 낙랑군 공격설을 부정한다. 뿐만 아니라 신라 육부(六部)는 처음부터 경주 평야에 있었다는 입장이므로 경기진한설을 부정한다.

그러나 고려 말 원·명 교체기(元·明 交替期)에 탐라마 300필을 취하여

---

19) 金鍾權 역, 『三國史記 上 大武神王條』, 韓國名著大全集, 大洋書籍, 1972, p.298.

명나라로 호송하던 명의 자목대사(慈牧大使) 채빈(蔡斌) 등을 죽이고 공마 200필을 탈취하여 북원(北元)의 나하추(納哈出) 진영으로 도망간 고려의 밀직부사 김의(金義) 사건의 후속 조치와 공민왕 시해로 인하여 후사 문제 등을 협의하기 위하여 명에 갔던 고려의 사신 김보생(金寶生) 등을 3년 동안이나 구금하였던 명 태조 주원장이 1379년 3월 김보생 등을 돌려보내면서 화를 자초한 고려왕에게 병화(兵禍)를 면치 못할 것이라는 협박과 함께 다음과 같이 첨언하고 있다.

> 짐이 고려와 중국관계를 보니 한대로부터 지금까지 그 나라 군신이 은혜를 생각지 않고 사교(詐交)만을 넓혀서 화를 자초하고 있다. 옛날 한대(漢代)에 고씨(유리왕)가 작(爵)을 잃자, 광무제가 그 왕호를 회복시켜주었는데 돌아가서 한의 변방(樂浪郡)을 침구하였다가 크게 한병(漢兵)에게 패하는 바 되었다.[20]

이처럼 고구려 대무신왕이 공략한 낙랑이 한나라가 동쪽 변방에 설치한 낙랑군이었음을 분명하게 가리키고 있다.

한국 사학계의 입장이 어떠하든 간에 이 사건은 후일 제주도에 고양부 삼성이 들어와 나라를 세우는 일과 직접적인 관계가 있음을 알게 될 것이다.

---

[20] "在昔漢時 高氏失爵, 光武帝復其王號, 旋則寇邊 大爲漢兵所敗", 『高麗史』 禑王 5年 3月.

비류백제(沸流百濟)

백가제해(百家濟海) 인호백제(因號百濟)

　민족적 자부심을 가지고 북방에서 고구려가 한(漢)나라와 처절한 항쟁을 벌이고 있던 시기에 그 남쪽 지역에서도 진번인들의 거센 저항이 일어나, 한나라의 세력(진번군)을 몰아내고 후한 성제(成帝) 홍가(鴻嘉) 3년(B.C. 18년) 이미 폐지된 한나라의 진번군 대방현(帶方故地)에서 진번인(番汗人)들에 의하여 비류의 백제가 건국된다.
　중국측 사료인 『북사』(北史)와 『수서』에 의하면 다음과 같다.

> 동명(東明, 鄒牟王)의 후예 구이(仇台)라는 사람이 있어 인신(仁信)이 돈독하여 처음 대방고지에서 나라를 세웠다. 요동태수 공손도(公孫度)의 딸을 아내로 맞아 점차 나라가 창성(昌盛)하여 마침내 동이의 강국(東夷强國)이 되었는데, 그 나라는 처음부터 백성 모두가 바다를 항해하였으므로 백제(百濟)라는 국호가 붙여진 것이다.(百家濟海, 因號百濟) 그 나라의 성을 거발성(居拔城) 또는 고마성(固麻城)이라고 한다.

　한편 김부식은 『삼국사기』 백제본기 시조 온조왕(溫祚王)조에 다음과 같이 기술하고 있다.

> 백제의 시조는 온조왕으로 그의 부친은 추모(鄒牟, 朱蒙)라고 한다. 주몽이 북부여에서 난을 피하여 졸본(卒本)에 이르렀는데, 이 때에 부여왕은 아들이 없고 딸만 셋이 있었다. 왕은 주몽을 보고 비상한 사람임을 알고 둘째

딸로서 그의 아내를 삼도록 하여 두 아들을 낳았는데 장자는 비류(沸流)이고 차자는 온조(溫祚)라 하였다.

혹은 주몽이 졸본에 이르러 월군녀(越郡女)를 얻어 두 아들을 낳았다고도 한다.

그런데 주몽이 북부여에 있을 때에 낳은 아들이 돌아와 대자로 삼으므로 비류와 온조는 두려워하여 오간(烏干), 마려(馬黎) 등 십신(十臣)과 더불어 남쪽으로 떠나 한산(漢山)에 올라가서 살 땅을 찾았다.

비류는 해빈 미추홀(海濱 彌鄒忽)을 고집하므로 온조는 '북으로는 한수(漢水)를 끼고 동으로는 고악(高岳)에 의지하고, 남으로는 옥택(沃澤)을 바라보고 서쪽은 대해(大海)로 가로막힌 천험(天險)의 땅' 인 하남 위례성(河南 慰禮城)에 도읍하여 국호를 십제(十濟)라 하였는데 이 때가 전한(前漢) 성제(成帝) 홍가(鴻嘉) 3년(B.C. 18년)이다.

한편 비류는 미추홀의 땅이 습하고 물이 짜서 살 수가 없으므로 위례성으로 돌아와 보니 온조가 도읍을 새로 정하여 인민이 편안히 살고 있으므로 부끄러워 뉘우쳐 결국 죽고 말았다. 그 후 온조의 나라는 날로 번성하여 백성이 따르므로 국호를 백제(百濟)로 고치고 세계(世系)는 고구려와 마찬가지로 부여에서 나왔으므로 부여(扶餘)로서 성씨를 삼았다.

또 다른 설에 의하면 시조는 비류왕이고 그의 부친은 우이(優台)로 부여 해부루(解扶婁)의 서손(庶孫)이며, 그의 어머니는 소서노(召西奴)로 졸본 사람 연타발(延陁勃)의 딸이다. 소서노가 처음 우이에게로 시집가서 두 아들을 낳았는데 장자는 비류이고 차자는 온조이다. 우이가 죽자 소서노는 본가인 졸본에 와서 살았다. 주몽이 부여에서 용납하지 아니하므로 전한(前漢) 건무(健武) 2년(B.C. 37년) 2월에 남쪽인 졸본으로 달아나 도읍을 정하고 나라를 세워 국호를 고구려라 하였다. 주몽은 소서노를 아내로 맞아 창업의 기반을 세울 때에 내조가 컸으므로 지극히 사랑하여 비류 등을 친자식처럼 대하였다. 그런데 주몽이 부여에 있을 때에 예씨(禮氏)의 몸에서 난 아들 유류(孺留)가 와서 태자가 되고 드디어 왕위를 계승하게 되자 비류가 온조에게 말하기를 "대왕이 부여에서 난을 피하여 이 곳에 도망 왔을 때에 우리 어머니는 집안의 전 재산을 기울여 건국의 기틀을 마련하였는데도 대왕이 돌아가시자 나라는 유류에게 돌아가고 말았다. 어머니를 모시고 남쪽으로 가서 좋은 땅을 찾아 따로 나라를 세우자."고 하여 패수(浿水)와 대수(帶水)를 건너 미추홀에 이르러 살게 되었다고 하였다.

한편 북사(北史)와 수서(隋書)에 이르기를 동명(東明)의 후에 구이(仇台)가 있었는데 그는 인신(仁信)이 돈독하여 처음 대방(帶方)의 고지(故地)에서 나라를 세우니 요동 태수 공손도(公孫度)는 그의 딸을 구이의 아내로 삼게 하여 드디어 동이의 강국이 되었다고 기록하고 있는데 아직 어느 것이 옳은지 알지 못한다.

백제는 대방고지에서 건국되었다고 하였다. 대방군은 백제 건국 이후인 후한 말 요동 태수 공손강이 낙랑군을 분할하여 설치한 군이므로 낙랑과 대방은 옛 요하의 왕검성이 있던 지역일 수밖에 없다.
한서지리지 낙랑군조에 낙랑군의 속현으로 둔유(屯有)현, 패수(浿水, 大陵河)현, 함자(含資)현이 있고, 함자현에는 대수(帶水)가 서쪽으로 흘러 대방에서 바다로 들어간다(帶水西至帶方入海) 하였으므로 대수는 아마도 요하의 하구일 것이다.
따라서 비류는 두 번째의 진번고지인 요하의 왕검성에서 백제를 건국한 후 선단을 이끌고 패수와 대수가 흘러드는 요동만을 나와 조선 반도의 아산만에 있는 미추홀에 이른 것으로 보인다.

지금까지의 역사 전개 과정에서 번한 해민들은 대동강, 재령강 유역을 비롯하여 조선반도의 서해안과 남해안 일대에 이동 분포되었음을 추적한 바 있다. 그럼에도 불구하고 『삼국사기』 백제본기에는 백제가 해양국가였다는 흔적이 보이지 않는다.

김성호는 『삼국사기』 백제본기 온조왕조의 본문 및 이설(異說)에 수록된 백제 건국의 과정과 『삼국유사』, 『북사』, 『수서』, 『양서』, '광개토대왕의 능비', 『구당서』, 『일본서기』 등 문헌적 자료를 종합적으로 분석하여 지금까지 알려진 백제 본기의 허구성을 밝혀내고 온조왕을 시조로 하는 백제 외에 또 하나의 백제가 있었다고 주장한다.

그는 백제본기의 비류(沸流)와 『북사』, 『수서』의 구이(仇台)를 동일한 인물로 보고 미추홀(彌鄒忽)은 지금의 인천(仁川)이 아닌 아산만에 있는 인주면 밀두리(仁州面 密頭里)로 비정(比定)한다. 비류는 B.C. 18년 대방고지에서 백제를 세운 후 해빈 미추홀(海濱 彌鄒忽)로 남하하였으나 동생인 온조는 하남위례성(河南慰禮城, 현 충남 稷山)에 별도의 나라를 세우고 B.C. 5년에는 한산(漢山, 현 서울)으로 북천하고 있다. 지금의 몽촌토성, 풍납토성이 한성백제 두 번째의 도읍지이다.

비류의 백제는 A.D. 9년 곰나루에 있던 마한(馬韓)을 수멸(邃滅)하고 그곳(古沙夫里城, 居拔城, 久麻那利城, 熊津城)에 도읍한다.[21]

---

21) 金聖昊, '百濟初期 記錄의 二重性', 『沸流百濟와 日本의 國家起原』, 知文社, 1988, pp.37~78.

민족 대이동기 69

곰나루

담로 국가(檐魯國家)

그 나라를 다스리는 성을 고마(固麻)라 하고, 읍(邑)을 담로(檐魯)라 하는데 그 나라에는 22개의 담로가 있으며 모두 자제종족(子第宗族)이 분거(分居)한다.22)

담로 제도라고 하는 것은 중국의 군현제라기보다는 오히려 봉건제에 가까운 제도로서 각 담로 국가의 군장을 '엄치'(臣智)라고 하였으며, 이들 엄치를 통솔하는 비류백제의 왕을 '성엄'(聖音)23)이라고 하였다. 3세

---

22) '號所治城曰固麻, 謂邑曰檐魯…其國有二十二檐魯, 皆子弟宗族分據之.' 『梁書』, 百濟傳.
23) "百濟王世子寄生聖音", 七支刀의 銘文.

기 진(晉)의 진수는 동방의 해상강국이 된 비류백제와 그 나라의 담로 국가들을 부정한다. 남한 지방에는 수많은 나라들이 사분오열된 상태에 있었는데, 이미 비류백제에 통합되어 담로 국가로 전환되어버린 마한을 가져다가 삼한전(三韓傳)을 허구(虛構)하고 있다.

김성호는 진수가 찬한 『삼국지』 위지 변진전에서 "변진한합이십사국"(弁辰韓合二十四國)을 지금까지처럼 "변·진한 합하여 이십사국"으로 구독(句讀)할 것이 아니라 원문 그대로 "변진과 한을 합하여 이십사국"으로 보고, 이들 이십사국은 건마국(乾馬國, 益山馬韓), 진왕(辰王)의 월지국(月支國) 등을 포함하여 모두 비류백제의 담로 국가로 보아야 하며, "마한오십여국"은 A.D. 9년에 멸망해버린 마한이 되살아난 것이 아니라 권역개념(圈域槪念)으로 보아야 한다고 주장한다.[24]

따라서 『진서』(晉書) 권36 열전6 장화전(張華傳)의 "동이마한 신미제국"(東夷馬韓 新彌諸國) 역시 비류백제의 담로 국가군으로 해석하여야 할 것이며, 진왕(辰王)이 다스리는 월지국(月支國)에 대해서는 후술하기로 한다.

> 백제는 본래 부여의 별종이다. 마한의 옛 땅을 차지하였다. 서울(京師, 지금의 西安)에서 6,200리나 떨어져 있고, 대해(大海, 東支那海)의 북쪽, 소해(小海, 渤海)의 남쪽에 위치한다. 동북으로는 신라에 이르고, 서쪽 국경은 바다 건너 월주(越州, 지금의 寧波)에 이른다. 남쪽으로는 바다 건너 왜에 이르고, 북쪽으로는 역시 바다 건너 고구려에 이른다.[25]

---

24) 金聖昊, '비류백제의 실체성 검증', 『비류백제와 일본의 국가 기원』, 지문사, 1988, pp.79~146.

25) "東北至新羅, 西渡海至越州, 南渡海至倭國, 北渡海至高麗", 『舊唐書』, 百濟傳.

그러나 이와 같은 해양국가적인 동이 강국(東夷 强國)은 지금까지의 한국사에는 존재하지 않는다.

한반도의 서해안에 또 하나의 거대한 해양국가가 출현함으로 인하여 지금까지 두무악의 독점무대나 다름이 없던 북로(요서, 요동 및 낙랑해역), 남로(주산해역) 및 동로(왜의 해역)의 해역에 긴장감이 감돌게 되어 장차 이 해역의 해양국가들간에는 필연적으로 충돌이 예상되고 있었던 것이다.

초기 자료의 검증

삼성신화(三姓神話)

영주지의 초기 기록

　영주의 땅에 최초로 통일국가가 성립되는 과정을 추적할 수 있는 자료는 그런대로 적지 않게 산재한다. 지금까지는 주로 정사(正史)인 『고려사』에 의존하여 왔으나 고려사는 고려 말 이조 초기에 쓰여진 『영주지』를 인용하여 개필된 것이므로[1], 『영주지』를 근간으로 하여 나든 자료들을 비교 분석하고 종합하여 통일국가 건설의 실상을 밝히는 것이 순서일 것이다.

　『영주지』의 초기 기록은 다음과 같다.

　　영주(瀛州) 태초에 사람이 살지 아니하였는데, 홀연히 삼신인이 한라산(鎭山) 북록의 큰 굴 모흥혈(毛興穴)에서 솟아났다. 첫째를 고을나(高乙那), 둘

---

1) 金宗業, 『耽羅文化史』, 조약돌, 1986. 3, p.39.

째를 양을나(良乙那), 셋째를 부을나(夫乙那)라 하였다.

그 용모가 매우 크고(甚偉), 도량이 관활(寬豁)하여 이 세상사람 같지 아니하였다.

짐승의 가죽으로 된 옷을 입고, 고기를 먹으며(皮衣肉食), 항상 사냥으로 일을 삼아 가업(家業)을 이루지 못하였다.

하루는 한라산에 올라가 멀리 바라보니 자니(紫泥)로 봉한 목함(木函)이 동해로부터 떠내려와 머물러 떠나지 아니하므로 삼신인이 산에서 내려와 목함을 열어본즉, 그 안에 새알 같은 옥함이 있었다.

관대(冠帶) 하고 붉은 옷을 입은 사자가 나타나 옥함을 열어본즉 푸른 옷을 입은 처자 삼인이 있었다. 모두가 십오륙 세쯤 되고 용모 출중하여 기품이 단아하였으며, 옥함 속에 다소곳이 앉아 있었다.

또한 우마와 오곡의 종자도 있었다.

삼신인은 이들을 금당지안(金塘之岸)에 내려놓고 자축하여 말하기를 "이는 필시 하늘이 우리에게 내려주신 것이라" 하여 기뻐하였다.

사자가 재배하여 말하기를 "나는 동해 벽랑국(碧浪國)의 사자올시다. 우리 왕이 삼녀를 낳았는데 장성하여 배필을 구하지 못하여 주야로 한탄한 지 여러 해가 되었는데, 왕께서 자소각(紫霄閣)에 올라 서해를 바라보니 붉은 기운이 하늘에 이어져 서색(瑞色)이 영롱한 가운데 빼어난 산이 있어 신자(神子) 삼인이 그곳에 강림하여 나라를 세우고자 하나 배필이 없음을 알고 신에게 명하여 세 여인을 모시고 오게 된 것이므로 항려(伉儷)의 의식을 갖춘 후에 대업을 이루소서."라 하고 홀연히 구름을 타고 사라졌다.

삼신인이 이에 재물을 정결하게 갖추어 하늘에 고하고 나이순으로 분취(分娶)하여 물 맑고 기름진 땅을 골라 활을 쏘아 땅을 정하니(射矢卜地) 고을나의 소거(所居)를 제일도(第一都), 양을나 제이도(第二都), 부을나 제삼도(第三都)로 하였다.

이로부터 산업을 이루어 오곡을 심고 소와 말을 길러 드디어 사람이 사는 마을을 이루었다.

그 후 900년이 지나서 인심이 모두 고씨에게로 돌아갔으므로 고씨를 추대하여 왕으로 삼고 국호를 탁라(乇羅)라 하였다.

자료의 분석

『영주지』에는 처음 나라가 성립하는 초기 기록을 ① 삼신인의 용출(湧出) ② 벽랑공주(碧浪公主)의 도래(到來) ③ 활을 쏘아 땅을 점침(射矢卜地) ④ 국호탁라(國號乇羅)로 되어 있는데 이를 삼성신화라고 부르고 있다.

신화라 할지라도 그것이 역사의 자료가 되기 위해서는 검증을 거쳐야 하므로 『영주지』의 초기 기록을 단계적으로 분석할 필요가 있다.

'삼신인이 홀연히 모흥혈에서 솟아났다(湧出). 고을나(高乙那), 양을나(良乙那), 부을나(夫乙那)라고 하였다.'

'그 모습이 매우 크고 가죽옷을 입고 육식을 하며 사냥을 일삼아 가업(家業)을 이루지 못하였다.'

삼신인이 갓난아기로 태어난 것이 아니라 가죽옷을 입은 거구의 북방 기마 민족의 모습으로 솟아났다는 것이다.

'그 모습이 매우 크다.' 고 한 것은 키 작은 영주인의 시각에서 본 상대적, 대칭적인 관념이며 '가업을 돌보지 아니하고 사냥을 일삼았다.' 에서 가업이라 함은 일정한 장소에 정착하여 농경 사회를 이루고 있는 상태를 말하므로 이 시기는 이 섬에 청동기 문화가 들어와서 수준높은 영농이 이루어진 두무악 이후의 시대로 보아야 한다.

그들은 고양부 등 이 시대 군주에게서나 쓰이던 성씨를 칭하고 있는 것으로 보아 북방 기마 민족의 군장에 해당하는 사람들로 보인다.

여기에 동해 벽랑공주(碧浪公主) 삼인이 등장한다.

벽랑국을 고려사에서는 일본이라고 단정하고 있으며 제주도의 동쪽은 일본에 해당하므로 왜(倭)의 땅을 살펴 볼 필요가 있다.

『한서』(漢書)에 의하면 왜의 땅에는 1세기 초에 이미 100여 개의 나라가 있어 해마다 한(漢)나라에 와서 헌견(獻見)한다 하였으므로 그들은 뱃길로 두무악을 경유하여 황해를 북상하여 요서의 낙랑군을 통하여 한나라와 교통하고 있었음을 알 수 있다.

'활쏘기를 하여 땅을 점쳤다(射矢卜地).'

이 대목은 납득하기가 어렵다. 왜냐하면 동이(東夷) 민족이 활쏘기 시합같은 환상적인 방법으로 땅을 차지하는 예는 지금까지 찾아볼 수가 없기 때문이다. 활을 쏜다는 것은 전쟁을 의미한다. 문맥상으로 보면 삼신인 상호간에 전쟁을 하였다는 말이 되나, 다른 어디에도 그런 흔적을 발견할 수가 없으므로 어떤 형태의 전쟁이 있었는데 다른 사정으로 인하여 기록할 수가 없었음을 의미한다. 다음에 밝혀질 것이다.

'삼신인은 땅을 나누어 일도(一徒), 이도(二徒), 삼도(三徒)라 하였다.'
'그 후 900년이 지나서 인심이 고씨에게 돌아가므로 고씨를 추대하여 왕으로 삼고, 탁라(乇羅)를 건국하였다.'

이원진(李元鎭)의 『탐라지』에도 "고량부 삼신인이 땅을 나누어 살 곳을 도(徒)라 하였다(分處其地, 名所居曰徒)."고 하여 "탁수의 이름을 그들이 사는 마을의 이름에 붙였다(涿水之名, 稱所居之邑里)."라는 『삼국유사』의 기사와 완벽하게 일치하고 있음을 알 수 있다.

물론 이 기록만 가지고서는 통일국가 성립의 실체를 밝힐 수 없으므로 다른 자료들과 비교 분석하여 결론을 도출할 수 있을 것이다.

무속 자료

호국신사(護國神祠) 광양당(廣壤堂)

제주도 최초의 국가성립에 관한 역사적 자료에 있어 반드시 정사(正史)의 기록만을 고집할 이유는 없다. 대체로 정사라고 하는 기록들은 특정한 국가나 집단이 그들의 통치 행위를 정당화하기 위하여 기록되고 해석되어 왔으므로 민감한 부분일수록 왜곡되는 경우가 많다. 그러므로 정사 외의 신화나 우화, 민요, 또는 일기 및 그 밖의 구전무서(口傳 巫書) 등도 검증을 거쳐 시공적으로 역사적 사실과 연관되어있음이 확인될 때에는 훌륭한 사료로서의 가치가 인정될 수 있을 것이다. 크로체(Benedetto Croce, 1866~1952년)가 말한 것처럼 확실한 전거(典據)들과 불확실한 전거들이란 없다. 오히려 모든 전거는 불확실한 것이다. 다만 현재의 관점에서 과거를 조명하고 재평가하여야 한다.[2] 우리가 추구하려는 과거는 죽어버린 과거가 아니라 현재 속에 살아 있는 과거이다. 현재와 과거의 끊임없는 대화를 통하여 새로운 역사를 창조하려는 것이다.

노래를 엮어 만든 중국의 『시경』(詩經)이나 일본의 『만엽집』(萬葉集) 등을 사료로 인용하는 예는 허다하다. 본고에서는 지금까지 사람들의 관심 밖에서 잊혀진 무속자료에 초점을 맞추어 보고자 한다.

제주도를 흔히 신들의 고향이라고 한다. 예로부터 두무악 해민들은 달을 보고 조수의 간만을 알고, 별자리를 보고 배의 방향을 잡았으며, 하늘과 바다와 구름을 보고 바람을 예측하였다. 그러나 항해라고 하는 것은 언제나 예측 불가능한 위험이 따르므로 해민들은 다양한 신들을 섬겼으며, 신들의 총본산이 광양당(廣壤堂, 현 삼성혈)이었다. 1653년 당시 제주목사였던 이원진(李元鎭)이 편찬했다는 『탐라지』(耽羅志)와 『동국여지승람』에는 광양당을 가리켜 한라호국신사(漢拏護國神祠)라 이름하고 있다. 호국신사가 무엇인가? 고대국가에는 종교와 정치가 일원화되어 있어서 종교 행사를 주관하는 자가 나라를 다스렸다. 제주도와 풍토가 비슷한 일본에서는 나라를 다스리는 일을 마쓰리고토(政事)라고 하는데 마쓰리는 본래 제례(祭禮)를 뜻한다. 호국신사라 함은 이와 같이 종교와 정치의 일원적인 장(場)을 말하는 것이다.

1702년 제주목사 이형상(李衡祥)이 이조의 숭유정책(崇儒政策)의 일환으로 도내의 음사(淫詞), 절간 등 130여 개소를 불태워 없애고 광양당을 폐지하여[3] 그 자리에 유교의 예식에 따라 제례를 행하도록 제도를 바꾸어 버렸는데, 지금으로부터 300년 전까지만 해도 광양당의 원형은 상당 부분 보존되고 있었던 것으로 보인다. 조선 유교의 혹독한 음사탄압에도

---

2) 베네데토 크로체, '似而非 歷史 敍述들', 「歷史의 理論과 歷史」, 李相信 譯, 三英社, 1987. 3, p.31.

3) 金錫翼, 『耽羅紀年』.

불구하고 광양당 신관의 대사(臺詞)는 유인들의 관심 밖 사각지대에서 비밀리에 전승되어 누군가에 의하여 이두문(吏讀文)으로 기록되고, 이것은 다시 제주인 문창헌(文彰憲)이라는 사람에 의하여 풍속무음(風俗巫音)이라는 이름으로 필사 편집되어 오늘에 이른다. 한편 제주대학교 현용준(玄容駿)은 무당들의 사설(辭說)을 수집 편집하여 『제주도 무속자료 사전』을 만들어 수록하고 있다.

『영주지』의 초기기록이 사서(史書)의 일반적인 신화형식을 취하여 추상적인 데 반하여 무속자료는 대담하고 직설적이며, 구체적이다. 그리고 지금까지 비밀 속에 가려졌던 초기 국가 형성 과정을 적나라하게 드러냄으로써 『영주지』가 못다 쓴 건국 과정을 여과없이 노래하고 있다.

현용준의 『제주도 무속자료 사전』 중에서 영주의 신들을 초치하여 이 섬의 최초 국가 건설을 고(告)하는 강신의 의식(降神 儀式)인 초감제의 중요 부분을 추려내어 엮어 본다.[4]

영평(永平) 팔년 대별왕(大聖王) 두업(都業)

천지가 혼합(混合)으로 제이름네다.(모두 告합니다)
하늘과 땅이 감이(境界)없어 네귀(四方)가 가득 차 올 때에
하늘과 땅이 한뭉탱이 되었습네다.
천지 개벽할 때, 도업(都業)을 제이릅네다.
요 하늘엔 해(日)도 둘, 달(月)도 둘 뜨니,
낮에는 만민 백성이 잦아 죽고(焦死),

---

4) 玄容駿, '초감제', 『濟州島巫俗資料事典』, 新丘文化社, 1980. 1, pp.33~35.

밤엔 백성이 고사 시려 죽어(凍冷死),

인적이 고요하니 옥황상제께서 영을 내리오니,

대별왕(大星王), 소별왕(小星王)이 천근활(千斤弓), 백근살(百斤矢)로 앞에 오는 일월광(日月光)은 섬겨 모시고,

뒤에 오는 일월광(日月光)은 쏘아다가

동의 바당(東海) 용궁(龍宮)에 바쳤습네다.

그 법으로 낮에 일광(日光) 하나, 밤엔 월광(月光) 하나 생겨

낮에 잦아 죽던 백성, 밤에 고사 시려 죽던 백성 살게 되었습네다.

대별왕(大星王) 도업(都業) 제이르자.

열다섯 십오 성인(十五 聖人) 도업 제이르자.

천황 배포도업(天皇 配布都業), 지황 배포도업(地皇 配布都業), 인황 배포도업(人皇 配布都業) 제이르자.

우리 나라 고구려(高句麗) 신(臣) 배포도업 제이르자.

왕이 나사(나와야) 국(國)입고 국(國)이 나(있어) 왕(王)입네다.

왕(王)배포, 국(國)배포 제이르자. …〈중략〉

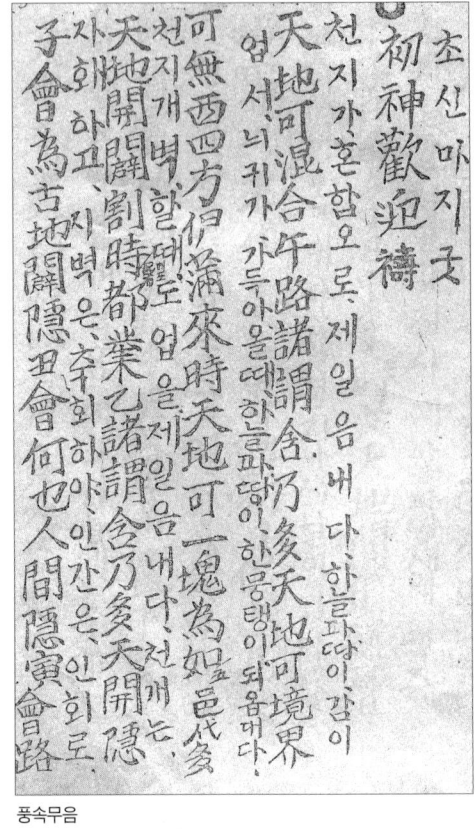

풍속무음

국(國)을 가릅기는(分界) 난산국도 아니옵고

달탄국(韃靼國)도 아니옵고, 해토국(海頭國)도 아니외다.

이스리(우수리강), 두만강(頭滿江), 몽고대천(大遼河, 松花江)

십이제국(十二諸國) 안입네다. …〈중략〉

영평(永平) 팔년 을축(乙丑) 삼월 열사흘날

자시 생천(子時 生天) 고(高)의 왕,

축시 생천(丑時 生天) 양(良)의 왕(王),

인시 생천(寅時 生天) 부(夫)의 왕(王).

고양부(高良夫) 삼성(三姓)이 모은골(毛興穴)로 솟아나

도업(都業)하던 국(國)이외다.

초감제의 대사는 고구려인 집단인 대별왕(大星王) 세력이 또 다른 일월광(日月光) 세력을 무찔러 동해바다로 내몰고 난 다음 영주(瀛洲)의 땅에 고구려의 신국(臣國)을 도업(都業)하는 과정을 사실적이고 충격적으로 묘사하고 있다.

신관의 대사는 또 1~3세기 고구려의 영역이 서쪽으로 열하, 만리장성 부근으로부터 동쪽으로 우수리강 연안까지 미쳤다는 북한학자들의 주장[5]과 거의 완벽하게 일치하고 있으며, 영주 태초에 한라산 모홍혈에서 솟아났다는 삼신인은 신화 속의 인물이 아닌 1세기 초·중엽 영주에 들어온 실재한 고구려인 집단이 후한 명제(明帝) 영평(永平) 8년(65년) 음력 3월 13일에 고구려의 신국(臣國)을 세우고 있음을 선언하고 있는 것이다.

신관의 대사는 다음과 같이 이어진다.

---

[5] 리지린·강인숙,『고구려사 연구』, 사회과학출판사, 1976. 12, p.39.

고(高)의왕 등극할 때 고을(邑) 갈라
일도 성안(一徒 城內, 제주시) 고씨 성
이도 산방(二徒 山房, 대정) 양씨 성
삼도 토산(三徒 土山, 남원) 부씨 성을
나누어 살게 하였습니다.

즉, 『영주지』의 "고을나 일도(一都), 양을나 이도(二都), 부을나 삼도(三都)"의 기사와 일치하고 있음을 본다(分處其地名所居日徒).

1700년대에 쓰여진 이중환(李重煥)의 『팔역지』(八域志)에도 영평 8년에 붉은 기운이 남쪽 바다에 뜨니 이 때에 삼성(三姓)이 출현한 것이 아닌가 라고 기록하고 있다. 기록의 출처가 분명치는 않으나 옛날 탐라의 영역이던 전남 강진, 또는 나주 지방에 전해지는 기록이나 설화에서 나온 것이 아닌가 여겨진다.

이 역사적 대사건의 여부를 확인하기 위해서는 고구려 신국이 도읍하던 A.D. 65년을 기준으로 영주를 중심으로 일어나는 사건들을 추적하여 사실관계를 규명하여야 한다.

이들 사실관계가 최초 국가 성립과 시공적으로 일치한다면 광양당 신관의 대사는 비로소 역사적 사실을 증명하는 사료로서의 가치가 부여될 수 있을 것이다.

고구려의 석곽묘(石槨墓), 용담동 고분

천근활 백근살

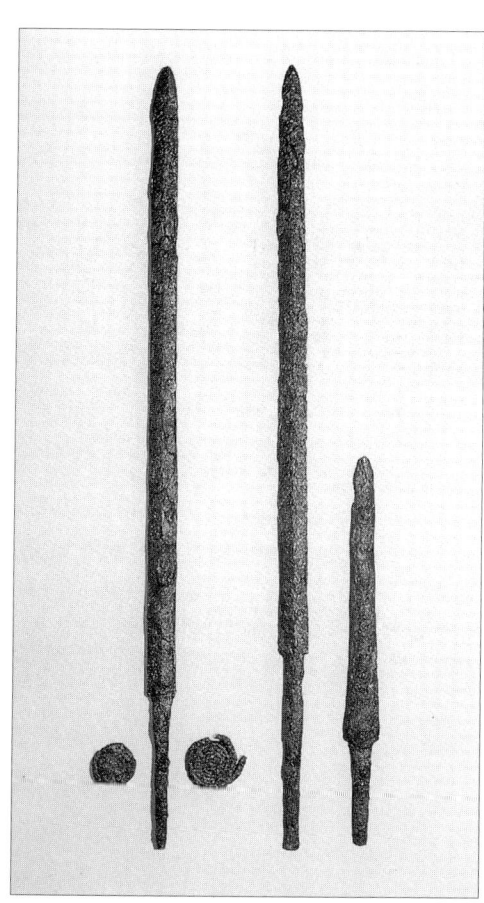

양날장검 국립제주박물관, 『제주의 역사와 문화』에서

『영주지』의 초기 기록(신화)과 광양당 신관의 대사를 뒷받침하는 자료 중에 용담동 고분이 있다. 1984년 12월 16일 제주대학교 박물관에 의하여 용담동 고분이 발굴되었다. 한라산을 등지고 북쪽 바다를 향하여 매장된 이 고분에서 청동기 문화집단(두무악)의 석곽묘(石槨描) 3기와 바로 앞에 돌담 1줄을 경계로 하여 한대(漢代) 철기를 사용하던 문화집단의 석곽묘 1기, 옹관묘(甕棺墓) 6기가 한꺼번에 출토된 것이다. 남쪽 묘역에 있는 3기의 석곽묘에서는 공열토기, 조질무문토기 등 청동기 시대 사람들(두무악)이 사용하던 유물이 나오고, 북쪽 1기의 석곽묘에서는 놀랍게도 철제 장검 2점, 단검, 창, 끌형무기, 나선형 철기, 다량의 철제 화살촉 등 철제 무기류가 출토되고, 옹관묘역에서는 유리구슬, 대롱옥 등 낙랑 여인들의 장식품이 다량으로 발굴된 것이다.

이들 석곽묘는 주택신축 공사 중 불럭 담장을 만들 자리를 정리하다가 발견된 것이므로 조사가 시작되기 전에 이미 분묘의 표면은 손상된 상태에 있

합구식옹관 국립제주박물관, 『제주의 역사와 문화』에서

었다. 이 지역은 본래 지석묘가 밀집하였던 곳이므로 공사를 하면서 덮개돌이 제거된 지석묘 또는 돌무덤(積石墓)의 내부로 보아야 할 것이다.

용담동 고분 발굴조사보고서에 의하면 2점의 장검은 전체 길이가 85cm의 철제 양날검으로서 같은 시대 이와 비슷한 양날 장검은 한나라의 수도였던 낙양(洛陽, 河南省)의 고분에서 발견되는 전한 중기에서 후한 중기의 것이다. 이와 같은 양날검은 시대의 흐름에 따라 점차 외날검으로 바뀌었다고 하며, 용담동 고분보다 훨씬 늦은 시기의 것으로 낙랑의 정백동(貞柏洞), 복사리(伏獅里) 고분에서 길이가 80~110cm의 외날장검이 발견되고는 있으나 남한 지방이나 일본에서는 용담동 고분과 같은 양날장검이 발견된 예가 없다고 한다. 그리고 철제 단검, 화살촉, 끌형 무기, 도끼 등도 이 시대 이후 한반도의 여러 곳에 분포한 사실이 확인되고 있으나 1세기 전기의 시대에는 낙랑지역을 벗어나지 못하며, 북쪽 묘역의 특성은 1~3세기 압록강 유역의 고구려 석곽묘의 형식을 취하고 있어 이들 유물이 고구려인의 것임을 말해주고 있다.[6]

용천검(龍泉劍)

　용담동 고분에서 출토된 장검은 기원 전후 시기 중국 최고 수준의 장검임에 틀림이 없다. 한나라 여남군 서평현(汝南郡 西平縣, 현 河南省)에 있던 용천(龍泉)에서 한나라 철관(鐵官)에 의하여 벼려진 장검을 용천검(龍泉劍)이라 한다. 용천검은 한나라의 군장이나 대장군이 아니면 가질 수 없는 보검이다.
　그런데 용천검의 민요가 제주도에서 불리워졌음이 김영돈의 조사보고서에서 확인된다.

> 찾던 칼을 쑥 빼언 보난
> 난듸 없는 용천의 검이라 에라야 데야, 에라야 데야, 방애 방애로다.7)

　용담동 고분에서 출토된 2점의 보검이 용천검인지는 확인할 수가 없으나, 이 보검의 소지자가 고구려 왕실의 정통적인 승계자 중의 한 사람임이 밝혀질 것이다.
　한마디로 광양당 신관의 대사와 용담동 고분의 출토 유물, 그리고 용천검의 민요에서 1세기 전기에서 중기에 이르는 시기에 천근활, 백근살, 용천검으로 무장한 대별왕(大星王) 세력이 두무악(영주)의 섬에 들어와 또 하나의 강력한 일월광(日月光) 세력을 무찔러 고구려의 신국을 세웠다는 사실이 시공적으로 연관되어 있음을 부정할 수가 없다.

---

6) 이청규, '용담동 고분', 『유적조사보고서』 제5집, 제주대학교박물관, 1989.
7) 김영돈, '용천검', 『탐라문화』 제2호, 제주대학교 탐라문화연구소, 1983.

용담동 고분의 출토 유물을 가지고 단순한 교역에 의하여 제주도에 들어왔다는 판에 박은 듯한 지금까지의 우리 나라 사학계의 주장과는 달리 분묘의 구조, 유물의 형질, 민요 등을 종합적으로 검토해보면 그와 같은 문화를 지닌 인간 집단이 배를 타고 이 섬에 들어왔다고 보지 않을 수 없는 것이다. 그렇다면 이 시대 제주도에 들어 온 고구려인 집단은 구체적으로 어떠한 세력인가? 그리고 이들 고구려인에게 패하여 동해바다로 쫓겨난 또 하나의 일월광 세력은 무엇인가? 이러한 문제가 규명되어야 할 것이다.

옹관의 출처

　용담동 고분의 북쪽 묘역에서 발견된 6기의 옹관에 대하여 생각해보기로 한다.

　지금까지 제주도내에서 발견된 옹관은 용담동 고분이 처음이자 마지막이다. 이미 사라져버린 옹관묘가 있었는지는 알 길이 없으나 1세기 경 제주도내에서 옹관을 만들었을 만한 흔적을 찾아볼 수 없는 것으로 보아 용담동 고분의 옹관은 다른 지역에서 만들어진 것을 두무악의 해로를 통하여 제주도에 옮겨온 것으로밖에 달리 해석할 수가 없다.

　옹관의 출처는 의외로 가까운 두무악 영내의 발라 해로(發羅, 나주)에 있었다. 대형 옹관을 만들 수 있는 가마는 영산강 유역의 나주시 오량동 가마유적지에서 발견되며, 이어 같은 시대에 조성된 것으로 보이는 거대한 옹관묘 군이 나주 지역에서 발굴되고 있다. 대체로 지석묘는 기원 전후의 시기에 소멸되고, 같은 시기에 지석묘와 옹관묘가 병행하였다고 보고 있다.[8]

따라서 용담동 고분 북쪽 묘역은 1세기 말경에 조성된 것으로 보아도 무방할 것이다. 본고에서는 제주도와 나주 그리고 강진과의 관계를 밝혀 나가게 될 것이다.

고구려의 수혈(禭穴)과 제주도의 모홍혈(毛興穴)

고구려의 동맹제(東盟祭)

『삼국지』, 『후한서』, 『주서』(周書) 등에 기록된 고구려전을 종합해보면 "고구려 사람들은 귀신 섬기는 것을 좋아하여 사직 영성(社稷, 靈星, 龍星)이라는 제천대회를 10월에 거행한다. 이 대회를 동맹(東盟)이라 부르고 있으며, 고구려의 시조신인 고주몽(高朱蒙)에게 제사지내는 것이다. 또 그 나라의 동쪽에 큰 굴(大穴)이 있는데 수혈(禭穴)이라고 한다. 나무를 깎아 주몽의 어머니인 하백녀(河伯女)의 여신상을 만들어 역시 10월에 제사를 지낸다. 이 국중대회(國中大會)에는 온 나라의 백성들이 총동원되어 귀족들은 금은보석으로 장식한 의관을 갖추고, 온 나라의 읍과 미을에서는 밤을 새워가며 남녀가 가무를 즐긴다."라고 기록하고 있다.

고구려의 옛 수도였던 집안(輯安)의 동쪽에는 웅장한 국동대혈(國東大穴,)인 수혈(禭穴)이 있다. 이 수혈은 하늘을 향하여 탁 트여 있어서 성좌의 운행을 관찰할 수 있으며, 지금도 그 곳 주민들이 여신상을 세워놓고 기도를 드린다고 한다. 그리고 집안과 덕흥리, 약수리 등 고구려 고분의

---

8) 崔夢龍, '전남지방 소재 지석묘의 형식과 분류', 『역사학보』 제78호, 1978.

천장벽화에는 청룡백호와 함께 빛나는 별들(靈星, 龍星)이 그려져 있어서 중국측 사서가 거짓이 아님을 말해주고 있다.

모흥혈(毛興穴)에서 솟아난 고양부 삼성이 고구려인으로 밝혀진 이상 『영주지』의 삼성신화나 광양당(廣壤堂) 신관의 초감제의 대사는 고구려에서 행해지던 제천대회(祭天大會)에서 그 근원을 찾는 것이 옳을 것이다.

성스러운 영성 용성의 별들은 고구려인의 상징이며, 광양당 신관의 초감제에 등장하는 대별왕(大星王)은 고구려의 영성 용성에서 유래되어 고구려 신국의 국왕을 별님(星主)이라 부르게 되는 것이다.

제주도의 모흥혈제(毛興穴祭)

모흥혈은 여성의 뜻을 지닌 한라산의 국부(局部)에 해당하는 곳으로 알려져 있다.

모흥혈(삼성혈)

모홍혈은 고구려인들이 수혈에 모시는 고주몽의 어머니 하백녀처럼 고량부 삼성의 모태로 상징된다. 초감제(降神禮)의 행례(行禮)는 이렇듯 만인의 주시 하에 세 사람이 굴속에 들어갔다가 신관의 대사에 따라 한 사람씩 나옴으로써 마치 『삼국지연의』(三國志演義)의 도원결의(桃園結義)처럼 삼성이 형제됨을 신에게 맹약하고, 고구려의 신국(臣國) 대별왕(星主)의 나라가 도읍하던 모습을 재현하면서 국중대회를 열고 있는 것이다.

나라의 지도자들이 호사스러운 의관을 갖추어 모홍혈에 모여 한라산신과 건국신인 대별왕, 소별왕에게 제사를 지내고, 중대한 국사를 논의한다. 섬 안의 온 마을에서는 백성이 거리로 나와 밤을 새워가며 노래를 부르고 춤을 추면서 고구려의 신국(臣國) 대별왕의 도읍을 축하하고 나라의 장래를 기원하는 행사였던 것이다. 지금도 매년 양력 12월 10일에 행해지는 삼성혈제(穴祭)는 광양당 신관이 행하던 무속적 제례방식(샤머니즘)에서 유교적 제례로 바뀌었을 뿐 근본적으로는 옛 고구려의 제천대회와 다를 바가 하나도 없는 것이다. 신라를 계승하여 고구려의 반대편에 섰던 고려 말, 이조 초기의 유인(儒人)들이 이와 같은 기록을 그대로 둘 수가 없었으므로 일찌감치 영주의 초기 기록을 신화의 영역으로 내몰아 버린 것이다.

다파나국(多婆那國)과 석탈해(昔脫解)

가락국(駕洛國)

『삼국유사』 석탈해왕(昔脫解王)조에 의하면 신라 남해왕(A.D. 4~23년) 때

가락국(駕洛國)의 앞바다에 어떤 배가 와서 닿았다. 김수로왕이 백성들과 함께 북을 치며 맞이하려 하자(鼓譟以迎) 그 배는 쏜살같이 진한의 아진포(阿珍浦, 迎日)로 도망갔다고 한다.

그 배에는 용성국(龍城國)의 왕자 석탈해(昔脫解)가 타고 있었으며, 배 안에는 칠보(七寶)의 보물과 노비가 가득 차 있었다고 한다.

『삼국사기』에는 석탈해가 왜의 동북 천 리(千里)에 있는 다파나국(多婆那國)의 왕자로 태어나, 그 나라에서 쫓기어 배를 타고 금관국(金官國, 駕洛國, 지금의 金海)에 이르렀으나 받아들이지 아니하므로 B.C. 19년 아진포에 이르러 57년에 62세의 나이로 신라왕에 즉위한 것으로 되어 있으나 이 기록은 연대적으로 앞뒤가 맞지 않는다.

또 하나의 기록인 『가락국기』(駕洛國記)에 의하면 김수로왕이 A.D. 42년에 가락국왕에 즉위한 후, 44년 2월에 궁궐신축공사를 끝내고 있는데, 석탈해는 이 해에 완하국(琓夏國) 합달왕(含達王)의 아들로 태어나 후한 광무제 건무(建武) 24년(48년)에 가락국에 침입하여 그 나라를 찬탈하려다가 김수로왕에게 쫓기어 배를 타고 아진포로 도망간 것으로 되어 있다.

사시복지(射矢卜地)의 비밀

한마디로 용성국(龍城國)의 석씨 집단은 그들의 나라를 떠나 뱃길로 '다파나국' 또는 '완하국'이라 불리는 곳에 이르렀으나 그 곳에서 쫓기어 금관국을 거쳐 48년에 아진포로 도망하여 월성(月城, 지금의 경주)에 이르러 모라(牟羅)라는 지명을 붙여 정착하고 그 후 진한(신라)의 왕이 되고 있는 것이다. 석씨 집단이 용성국을 떠나 중간에 기착하였다는 '다파나국'을 김부식은 왜의 동북 천 리가 되는 곳이라고 말하고 있으나 왜의 동북 천 리가 되는 곳은 태평양 한가운데가 될 것이며 억지로 일본의 동북지방이나 북해도에 맞춘다 하더라도 그 곳이 따뜻한 나라인 완하국(琓夏國)일 수는 없으므로 김부식의 속임수가 분명하다.

그러나 지도의 기점을 아진포에 맞추어 동북으로 기선을 그으면 그 반대편에 해당하는 서남 천 리의 지점에 정확히 제주도가 위치한다, 가락국기의 따뜻한 나라, 완하국(琓夏國)은 『일본서기』 스이닝기(垂仁紀)의 불로장생의 나라, 상세국(常世國)이라 불리우는 제주도와 같은 의미로 해석하여 무리가 없을 듯하다.

또한 『삼국사기』의 다파나국(多婆邢國)을 한자로 풀이하면 '할미(여자) 많은(多婆) 나국(邢國)', 또는 '파도 많고(多波), 여자많은(多女) 나국(邢國)'이 되어 고양부 삼성이 세운 영주의 을나국(乙邢國)을 두고 달리 생각할 수가 없을 것이다.

석씨 집단은 두무악의 섬에 들어와 그들의 지표지명에 따라 그 곳에 모라(牟羅)라는 국명을 붙여 정착하려다가 천근활 백근살로 무장한 대별왕(大星王) 세력에게 쫓기어 동해바다로 달아난 것이다.

건들개(健人浦)

석탈해가 탄 배에는 칠보(七寶)의 보물이 가득하였다고 하였으므로 1928년 제주시 산지항 축조 공사 때에 바닷속 바위 틈에서 발견된 동경(銅鏡), 전한 시대의 오수전(五銖錢), 왕망 시대의 화천(貨泉), 구슬 등은 이 싸움에 패하여 황망히 산지항을 빠져나가다가 빠뜨린 물건[9]으로 추측

---

9) 국립제주박물관, '물산의 이동', 『제주의 역사와 문화』, 2001. 6. 15, PP. 73~75.

된다. 이 유물들은 1981년 석탈해의 무덤으로 보이는 경주시 조양동(朝陽洞)에서 발굴된 유물과 동일한 것이며, 당초 황룡국과 인접했던 평양의 대성리(臺城里) 유적과 함께 석씨 집단의 유물임에 틀림이 없을 것이다.

　산지항의 본래 이름은 '건들개'이다. 한자로는 건입포(巾入浦 또는 健入浦)라 쓴다.

　건(健)은 본시 북방의 오환족(烏丸族)이 사용하던 거수(渠帥)에서 유래하여 신라 박혁거세(朴赫居世)의 거세(居世), 거서간(居西干), 건모라(健牟羅) 등에서 보는 것처럼 '크다'(大)는 뜻을 지닌 신라왕이나 왕성에 붙이는 이름이다.[10] 건들개는 석탈해(昔脫解)가 들어왔던 개(浦)를 말한다.

　『영주지』의 활쏘기(射矢)와 『삼국유사』의 북치기(鼓譟以迎)의 기사는 모두가 피비린내 나는 전쟁을 의미하는 것이다. 그러나 『영주지』는 신라왕이 되어버린 석탈해를 지칭할 수가 없었으므로 "삼신인이 활을 쏘아 땅을 점쳤다.(射矢卜地)"라는 엉뚱한 표현을 쓴 것에 지나지 않는다. 뿐만 아니라 탐라국 왕세기는 석탈해가 제주도에서 쫓겨난 사실을 은폐하기 위하여 그가 신라왕이 된 이듬해인 A.D. 58년에 탐라국왕이 사신을 신라에 보내어 석탈해의 즉위를 축하하였다고 위기(僞記)하고 있음을 본다.[11]

---

10) 김성호, 『新羅初期史와 朴, 昔, 金 三姓系譜』, 전게서 부록 1, p.299.
11) 耽羅國王世紀 善主王條.

초기 국가 형성기

고양부는 누구인가

고구려 대무신왕의 가계

두무악의 섬에 고구려 신국이 세워지던 65년 이전의 시기인 전한과 후한이 교체되던 시대에 한나라 대장군(낙랑태수)이나 가질 수 있는 보검이 용담동 고분에서 출토되었다는 사실은 한나라의 군단이 제주도에 침입했던 흔적이나 기록이 없으므로 37년 낙랑군을 공격하여 멸망시키고 그곳을 점거한 바 있는 고구려 대무신왕과 특별한 관계가 있는 사람이나 집단이 배를 타고 두무악의 섬에 들어 왔다고 보지 않을 수 없다.

한편 광양당 신관의 대사에 등장하는 대별왕이나 『영주지』 초기 기록(신화)의 고을나왕이 다같이 고씨를 칭하고 있으므로 장검의 주인은 고씨인 고구려 대무신왕의 가계에서 찾아야 할 것이다.

『삼국사기』 고구려본기에 의하면 대무신왕의 이름은 무휼(無恤)이고 유리왕의 셋째 아들이다. 무휼왕에게는 원비(元妃)와 부여계 갈사왕(曷思王)의 손녀인 차비(次妃)가 있었는데, 유명한 왕자 호동은 차비의 소생으로 무휼왕이 매우 사랑하였다고 한다. 원비는 적자인 자기 소생 해우(解憂)를 제쳐 두고 호동을 태자로 삼을까 두려워하여 호동 왕자를 모함하여 죽게 한다. 해우는 성질이 포악, 불인(不仁)하였다고 전해진다. 기록에는 없으나 차비의 소생으로 죽은 호동 왕자 또래의 고씨 왕자가 더 있었던 것으로 보인다. 지략과 용맹성을 갖춘 이 왕자는 부왕을 도와 많은 전쟁에 참전한다. 44년 후한의 광무제가 수군을 동원하여 고구려가 점거하고 있던 낙랑을 급습하자 허를 찔린 고구려 군사는 맞서 싸웠으나 패하고 대무신왕은 전사한다. 왕과 함께 적을 맞아 싸우던 고씨 왕자는 선왕의 시신과 보검 등 유품을 수습한다.

용담동 고분에서 출토된 고구려의 보검은 고려 왕실 후계자에 대한 정통성을 상징하는 보물로 보아야 할 것이다.

『삼국사기』 고구려본기 유리왕조 첫머리에 유리 왕자가 부여에 있을 때에 아비 없는 자식이라고 놀림을 당하자, 왕자는 어머니인 예씨(禮氏) 부인에게 내 아버지는 누구이며, 지금 어디에 있느냐고 묻자, 어머니가 대답하기를 "너희 아버지는 이 나라에서 용납하지 않으므로 남쪽으로 도피하여 나라를 세우고 왕이 되었다. 아버지가 망명할 때에 나에게 이르기를 만약에 아들을 낳으면 7모난 돌 위에 있는 소나무 밑에(七稜石上松下) 보물을 감추어 두었는데, 이것을 찾아가지고 오는 사람을 나의 아들로 맞이하겠다."고 하였다. 유리 왕자가 천신만고 끝에 찾아낸 것은 한 토막의 칼(斷劒一段)이었다.[1]

유리 왕자가 이 보검을 얻음으로써 천제 해모수, 부루, 주몽으로 이어지는 신성한 선왕의 업적을 계승하는 자격을 갖게 된 것으로 보는 것

---

1) 『三國史記』, 高句麗 本紀 琉璃王條.

이다.2)

　그러나 고구려 왕실은 패전과 국왕의 서거라는 충격 속에서도 왕위 계승권을 둘러싸고 내분에 휩싸이게 된다. 국왕이 죽으면 태자가 왕위를 계승하는 것이 고구려의 전통임에도 불구하고 고구려 왕실은 태자 해우가 나이가 어리다는 이유로 늙은 왕제(王弟) 해색주(解色朱)를 추대하여 민중왕에 즉위하게 한다.

　고구려 왕실이 태자 해우에게 선뜻 왕위를 물려줄 수 없는 진짜 이유는 태자의 나이가 어려서가 아니라 그의 분별없는 사람됨과 수렴청정을 담당할 태후(원비)의 간사함이 하나가 되어 나라의 정사를 그르칠까 염려한 때문이었다.

　이로 인하여 원비와 태자는 고씨 왕자를 제거하려 했을 것이므로 신변의 위험을 느낀 고씨 왕자는 이 시점을 기준으로 약 60여 년 전 그의 조부인 유리왕이 북부여를 나와 고구려왕에 즉위할 때에 비류, 온조가 고구려를 떠나 남쪽에서 백제를 세웠던 선례를 생각하면서 새로운 나라를 세울 결심을 하고, 소수맥(小水貊, 梁貊)의 양씨 왕자와 부여계인 연나부(椽那部)의 부씨 왕자와 함께 군사와 무기를 모아 군단을 조직하여 마침 북로에 교역 중이던 두무악의 선단으로 서해안을 남하한다.

　고구려본기는 "패성(孛星)이 남쪽 하늘에 나타났다가 20일 만에 남쪽 하늘로 사라졌다."고 기록하고 있다.3) 고구려의 큰 별이 남쪽으로 간 것이다. 일행은 뱃길로 한반도의 남단 두무악의 본거지인 도무(道武, 지금의 나주, 강진)에 집결하였다가 다시 배를 타고 제주도로 향하여 석탈해 집단

---

2) 三品彰英, '夫婁の寶劍と天子劍', 『布都之御魂考』(中), 靑丘學叢 第11號, 1933. 2.
3) '冬十一月孛星于南, 二十日而滅', 『三國史記』, 高句麗本紀 閔中王 3年條.

을 무찌르고 고구려 신국을 세우게 되는 것이다.

고구려 군단

여기에서 필자는 고구려의 왕자 고양부 삼인이 두무악의 섬에 들어오게 된 것은 두무악 해민의 요청 내지 초치(招致)에 대하여 고구려인들이 이에 응함으로써 이루어진 사건으로 추정한다.

왜냐하면 1세기 초엽 이 해역에는 또 하나의 거대한 해양국가인 구마나리(熊津)의 비류백제가 두무악의 해상활동을 위협하고 있었으므로 이들 백제의 세력을 견제하기 위하여 고구려의 군단을 필요로 하였을 것이라는 가설이 성립된다. 두무악은 살아남기 위하여 고구려의 분쟁에 끼어든 것으로 보이며, 이 때에 이해관계가 같은 왜노국(倭奴國)의 도움을 받았을 것으로 보인다.

백제가 망하여 탐라국이 당나라와 신라의 연합국 세력의 침략에 노출되었을 때에 일본과 연합하여 백제 부흥전쟁에 참전하였으며[4], 고려의 침략 위협에 대항하기 위하여 삼별초 군사를 끌어들이고 이어 왜구(倭寇)라고 불리는 주산(舟山)의 탐라 귀향민들을 조직화하여 남원산성(南原山城)에서 고려의 이성계 군단과 혈전을 벌였던 예들이 이를 뒷받침한다.[5]

이것이 강대국에 둘러싸인 절해의 고도에서 1300여 년 동안 독립국가로 버텨온 탐라인들의 저력이 아닐까?

중국의 정사에는 『삼국사기』에 기록된 37년 고구려의 낙랑침공과 44

---

4) 『舊唐書』, 劉仁軌傳.
5) 高橋公明, '南原山城の戰い', 『中世の海域世界と濟州島』, 小學館, 1992. 4, pp. 195~197.

년 후한 광무제의 낙랑 탈환에 관한 기사는 보이지 않고, 다만 건무 20년 (44년) 광무제가 낙랑을 탈환한 이후의 사건으로 진한의 우거수(右渠帥) 염사인(廉斯人) 소마시(蘇馬諟, 위략에는 염사치)가 고구려의 낙랑침공으로 길거리를 방황하던 중국인 난민과 진한으로 피난 간 아잔(阿殘) 집단들을 이끌고 새로운 낙랑군으로 귀화하는 사건만을 기록하고 있다.6)

한편 고구려에서는 44년 민중왕(閔中王)이 즉위하였으나, 태후(대무신왕의 원비)와 태자 해우(解憂)의 농간으로 국론이 분열되고, 이에 불안을 느낀 잠우(蠶友)의 대가(大加) 재승(載升) 등이 만여가(萬餘家)를 이끌고 낙랑군에 항복하는 사건이 일어난다. 48년에는 민중왕이 서거한다. 민중왕의 뒤를 이어 해우(解憂)가 고구려왕에 즉위하여 모본왕(慕本王)이 되었는데 왕은 날로 포악하여 백성의 원성을 사다가 즉위 5년 후인 53년 왕의 측근(側近)인 두로(杜魯)에게 시해(弑害)된다.

모라(牟羅)

모라(牟羅)라는 명칭이 석씨 집단의 지표지명이라는 사실은 이미 언급한 바 있다. 『한서지리지』(漢書地理志) 태산군조에 의하면 "태산군(泰山郡, 山東)에 모현(牟縣)이 있는데, 옛 나라(故國)"라고 기록하고 있다. 이 나라(牟國)는 제(齊)나라에 예속돼(附庸國) 있으면서도 춘추 환공(桓公) 15년(B.C. 705년)에 주 왕실에 입조할 만큼 부유한 해상 교역 국가였다. 본래는 단군조선이 패망하던 시기에 주나라 성왕(成王)에 의해 산동의 바닷가로 쫓겨난 회이(淮夷)와 잔엄(殘奄)의 후예들일 것이다.(史記 周本紀 成王)

---

6) 『後漢書』, 卷85 東夷列傳 辰韓傳 建武 20年條.

민족 대이동시 이들 산동의 회이족들은 진번 해민들과 함께 뱃길로 대동강 하구로 진입하여 지금의 평안남도 용강군(龍崗郡) 남포(南浦) 부근에 황룡국(龍城國)을 세운다. 황룡국은 높은 수준의 문명을 가진 해양 국가였음이 남포 매산리 사신총(四神塚) 유물에서 확인되고 있다.[7]

고구려 본기 유리왕 27년(A.D. 8년)조에 "황룡국(黃龍國) 왕이 고구려의 태자 해명(解明)에게 강궁(强弓)을 하나 선사하였는데 태자가 활을 받고 꺾어 버리자, 유리왕이 노하여 태자를 자결하게 하였다."는 기사가 있다. 황룡국은 이 지역의 다른 진번인 촌락과 함께 대무신왕 연간에 고구려에 병합된 것으로 보인다.

나라를 잃은 석씨 집단은 황룡국을 떠나 뱃길로 남하하여 처음 다다른 곳이 다파나국(多婆那國) 또는 완하국(琓夏國)이라는 두무악(제주도)이었으며, 그들은 이 섬에 모라(牟羅)라는 국명으로 새로운 왕국을 세우려 했던 것이다. 그러나 이들보다 한 발 앞서 이 섬에 이른 고구려 출신의 고양부의 군단에 패하여 배를 타고 동해바다로 달아난 것이다.

이들 사건들은 고양부 삼성이 고구려 신국을 세우던 65년을 기준으로 약 20년 전(44~48년)에 일어난 일이며 사건들은 시공적으로 일치하고 있음을 알 수 있다.

따라서 『영주지』의 초기 기록 중 '궐후구백년(厥後九百年)'이라는 기간은 이 20년간을 말하는 것으로 보인다.

65년 최초 통일국가 성립으로부터 마지막 탐라국왕인 고봉례(高鳳禮)

---

7) 輕部慈恩, '樂浪の影響を受けた 百濟の古墳と塼', 『考古學雜誌』第20卷 第5號, 1930. 5. 5.

혼인지

가 조선조에 항복한 1402년까지 1337년 동안 지탱해 온 이 나라의 정신적 지주는 광양당의 호국신사였음이 확실하며 이로써 초감제의 대사는 역사적 사실을 증명하는 사료로서의 가치를 인정받기에 부족함이 없을 것이다.

벽랑공주(碧浪公主)의 전설

혼인지(婚姻池)

『영주지』에 의하면 고양부 삼신인이 건국 직전에 제주도의 동쪽 바다에서 벽랑공주(碧浪公主)를 맞이하고 있다.

그녀들을 맞이한 금당지안(金塘之岸)은 서귀포시 성산읍 온평리 앞바다이며, 세 쌍의 남녀가 신방을 꾸몄다는 장소가 같은 마을에 있는 혼인지(婚姻池)라는 전설이 전하고 있다. 혼인지는 제주도지방기념물 제17호로 지정되어 오늘에 이른다.

제주도의 동쪽은 일본이므로 『고려사지리지』(高麗史地理志)는 벽랑국을 아예 일본국(日本國)이라고 명시하고 있다. 왜(倭)는 B.C. 3세기경 번한 해민 대이동(番汗海民 大移動) 때에 일련의 해민 집단이 일본의 북구주 지방(北九州 地方)을 중심으로 정착하여 야요이 문화(彌生 文化)를 일으켜 건설한 나라들로서 1세기 이전의 시기에 이미 100여 개의 나라를 형성하여 해마다 낙랑군을 통하여 한(漢)나라와 교통하고 있었음이 확인된다.[8]

벽랑국은 왜노국(倭奴國)이다

영주의 바다에서 직동진하면 북구주(北九州)에 이른다.
자칫 고토열도(五島列島)에서 강한 북풍을 만나면 배는 단숨에 오키나와(沖繩, 琉球)로 표류하는 위험이 따른다.
그러나 앞서, 진번 해민 대이동시에 영주를 경유하여 동진한 집단은 북구주 지방에 정착하고 있다.
『후한서』 동이열전에는 "광무제(光武帝) 중원(中元) 2년(57년)에 왜노국(倭奴國)이 대부라고 칭하는 자를 보내어 조공하였는데 광무제는 인수(印綬)를 하사하였다."고 기록하고 있으며, 이 때에 광무제가 왜노국왕에게 하사하였다는 금인(金印)이 1784년 일본 북구주의 하카다(博多灣)만 앞 시

---

8) '樂浪海中有倭人, 分爲百餘國 以歲時來獻見云', 『漢書地理志』.

카섬(志賀島)에서 출토된 바 있다.

왜노국은 1세기 초에 형성된 100여 개의 나라 중에서 하카다 평야의 비옥한 땅을 중심으로 번영하던 나라로서 현해탄 건너 대륙과의 요충지를 지배하고 있었으며, 한반도의 남해안과 영주를 거쳐 두무악의 북로에 해당하는 황해를 북상하여 낙랑을 왕래하고 있었으므로, 44년 이후의 낙랑과 두무악에서 일어났던 일들을 소상히 알고 있었다고 보인다. 그러므로 삼신인이 장차 나라를 세우려 함에 있어 배필이 없음을 알고[9] 공주 3인을 고양부에게 바치는 것이다.

또한 이 곳 하카다(博多)에는 두무악의 동로에 해당하는 해로의 기착점이 있었으므로 두무악 해민들의 왕래가 끊이지 않던 곳으로 후일 이곳 지명이 나진(那津), 나현(儺縣)으로 불리게 되는 곳이기도 하다. 즉, '을나인(乙那人)의 나루', 혹은 '을나인의 고을'로 발전하는 것이다.[10]

『후한서』는 또 "안제(安帝) 영초(永初) 원년(103년)에는 왜국왕 수승(帥升) 등이 생구(生口, 살아 있는 사람) 60인을 바치고 알현을 청하였다."고 기록하고 있으니 왜는 그 후에도 계속하여 생구외교를 하고 있다.

그러므로 『영주지』의 벽랑공주 이야기는 왜노국(倭奴國)이 행하는 생구외교(生口外交)의 일환으로 이해되며 고구려가 낙랑 전투에서 패하던 44년 이후, 고구려인인 고양부가 두무악의 섬에 들어와 나라를 세우던 65년 사이에 실재하였던 역사적 사건임을 알 수 있다. 왜노국이 행한 생구외교는 이후 동아시아에 있어서 노예 매매의 효시가 된다.

---

9) '將欲開國而無配匹', 『瀛洲誌』.
10) "官家를 那津(福岡)의 포구에 세워라", 井上光貞 監譯, 『日本書紀』, 宣化元年 5月條, 中央公論社, 2003.

별님의 나라

을나국(乙邢國)

『영주지』는 고양부 삼성이 이 곳에 처음 세운 나라 이름을 탁라(乇羅)라고 기록하고 있다. 그러나 광양당 신관의 대사에는 '고구려 신국'(高句麗臣國)이라고 하였을 뿐 다른 국호는 보이지 않는다. 탁라라는 명칭은 번한 해민들이 영주에 들어와서 그들의 습관에 따라 붙여진 탁수계의 지표지명('탁수에서 온 사람들' p.47 참조)으로서 '두무악'의 다른 표현이며 고구려인들이 붙인 국명일 수가 없다.

여기에 '을나'(乙邢)라는 고양부 삼성의 이름이 문제가 된다. 생각건대 세 사람의 이름이 동일하다는 것은 아무래도 자연스러운 일이 아니다.

『후한서』의 고구려 6부 중 계루부를 제외한 소노부(消奴部), 절노부(絶奴部), 순노부(順奴部), 관노부(灌奴部)의 '노'(奴)를 고구려인들은 '나'(邢)로 표기하여 연나(椽邢), 관나(貫邢), 주나(朱邢) 등에서 보는 것처럼 '나'(邢)를 지명 또는 국명으로 쓰고 있다. 따라서 '을나'(乙邢)는 고구려인이 지명에 쓰던 흘(訖), 을(乙)과 함께 그들이 세운 나라의 이름일 수밖에 없다. 다시 말하면 고양부 삼성이 처음 이 땅에 세운 '고구려 신국'의 명칭은 탁라가 아니라 고구려의 새로운 제6부를 표방한 을나부(乙邢部)로 보아야 할 것이다. 그러므로 본고에서는 고양부 삼성이 최초로 세운 통일국가명을 을나국(乙邢國)으로 표기하고자 한다.

고구려인들이 선주(先住) 두무악의 제도를 부정하거나 단절하지 않고 을나국과 두무악의 명칭을 병용하였던 흔적이 여러 곳에서 발견된다. "그들은 도량이 넓었다."(器度寬豁)라는 『영주지』의 기사가 말해주듯이 고구려 사람들은 두무악인들에게 대단히 관대하였던 흔적이 용담동 고분에서도 확인된다. 즉, 남쪽의 두무악 수장(首長)의 무덤과 북쪽 대별왕의 무덤을 살펴보면 두 세력 간에는 적대적 관계가 아닌 화합 내지 계승적 관계임을 나타내는 분위기가 깔려 있다. ('용담동 고분' p.82 참조)

그 이유는 간단하다. 동아시아 최강을 자랑하던 기마민족인 고구려인들이 절해의 고도에 들어와서 말(馬)대신에 배(舟)를 부려야 하는 어려운 상황에서 동방 최고의 항해술을 지닌 두무악 해민들을 포용하는 길 밖에 달리 선택의 여지가 없었을 것이므로 두무악인들에 의하여 기왕에 형성된 마을과 나라 이름(탁, 도) 등 제도 대부분을 그대로 수용하게 되는 것이다.

섭라(涉羅)

A.D. 65년, 고양부 삼성이 두무악의 섬에 처음으로 세운 통일국가가 고구려의 신국(臣國)임을 뒷받침하는 사료는 중국 측 사서와 우리나라 『삼국사기』 고구려본기에서도 확인된다.

중국 남북조시대 북방의 선비족이 세운 북위(北魏)가 중국 북부를 장악하고 있던 시대, 동방의 고구려는 북위에 대하여 힘으로 견제하는 한편으로 친선을 도모하기 위한 공물외교(貢物外交)도 서슴지 않고 있었다.

북위의 정사인 『위서』 고구려전에 의하면 북위의 선무제(宣武帝) 정시중(正始中 504~506년)에 고구려의 문자왕(文咨王)이 사신 예실불(芮悉弗)을 시켜 북위의 선무제에게 조공하는 기사가 보이는데 다음과 같은 구절이 있다.

고구려는 정성으로 충성을 다하여 땅에서 나거나 거두어들이는 물건을 빠짐없이 조공하였습니다. 그런데 황금은 부여(夫餘)에서 생산되고, 가옥(珂玉, 진주?)은 섭라(涉羅, 耽羅)에서 나오는 바, 이제 와서 부여는 물길(勿吉)에게 쫓기고, 섭라는 백제에 병합된 바 되어 이번에 이들 물건들은 바치지 못하나이다.

그리고 똑같은 기사가 『삼국사기』 고구려본기 문자왕(文咨王) 13년 (A.D. 504년)조에도 실려 있다.

고구려 사람들은 고양부 삼성이 세운 을나국(乙那國)을 물 건너 멀리 떨어진 섬나라라는 뜻으로 섭라(涉羅)라고 부르고 있었던 것으로 보이며, 『위서』 고구려전과 『삼국사기』 고구려본기에 기록된 섭라(涉羅)가 탐라를 지칭한다는 사실에 대하여 국내 학계에서도 별다른 이의가 없는 것으로 보인다.[11]

고구려와 바다 건너 멀리 떨어져 있는 섭라(涉羅, 두무악, 을나국)는 고구려에 대하여 세시조공(歲時朝貢)을 통하여 고구려의 신국임을 과시하면서 그 세(勢)를 업고 북로해역의 강대국인 비류백제, 동로(東路)의 왜(倭), 남로의 월주(越州)에 이르는 방대한 해역에서 해상활동을 전개하고 있었던 것이다.

따라서 앞서 인용한 『위서』와 『삼국사기』의 기사에서 보았듯이 A.D. 504년 이전의 어느 시기까지 고구려 사람들에 의하여 섭라라고 불리던 이 나라(을나국)는 분명히 고구려에 예속되고 있었음을 알 수 있으며 따라서 '고구려의 신국' 이라는 광양당 신관의 초감제의 대사를 부정할 이

---

11) 李弘稙, '高句麗 關係 記事의 性格', 『韓國古代史의 硏究』, 新丘文化社, 1971, p.138.

유가 하나도 없는 것이다.

그러나 『삼국사기』 백제본기 문주왕(文周王) 2년(476년)조의 "4월에 탐라국이 방물을 바치므로 왕은 기뻐하여 그 사자에게 은솔(恩率)의 벼슬을 주었다."는 기사를 가지고 섭라가 고구려의 신국에서 일탈하여 백제에 신속(臣屬)하는 계기로 보는 견해에는 동의할 수가 없다.

왜냐하면 476년조 백제본기의 기사는 을나국이 처음으로 백제에게 복속하는 내용의 기사가 아니라, 을나국(乙那國)의 국호가 탐라(耽羅)로 바뀌고, 이미 백제에 복속된 후 탐라국이 백제에 조공하는 기사로 보아야 하므로 을나국(두무악)이 백제에 복속하는 시기는 A.D. 476년을 훨씬 더 소급하여야만 한다. 이에 관해서는 이후 '탐라의 건국'에서 상론하기로 한다.

거로(巨老)와 별도(星梁)

제주시 '용강', '두니마를 동산(영평)', '선대마를(영평)', '절새미동산(화북2)', '왕주마를(화북2)', '능동산(陵)'으로 이어지는 산줄기의 북쪽 끝자락에 고구려의 왕자가 세운 을나국의 왕도 '거로(巨老)'가 위치한다. 거로는 고구려 5부(五部) 중 고주몽이 속해 있던 계루(桂婁)와 같은 이름이며, 대무신왕이 아끼던 천마(天馬) 거루(駏驤)의 명칭이기도 하다.

이 지역 일대는 지금 공업단지가 조성되어 있어서 그 형체를 알아볼 수 없을 만큼 변하였으나 거로의 원형은 고려시대 삼별초군이 쌓은 항파두리 성이 그러하듯 남쪽 배면의 험한 산줄기와 서쪽의 별인내, 동쪽으로 약간 떨어진 둠뱅이내로 둘러싸여 있어서 천연의 요새를 이루는 곳이다.

거로 일대를 고개마을(高家村)이라고 부르며, 마을 한가운데에는 대비터

거로성터

(大妃基)가 있다. 그리고 마을 남쪽의 작은 산을 능(陵)동산이라고 하는데, 탐라국의 마지막 국왕인 고봉례(高鳳禮)의 추정묘가 있어 1997년 제주대학교 박물관에 의하여 고증을 거친 후 복원되어 지금 거기에 남아 있다.

이 곳이 능동산이라고 불리게 된 것은 탐라국의 마지막 국왕 고봉례의 능묘가 있기에 붙여진 이름이다. 이 묘는 이조(李朝)의 탐라말살정책의 일환으로 방치된 사이 도굴로 인하여 심히 훼손되었으나, 무덤의 내부구조는 주변에 석곽을 두르고 석곽 중앙에 목관을 안치하는 석곽목관묘의 형식을 취하고 있음을 보여준다.[12]

이 마을의 동남 지역에는 와흘(臥屹), 대흘(大屹), 선흘(善屹) 등 고구려인들이 사용하던 지명이 집중되어 있는 것으로 보아 초기 고구려들의 집

---

12) 제주시·제주대학교 박물관, 제주대학교 박물관 조사보고서 제17집 『耽羅星主高鳳禮墓推定址』, 1997. 4.

성촌(集成村)이었음을 짐작케 한다.

거로의 북쪽 해안선에는 서쪽으로 표고 148m의 사라오름(紗羅峰)이 있고, 이어 그 동쪽으로 조금 낮은 136m의 베리오름(星峰)이 있다. 베리오름이 동쪽으로 뻗어 내려온 산기슭의 끝자락, 고개마을(高家村)의 전면에 별도가 위치한다.

지금 별도를 한자로 '별도'(別刀)라 표기하고 있는데, 이렇듯 살벌한 한자 이름을 갖다 붙인 것은 말할 것도 없이 이조의 관리들이었다.

'별도'의 본래 한자 표기는 이두식(吏讀式)으로 별도(星梁)이다. 별님(星主, 국왕)이 배를 타고 바다를 드나드는 도(梁), 즉 나루(浦)를 말한다. 도(梁)는 출입하는 문(門)이다. 제주도 사람들은 지금도 사람이 사는 집 앞 정낭이 있는 곳을 '집도', 밭으로 들어가는 어귀를 '밭도', 해녀가 바다로 들어가는 곳을 '물도'라고 한다. 최치원도 "양(梁)을 도(道)라고 발음

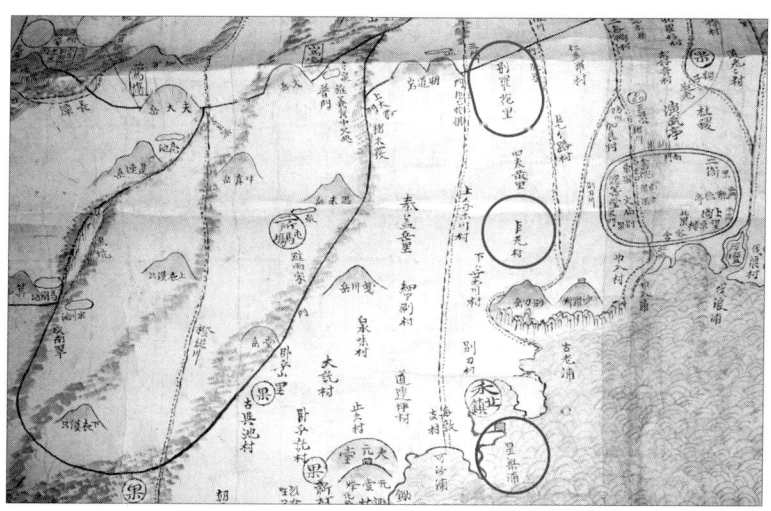

거로, 별도, 별라 제주도민속자연사박물관 소장, 『제주삼읍도총지도』(제주도유형문화재 제14호)

초기 국가 형성기 107

한다."고 하였으며 일본 사람들은 문(門)을 아에 '도' 라고 읽는다.

제주도 유형문화재 제14호로 지정되어 제주도민속자연사박물관에 소장된 제주삼읍도총지도(濟州三邑都總地圖)에는 화북진(禾北鎭) 앞에 분명히 별도나루(星梁浦)가 표기되어 있다.

을나국의 왕성인 거로성을 둘러싸고 좌우로 별인내(星川), 둠뱅이내가 있고, 거로성의 남쪽 아라리, 영평리, 월평리 일대를 별라(星羅花里)라고 불렀으며 제주시 해안동에도 별라(星羅), 별내못(星羅池)이 있다. 별라(星羅)는 별님(星主)의 땅(野)을 말한다. 왕성의 배면, 지금의 삼의악(세미오름, 삼의양오름)의 북쪽 자락에 펼쳐지는 별라(星羅)의 땅(野)은 13세기 몽골인들에 의한 제주도 제3의 목마장(三所場)이 설치 운영되던 시대에, "산 북록이 땅"이라는 몽골어 '아루'(aru)[13]에서 유래하여 '아라', '오라' 등 몽골계 지명으로 변하여 아라리(我羅里), 오라호(吾羅好) 등으로 불리게 된 것으로 보인다.

전라남도 나주의 고지명도 탐라국왕인 별님(星主)의 땅이라는 뜻에서 당초에는 별라(星羅)가 되었다가 후에 변하여 발라(發羅)가 되었을 것이다.

이조의 관리들이 별님(星主), 별도(星梁)의 명칭에 거부감을 느껴서인지 조선시대의 관용선박은 별도를 피하여 더 동쪽에 있는 조천포(朝天浦)를 주로 이용하였으며 기존의 나루와 산과 하천의 명칭들까지도 별도(別刀), 별나(別羅), 발나(發羅) 등의 한자로 바꿔버린 것이다.

그 후 별도(星梁)는 두무악의 후예인 제주도 상인들에 의하여 계속적으로 장악되고 그 곳의 해신당(海神堂)을 중심으로 조선조 말기까지 해외무역의 중심지가 되는 것이다.

---

13) 小澤重男, 『現代モンゴル語辭典』, 大學書林, 1983. 1, p.25.

용강(龍崗)과 한내(漢川), 그리고 용연(龍淵)

『삼국사기』에 의하면 고주몽이 동부여를 떠나 졸본(卒本, 紇升骨, 지금의 桓因)으로 가는 도중에 엄사수(淹㴲水, 奄利大水)와 모둔곡(毛屯谷)을 건너고 있는데 엄사수를 송화강(松花江)으로, 모둔곡을 길림성(吉林省)의 용강산(龍崗山)으로 비정한다.

제주시 화북 2동 거로마을 남쪽으로 산줄기를 거슬러 올라가면 용강동(龍崗洞)에 이르는데, 용강은 마을 자체가 하나의 산이다.

고구려의 수도인 환인의 배후에 용강산이 있고, 을나국의 수도인 거로의 배후에 똑같이 용강산이 있다는 것은 흥미로운 일이 아닐 수 없다.

한라산 백록담에서 발원하여 탐라 계곡과 농촌 시험장을 거쳐 용연(龍淵, 龍水)으로 흘러 들어가는 하천을 한내(漢川)라 하며, 한내(漢川)는 크다는 뜻으로 큰내(大川)라고도 부른다. 한내(漢川)의 본래의 뜻은 은하수(銀河水), 즉 미리내이다. 미리는 용(龍)의 다른 이름이므로 한내(漢川)는 곧 '용의 내'(龍川)가 되는 것이다.

거로성(巨老城)을 중심으로 보면 성(城)의 서쪽에 위치한 한내(漢川), 즉 '용의 내(龍川)'는 용연(龍淵)에 이르러 바다로 흘러 들어가는데, 용연, 용머리(龍頭岩), 용마루(용두암 남쪽의 동산)를 거쳐 남쪽으로 현 제주시 용담 2동 새정드르(興雲洞), 먹돌생이, 동산 마을(다라리), 월성 마을에 이르는 한천서안(漢川西岸) 일대에는 예로부터 지석묘군(支石墓群)이 밀집되어 있었던 것으로 보아 고구려인들은 이 곳을 용성(龍星), 용신(龍神)의 세계로 여겨 신성시했던 것으로 여겨진다.

고구려를 일으켜 세운 동명성왕(東明聖王)도 죽은 후에 용산(龍山)에 장사지내었다는 기록이 있다.[14]

제주시 용담동 지석묘(제주사대부고 소재)

　용연과 바다가 만나는 포구를 두무악 해민들은 그들 탁수계(濯水系)의 지표지명에 따라 '한데기'(大德浦)라고 불렀다. 한데기에는 두무악의 시대로부터 해민들이 모여 살면서 어로와 상업에 종사하고 있었던 것이다. 조선시대 이원진(李元鎭)이 쓴 『탐라지』(耽羅志)에는 한내(漢川)를 큰내(大川)로, 한데기(大德浦)를 대옹포(大甕浦), 용연(龍淵)을 용추(龍湫)라 하였으며, 가뭄이 들어 용추에서 기우제를 지내면 비가 내린다고 기록하고 있다. 그러나 이조의 관리들과 유인들은 이에 아랑곳하지 않고 기암절벽으로 둘러싸인 용연에 배를 띄워 풍류와 가무를 즐겼다.
　이 지역의 본격적인 수난은 일제가 군용 비행장을 건설하면서부터 시작된다.

---

14) 『三國史記』, 高句麗本紀 東明聖王 19年條.

비행장(현 제주국제공항) 후보지 안에 있던 정드르, 몰래몰 주민들을 이 곳에 강제 이주시켜 새정드르(용담 2동 興雲洞), 먹돌생이 마을을 만들면서 많은 지석묘가 없어지고, 이어 1960년대 이후의 난개발로 인하여 먹돌생이, 동산마을, 월성마을 등이 들어서면서 그나마 남아 있던 지석묘군들은 자취도 없이 사라지고 만 것이다.

1989년 제주대학교 박물관에 의하여 장검이 발굴된 무덤으로 알려진 '용담동 고분' 도 이 지역(먹돌생이)에 위치하고 있었으며, 홍정표(洪貞杓)의 사진첩 『제주 사람들의 삶』에 수록된 1점의 고인돌 사진 역시 '먹돌생이' 와 같은 번지의 토지 안에 위치하고 있었다.

지금 이 지역 내에 남아 있는 지석묘는 제주대학교 사범대학 부설고등학교 구내에 1기와 '동산 마을(다라리)' 에 1기가 있는 것이 고작이다.

고해진(古奚津)과 발라(發羅)

고개나루(高家津, 康津)

고구려의 왕자 일행이 처음 두무악의 섬에 들어오기 직전에 머물던 곳이 제주도의 고개마를(高家村)과 바다 건너 마주 바라보는 지금의 전남 강진(康津)이다.

『삼국사기지리지』에는 이 곳의 처음 지명이 도무(道武)라고 기록되어 있는데, 도무(道武)는 제주도의 두모(頭毛)와 마찬가지로 탁수계(濁水系) 두무악(頭無岳)의 명칭이다.

3세기 초엽의 사건으로 보이는 『일본서기』 징구(神功) 49년조의 기사

마량

에는 강진(康津)을 고해진(古奚津)이라고 기록하고 있다.

정약용(鄭若鏞)의 『아방강역고』(我邦疆域考)에 의하면 개마대산(蓋馬大山)의 '개'(蓋)와 해마니(奚摩尼)의 '해'(奚)는 같은 음인 '개'(蓋)로 발음하여야 한다고 하였으므로[15] '고해진'은 '고개진'으로 불려야 옳다고 본다.

중국의 오월지역(江蘇, 浙江)과 교류가 많았던 두무악 해민들은 한자의 음을 오음(吳音)으로 '가'를 '개'로 발음하였으므로 고개마를(高家村), 조개(趙家)동산 등과 같이 고해진(古奚津)은 고개진, 즉 고개나루(高家津)를 그렇게 쓴 것에 지나지 않는다.

『동국여지승람』에 의하면 전남 영암의 월출산에서 발원하여 남쪽으로 흐르는 강이 강진만과 만나는 현(縣, 지금의 邑)의 남쪽 6리에 위치한 구십

---

15) 정약용, 『아방강역고』, 이민수 역, 범우사, 1996, p.45.

마도영수군만호성

포(九十浦)는 탐라의 성주(星主) 일행이 신라에 가기 위하여 이 곳에 머물렀다 하여 탐진(耽津)이 되었다고 기록하고 있다. 그러나 이것은 명백한 역사의 두찬(杜撰)이다.

도무(道武)라는 지명이 고개나루(高家津)로 바뀐 시기는 고구려의 왕자들이 을나국(乙那國)을 건국한 65년 이후의 일로 추정되며 그 후 3세기에 을나국이 탐라국(耽羅國)으로 국호가 변경되면서 이 곳 지명도 탐라의 나루, 즉 탐진(耽津)으로 바뀐 것이다.

강진에는 또 하나의 양항(良港)이 있다. 강진 반도의 남쪽 끝자락에 위치한 마량포(馬良浦)가 그곳이다.

『동국여지승람』에는 탐진 남쪽 64리(里)에 수군만호(水軍萬戶)의 군사 기지인 마도영(馬島營)이 있다고 하였는데 그 곳에는 지금도 성곽이 그대로 남아 있다.

마도영은 고려 말 조선조 초기에 제주말(濟州馬)을 실어 날랐다 하여 처

초기 국가 형성기 113

음의 '마도(馬梁)', 즉 '제주말이 내륙으로 들어가는 문'이 변하여 '마량(馬良)', '마도(馬島)'로 된 것으로 보이며, 제주~완도 간 카페리가 취항하기 이전까지만 하여도 제주산 감귤이 이 곳을 통하여 내륙으로 운송되었다.

강진으로 진입하는 해남 반도와 완도 사이의 좁은 수로에 해남으로 들어가는 이진(梨津)이라는 작은 포구가 있다. 고려 말에서 조선 초기까지 제주 말을 하역하던 포구이다. 배에 말을 실으면 말이 움직여 배의 균형을 잡기가 어렵기 때문에 말과 함께 축구공만 한 제주 돌(濟州石)을 배의 양현에 가득 실었다고 한다.

제주 말을 실은 배의 횟수가 많아짐에 따라 이 곳에 쌓인 돌의 수도 늘어나서 이 곳 주민들은 이 돌을 가져다가 자기 집 울타리에 돌담으로 쌓았는데 최근 들어 제주 돌을 수집하는 사람들이 나타나 모두 가져가고 지금은 얼마 남아 있지 않다.

이 수로는 두무악 해민들이 강진과 해남을 동시에 연결하는 교통의 요충지로 지금은 완도 연륙대교가 가설되어 해남과 완도를 연결하고 있다.

발라(發羅, 羅州)

나주평야의 원지명은 발라(發羅)이다. 발라라는 지명이 나타난 것은 제주도 모흥혈에서 대별왕(星主)이 도읍하던 65년 이후의 일이며, 그 이전에는 강진의 옛 이름처럼 도무 또는 두무로 불리웠을 것이다.

발라라는 지명은 제주도의 별라왓(別羅花里)과 함께 대별왕(星主)의 정복지를 뜻한다.

『동국여지승람』에 의하면 나주의 남쪽 11리에 금강 나루(錦江津, 木浦 惑云 南浦)가 있다고 하였는데, 이 곳이 오늘의 영산포(榮山浦)이다.

나주시 반남면 대안리 고분군(위), 나주시 반남면 덕산리 고분군(아래)

1세기경 영산강의 하구는 오늘날처럼 목포 근처가 아니라 영산포이며, 그 남쪽 일대는 영암(靈巖)의 월출산(月出山) 가까운 지역에 이르기까지 모두 바다였다고 본다. 이 시대 지금의 나주시 반남면(羅州郡 潘南面)은 바다에 면하고 있었을 것이다. 여기에 탐라(耽羅)의 왕능으로 추정되는 대형 고분군이 밀집되어 있다. 그리고 반남면 일대에는 옹관(甕棺) 파편이 널려 있고 고분은 옹관을 사용하고 있으며, 초기의 것은 두무악의 시대까지 거슬러 올라간다. 제주도의 용담동 고분 북쪽 묘역에서 발견된 6기의 옹관과도 관계가 있음은 앞서 언급한 바 있다.

재미있는 것은 신라 왕능과 비교될 만큼 거대한 반남 고분군의 실체를 학계에서는 아직까지 밝혀내지 못하고 있는 것이다. 한국고대사의 어디에도 이 지역에 관한 기록이 전무하기 때문이다.

나주의 남쪽 일대가 본래 바다였으므로 나주의 고대사는 바다와 관계 있는 해민의 역사에서 찾아야 한다.

영산강 줄기를 따라 노령 이남 지역은 청동기 시대로부터 해상세력인 두무악의 영역이었으므로, 탐라의 역사가 제자리에 복원되기만 하면 이 지역의 장묘 문화의 수수께기는 저절로 풀릴 것이다.

『삼국지』위서 동이전(東夷傳)의 주선국(州鮮國)이 이 곳이다.

'주호(州胡)의 선비족(鮮卑族)이 다스리는 나라(國)'의 이니셜임을 알 수 있다. 탐라사의 실종과 함께 탐진, 발라의 찬란했던 문화도 사라지고 만 것이다.

탐진(耽津)과 발라(發羅)는 탐라의 영역이다

이 지역 일대가 탐라의 영역이었다는 사실은 『삼국사기』에서도 확인된다.

백제본기 동성왕 20년조(498년)에 "8월에 왕은 탐라가 공부(貢賦)를 닦지 아니하므로 친히 4,000기(騎)의 군사를 거느리고 공벌하려 무진주(武珍州, 지금의 광주)에 이르니, 탐라는 이 말을 듣고 사신을 파견하여 사죄하므로 그만 두었다."라는 기사가 나온다.

당시 백제의 수도는 지금의 공주(公州)였으므로 오늘날과 같이 무선 통신망이 발달되고 항공기와 초고속 선박을 이용하는 시대에도 4,000기의 군마가 공주를 출발하여 광주에 이르는 동안에 제주도에서 사람이 광주에 다다르는 일은 쉽지 않다. 하물며 이 시대에 탐라의 왕도(王都)가 제주도에 있어서는 이와 같은 일은 있을 수가 없다.

또한 동성왕이 제주도에 있는 탐라국을 공략하려 했다면 공주의 곰나루(熊津)에서 배를 타고 금강을 출발했어야 하는데 육로로 남하한 것으로 보아 동성왕이 공략하고자 했던 탐라는 제주도에 있는 탐라가 아니라 탐진(耽津), 발라(發羅)에 있는 탐라일 수밖에 없다.

또 신라본기 문무왕 2년(662년)조에 의하면 "탐라 국주(耽羅 國主) 좌평(佐平) 도동음율(徒冬音律)이 내강(來降)하였다. 탐라는 무덕(武德) 이래로 백제에 신속(臣屬)하였으므로 좌평이라는 백제의 관호가 주어졌는데, 이제 신라에 항복하여 복속하게 되었다."라고 하였다.

여기에서 무덕왕(武德王)을 백제의 위덕왕(威德王)으로 보고 도동음율(徒冬音律)의 '율'(律)을 진(津)으로도 읽는다(一作津) 하였으므로16) '도동음진'(徒冬音津)이라고 볼 수도 있다. 그러므로 '도'(徒)와 '동음진'(冬音津)을 분리하여 '도 동음진'(徒 冬音津)이라고 읽어야 할 것이다.

'동음진'(冬音津)은 『삼국사기지리지』에서 탐라의 나루(耽津)을 말하는 것이므로 '도'(徒)는 사람의 이름이거나 그 사람의 직위일 것이다.

그렇다면 『영주지』의 성주(星主), 왕자(王子), 도내(徒內)의 도(徒)가 되어 동음진(冬音津)의 도내(徒內)에게 백제의 위덕왕이 좌평이라는 벼슬을 주이 탐진을 백제의 군현에 예속시키고 있었던 것이다.

보태거나 빼거나 하지 않고, 원문이 그대로 복원됨을 알 수 있다. 지금까지 우리는 도동음율(徒冬音律)이라는 한자의 마술에 최면이 걸려 엉뚱한 해석을 하고 있었던 것이다.

부여 백제의 위덕왕으로부터 백제 최고의 좌평이라는 관직을 수여 받고 금은제 관식, 금동신발, 금은으로 장식한 환두대도 등으로 위세를 떨치던 동음진 도내의 치소는 영산강변에 위치한 나주시 다시면 신풍리에 있는 오늘날 구진포라고 불리는 회진(會津)으로 추정되며 이 곳이 아마도 본래의 동음진이었을 것이다.

---

16) '耽羅國主佐平徒冬音律(一作津)來降. 耽羅自武德以來臣屬百濟故 以佐平爲官號. 至是降爲屬國',『三國史記』新羅本紀 文武王 2年條.

해양국가

주산(舟山)과 해랑도(海浪島)

주산(舟山)의 동제학(東鯷壑)

　B.C. 600년경 지중해의 페니키아인들이 아프리카 대륙을 돌아 인도에 이르는 항로를 개척하면서 상업적 천재성을 발휘하였던 것처럼 두무악 해민들은 동지나해를 남서로 횡단하여 주산군도(舟山群島)에 이르러 이곳에 단주(亶州)라는 식민지를 개설하였다. 그리하여 오지(吳地, 江蘇) 삼강오호(三江五胡)의 이(利)를 취하고[1] 절강(浙江)을 지나 다시 남지나해로 남하하여 번우(番禺, 지금의 廣州)를 거점으로[2] 더욱 서진하여 해남도(海南島)를 지나 지금의 베트남에 이르는 광활한 해역에서 서역(西域)의 상인들과 조우하면서 상아·물소뿔·은(銀)·동(銅) 등 값비싼 물건들을 거래하면

---

[1] "吳東有海鹽章山之銅, 三江五胡之利 亦江東之一都會也", "豫章出黃金", 『漢書地理志』, 吳地.
[2] "中國往商 賈者多取富焉, 番禺其一都會也",『漢書地理志』, 粤地.

서 부를 축적하고 있었다.

『탐라국왕세기』에는 "위만 왕이 기준(箕準)을 축출하여 왕검성에 도읍하던 시대에 이미 탐라인들은 주산에 진출하여 동제학(東鯷壑) 20여 개국을 세워 남월왕(南越王) 타(佗)[3]와 상통하고 있었다."라고 기록하고 있다.[4]

『삼국지』위서에는 탐라를 가리켜 주호(州胡)라 하고 주호에 사는 사람들의 모습이 북방의 선비족 같다 하였는데, "이들은 배를 타고 중국과 한국을 오가며 장사한다.(乘船往來 市買中韓)"라고 하였다.

『후한서』에는 "회계(會稽, 지금의 寧波) 앞 바다에 동제인(東鯷人)들이 20여 국에 나누어 수만 가구가 사는데, 거기에는 이주(夷州)와 단주(亶州)가 있다. 전해지는 말로는 진시황 때에 서복(徐福)이 동남동녀(童男童女) 수천 인을 데리고 봉래산(蓬萊山) 신선을 찾으려고 나섰다가 이루지 못하자, 이 곳에 눌러 살게 되었다고 한다. 그들은 회계에 나와 장사도 하는데, 바람을 타고 단주로 해행(海行)함이 쏜살같이 빨라서 소재가 절원하여 도저히 따라잡을 도리가 없다."고 쓰고 있다.[5]

『사기』진시황본기 28년조(B.C. 219년)에 기록된 서시(徐市) 일행의 행적이 전해지는 제주도 서귀포의 서시과차(徐市過此)의 흔적, 그리고 일본 미에현(三重縣) 구마노(熊野)에 지금도 남아 있는 서복(徐福)의 묘비 등으로 미루어 보아 이들은 이 해역에 밀어닥친 '진번 해민의 대이동'이라는 큰 물결에 휩쓸려 흡수·용해되고 만 것으로 보인다.

바다를 두려워하고 바다에 관하여 별로 아는 것이 없던 이 시대 중국

---

3) "漢興, 復立搖爲越王, 是時秦南海尉趙佗亦自王", 『漢書地理志』, 粤地.
4) "耽羅國王世紀", 『耽羅星主遺事』, pp.280~281.
5) 『後漢書』, 卷85, 東夷列傳 會稽.

인들이 진시황의 전설만을 믿고, 이 해역에 난데없이 출현한 두무악 해민 집단을 그렇게 잘못 알고 있었던 것이다.

단주(亶洲)와 이주(夷洲)

208년 제갈량(諸葛亮)의 도움으로 적벽대전(赤壁大戰)에서 승리한 오의 손권(孫權)이 황제를 칭하여 건업(建業, 南京)에 도읍하자, 위(魏)의 조조(曹操)는 전열을 가다듬고 합비(合肥, 安徽省)에 신성(新城)을 구축하여 손권을 압박한다.

손권은 장강 북안에 포진한 위의 진영을 효과적으로 견제하기 위하여 자신이 전에 회계 태수(會稽 太守)로 재직하였던 경험을 살려 수전(水戰)에 능한 주산의 동현인(東縣人, 耽羅人)을 활용할 계략을 세운다. 그리하여 장군 위온(衛溫)과 제갈직(諸葛直)에게 갑사(甲士) 만 명을 거느리게 하여 '이주(夷洲)'와 '해중(海中)의 단주(亶洲)'를 공략하여 해민들을 잡아오라고 명한다. 그러나 낌새를 알아차린 회계 동현인들은 잽싸게 바람을 타고 도망하여 소재절원(所在絶遠)하므로 한 사람의 단주인도 잡지 못하고 대신 애꿎은 이주인(夷洲人) 수천 명을 잡아 돌아오는 데 그친다. 결국 장군 위온과 제갈직은 명령을 어겼다는 이유로 이듬해 하옥되었다가 처형되고 만다.6)

중국인들은 '단'(亶)과 '탐'(耽)을 다같이 'tan'으로 발음한다. '딴'에 가까운 음이다. 다시 말하면 해중의 단주는 곧 주산의 탐라를 지칭하는 것이다.

---

6) 『三國志』卷47, 吳書 2 吳主傳 黃龍 2, 3年條.

이주에 관해서는 여러 가지 설이 있으나 최근 들어 '이주는 신라 석탈해의 해민 집단과 직접적인 관련이 있다.'는 설이 제기되고 있다. 조선 반도에 아직 신라라는 국명이 존재하지 아니하던 시대에 석탈해의 또 다른 집단이 두무악의 도움으로 절강 남부에 진출하여 A.D. 282년 복건성에 신라현을 설치하고 있었음이 『진서』(晉書)에서 확인된다.7)

그런데 최근 김성호가 현지에 이르러 조사한 바에 의하면 이 시대에 이미 절강의 상산현(象山縣)에 신라오산(新羅奧山), 천태현(天台縣)에 신라산(新羅山), 임해현(臨海縣)에 신라서(新羅嶼), 온주(溫州)에 신라부산(新羅浮山), 평양현(平陽縣)에는 신라왕묘(新羅王廟)가 있었음이 확인된다. 석씨 집단은 고도의 문명을 지닌 해양 세력이었다. 경기진한(京畿辰韓)은 박씨 계통의 파사왕(婆娑王) 22년(101년)에 처음으로 월성에 남하하여 (王移居月城) 석씨 집단과 조우하고 경북진한(慶北辰韓)이 된다. 그 후 박씨 왕통은 석씨계로 이양되어 이후 184~355년 어간에 석씨의 집권 시대가 되고, 이 시기에 석씨계인 기림왕(基臨王) 10년(307년)에 처음으로 국호가 '신라'(新羅)로 되는 것이다. 국호 '신라'는 조선 반도에 있던 진한에 의하여 생겨난 것이 아니라 절강, 복건에 진출하였던 석씨의 해상 세력에 의하여 명명되어 조선 반도에 역수입되었다고 보는 것이다.8) 이와 같은 사실은 『삼국사기』 신라본기에 나타나는 신라 초기로부터 A.D. 201년까지의 일식 관측 지점을 추적한 결과 지금의 경주 부근이 아닌 양자강 남쪽 유역에서 관측이 이루어졌다는 현대 천문학의 검증 결과와도 일치한다.9)

---

7) '晉安郡 太康三年置…新羅縣…', 『晉書』 卷15, 地理 下.
8) 김성호, '백제인들의 주산 진출', 「중국진출 백제인의 해상활동 1500년 2」, 맑은소리 출판사, 1996. 3. pp.57~108.

높은 수준의 과학 문명을 자랑하던 석씨의 해민 집단은 내륙 진한계의 내물왕(奈勿王, 356~401년) 이후 몰락하여 축출된다. 해민들은 해외로 탈출하여 비류백제에 합류하고 때를 같이하여 절강 복건의 신라도 소멸하고 마는 것이다.

이병도가 내물왕 이전의 신라 초기의 기록을 부정하는 이유가 여기에 있는 것이다.

당나라의 대문호, 한퇴지(韓退之)가 남긴 『한창려

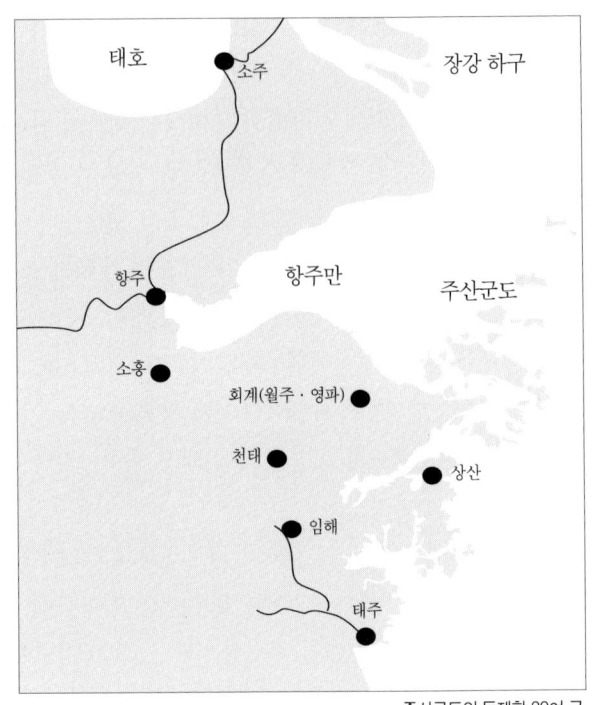

주산군도의 동제학 20여 국

문집』(韓昌黎文集) 속에 목종(穆宗) 장경(長慶) 3년(823년) 당나라의 공부상서(工部尙書) 정권(鄭權)이라는 사람이 영남절도사(嶺南節度使)가 되어 광주(廣州)에 부임할 때에 "정상서 남해에 부임함에 붙인다."는 제(題)의 시 한 수와 이에 따른 송시(送詩) 한 편이 수록되어 있다. 그 본시(本詩)에 "재화(財貨)는 사자국(師子國)에 통하고, 악(樂)은 무왕대(武王臺)에서 연주된다."

---

9) 박창범·라대일, 「삼국시대 천문현상 기록의 독자관측 사실 검증」, snu-ast, 1994. 7. 27자.

라는 구절이 있다. 여기에서 무왕대는 남월(南越) 무왕의 치소, 즉 정권(鄭權)이 부임하는 광주(廣州)를 말하며 사자국은 페르시아만으로 연결되는 인도양의 보물섬, 스리랑카를 가리킨다. 필자는 처음에 사자국(獅子國)을 파사(波斯), 즉 페르시아로 착각하였으나 알고 보니 이 곳은 페르시아 상인들이 호루무즈 해협을 나와 인도양을 거쳐 중국을 왕래하는 선단의 기착지였던 것이다.

송시(送詩)를 거두절미하여 요약하면 다음과 같다.

> 만이(蠻夷)들은 독살스럽고 사나워서 원망하고 쉽게 돌변하고 (중략) 해외의 잡국(海外雜國), 탐부라(耽浮羅, 탐라), 유구(琉球), 모인(毛人), 이주(夷州, 浙江), 단주(亶州, 舟山), 임읍(林邑, 베트남), 부남(扶南), 진납(眞臘, 캄보디아), 우타리(于陀利)의 족속들이 동남천지에 모여들어 그 수를 만(萬)으로 헤아린다. 때로는 바람과 조수를 타고 조공하며 만호(蠻胡)의 상인들의 배(船)가 끊임없이 바다를 넘나들고 (중략) 외국의 재화가 날로 들어와 구슬, 향료, 상아, 물소뿔, 거북등(海龜甲) 등 진귀한 물건들이 중국 천지에 넘쳐나므로 이들을 다 쓰지도 못할 지경이다.

오월지부(吳越之富)라는 말이 있다.

양자강을 중심으로 그 북쪽인 강소(江蘇) 일대가 오(吳)의 땅이고, 강남쪽인 절강(浙江) 이남이 월(越)의 땅에 해당되며 중국의 부는 이 일대에 집중된다.

탐라의 해민들이 이 황금의 해역에 가려고 목숨을 걸고 주산(舟山)으로 모여드는 것은 오히려 당연한 일이다.

중국 측 기록은 비교적 국가가 안정된 송(宋)대 이후에 약간 보이며 우리나라에서는 고려 이후 송·명나라에서 송환되는 표류민의 기록이 많이 보이는데, 한결같이 절강(浙江), 영파(寧波), 소주(蘇州), 항주(杭州), 회안(淮安) 등 주산(舟山)을 중심으로 한 해역에 집중되고 있음을 알 수 있다.

광주(廣州)의 앞 바다, 지금의 홍콩과 마카오의 해역은 1세기『한서』(漢書)의 시대부터 동과 서가 만나는 바다의 실크로드였으며, 그 한가운데 탐라 해민들이 활약하고 있었던 것이다.

요 바당(바다)에 에에
은과 금은 으으
싸였건만 으핫
나 제주가 모자란에 에에
높은 남(나무)에 에햇
열매로 고나 햇
이어도 산아 이어도 산아.[10]

'이어도산' 이라 불리는 곳은 지금까지 알려진 것처럼 바다 속에 잠겨 있는 바위 덩어리가 아니라, 주산 군도에 있는 지상 낙원 단주산(亶州山)이 바로 그 곳일 것이다.

장산군도(長山群島)

요동반도의 남쪽, 지금의 다롄(大連)의 동쪽에 장산군도(長山群島)의 70

---

10) 김영돈,『제주도 민요 연구』, 도서출판 조약돌, 1983, p.77.

장산군도의 해랑도(해양도)

여 개 섬들이 줄지어 있다. 그 섬들 중에서 가장 큰 섬이 해랑도(海浪島)이며 섬의 둘레가 300리나 된다고 한다. 지금은 해양도(海洋島)라고 부른다.

이 곳은 옛 위만조선의 수도였던 요하의 왕검성에서 뱃길로 발해를 빠져나와 황해로 진입하는 길목에 위치하고 있었으므로 B.C. 3세기경, 번한 해민 대이동과 조선 패망 때에 해민들이 남쪽 바다로 탈출하는 중간 기착지가 되었던 곳이며, 그 후 영주에 들어온 두무악 해민들이 고구려와 산동, 요동, 요서를 왕래하는 북로의 거점이 되었던 곳이기도 하다.

을나국(乙那國)의 종주국인 고구려 사람들은 이 해역에서 활약하는 두무악 해민들을 섭라(涉羅)라고 불렀다. 고구려가 두무악 해민의 도움으로 해상 패권을 잡고 서해에 군림하게 되자, 왜의 무왕(武王, 雄略天皇)은 송나라에 대하여 서해상에서 고구려의 횡포를 막아달라고 상표(上表)한 바 있다.[11]

최근에 나고야(名古屋) 대학의 다카하시 기미아키(高橋公明)는 해랑도가

해양국가 125

16세기 초까지 제주인 해적의 본거지였다고 주장하고 있다.

그는 『조선왕조성종실록』, 『연산군일기』 등을 중점적으로 검토하여 해랑도에는 고익견(高益堅) 등 제주 사람 20여 가구가 살면서 노루, 사슴, 바다표범(水牛, 水豹?) 등의 가죽과 고기를 가지고 중국과 한반도의 연안 지역에서 교역을 하고 있었는데, 벌이가 좋아지자 연안의 해민들을 끌어 모아 주민의 수가 1,000명을 넘고 있었다고 한다.

이 사실을 안 조선 정부는 처음에는 명나라와의 국교 관계를 고려하여 조선인의 강제송환을 망설이다가, 연산군 6년(1500년) 3월 명나라의 허가를 받고 초무사(招撫使)가 이끄는 군대로 고깃배(鮑作船)를 타고 급습하여 이들을 강제 송환시키고 있다. 당시 해랑도에는 조선인과 당인(唐人, 中國人)들이 혼거하고 있었으므로 이 곳의 판매책(販賣者)인 제주사람 고정남(高正男)을 통역으로 대동하고 있다.

다카하시는 15세기 한반도 해역에 발호하던 왜구와 관련하여 해랑도의 제주 해민 집단을 해적으로 보고 있는 것이다.[12]

조선 정부가 해랑도의 제주 해민 강제 소환에 집착하는 이유는 명나라와의 관계를 고려한 조선 정부의 정치적 문제일 뿐, 해랑도의 제주 해민은 결코 도적떼가 아니었다. 해민들은 두무악의 시대로부터 그 곳을 근거지로 하여 정상적인 교역활동을 하고 있었으므로 조선 정부의 토벌 요청에도 불구하고 명나라는 이를 무시해버렸던 것이다. 그러다가 조선 정부의 끈질긴 요청에 의하여 결국 토벌을 허가하였는데 이는 한마디로 조

---

11) 李弘植, '日本書紀 所載 高句麗 關係記事考', 『韓國古代史 硏究』, 新丘文化社, 1971.
12) 高橋公明, '海域世界の 交流と 境界人', 『周緣から 見た 中世日本』, 講談社, 2001. 12, p.344.

선정부가 왜구를 의식하여 행한 과잉반응에 지나지 않는다.13)

제주말(濟州馬) 무역의 거점

14세기 중엽에서 17세기 중엽까지 약 300년간에 걸쳐 일어난 동아시아 해역의 해란 시대에도 탐라 상인들은 이 곳에 집결하여 밀무역을 하고 있었다.

명 태조 홍무(洪武) 7년(1374년) 명의 중서성(中書省)이 고려 국왕에게 보낸 공문서(吏文)에 고려의 헌마사신(獻馬使臣) 김갑우(金甲雨) 등이 제주의 목장에서 제주말 50필을 골라 제주를 출발하여 명주부(明州府) 정해현(定海縣)을 거쳐 명의 예부(禮部)에 헌납하는 과정에서 그 중 말 1필을 빼돌려 산동의 래주(萊州)에서 팔아 착복한 사실을 통보하고 있다.14) 당시는 말 1필 값으로 비단 5필, 목면 4필, 붉은 모시로 짠 솜옷 1벌을 받고 있었다. 잘은 모르나 당시의 말 값으로는 꽤나 비싸게 팔린 것으로 보인다.

홍무 12년(1379년) 명 태조 주원장은 고려에 대하여 해마다 금 100근, 은 10,000량, 양마(良馬) 100필, 세포(細布) 10,000필의 세공을 명하고 있다. 그러나 고려에서는 금과 은이 산출되지 않으므로 제주말을 가지고 대신하고 있는데, 이 때에 말 1필 값은 은으로는 300량, 금으로는 50량으로 절준(折準)하고 있다.15) 이런 정도라면 말의 대중국 밀수출은 매력적이지 않을 수 없었을 것이다.

---

13) 『燕山君日記』, 4年 4月 丙申.
14) 末松保和 編纂 吏文, 『獻馬使臣 金甲雨 等 斷罪申報事』, 1942. 12. 20.
15) 『高麗史』, 禑王 12年 2月.

18세기 왜구 소동 이후 조선 정부의 엄중한 단속에도 불구하고 제주 상인들은 다시 해랑도에 집결하여 제주말(濟州馬)을 중국으로 수출하는 중계지로 삼고 있었다. 제주도의 출항지는 서귀포시 안덕면(安德面) 대평리(大坪里)의 당캐(唐浦)였다.

당초 이 당캐는 원나라가 탐라말(耽羅馬)을 실어 나르던 포구였으나 원나라 멸망 후 조선 정부는 제주의 목마장(牧馬場)에서 차출한 진상마(進上馬)를 제주시 조천포(朝天浦)를 통하여 강진의 마량포(馬良浦)와 해남 이진포(梨津浦)로 실어 날

당포 외항(위), 당포 내항(아래)

랐기 때문에 그 틈새를 노린 제주 상인들은 관헌의 눈을 피하여 당캐로 제주말을 중국에 밀수출하고 있었던 것이다.

2001년 6월 초 필자가 서귀포시 안덕면 대평리의 당캐(唐浦)를 방문하였을 때에 당시 83세이던 양성일(梁性一) 노인의 말에 의하면 다래오름(月羅峰) 남쪽 이두어시(馬岳)에 말들을 숨겨 두었다가 박수포(당캐의 서쪽에 있는 포구)로 가는 말길을 따라 내려간 후 박수포에서 말을 배에 싣고 중국으로 떠났다고 하였다.

당포(이두어시의 말길)

박수포(唐浦)에는 자연 암반으로 연결된 안팎 두 곳의 물양장(物揚場)이 있다. 밀물 때는 포구 안의 물양장에서 선적하고, 썰물 때는 밖에 있는 물양장에서 선적했다고 한다. 선천후 포구인 셈이다.

이 지역 일대는 군뫼(軍山), 다래오름(月羅峰)으로 둘러싸인 안덕 계곡(安德 溪谷)의 수림 지대(樹林 地帶)이므로 수백, 수천 마리의 말들을 실어 날라도 사람의 눈에 잘 띄지 않았다고 한다.

일단 당포에서 말을 싣고 남쪽 바람이나 북상하는 쿠로시오(黑潮)를 타면 배는 단숨에 장산 군도(長山 群島)에 다다른다. 청조(淸朝) 때까지도 산동, 요동, 요서 지역에서는 제주말이 고가(高價)에 팔렸으므로 제주와 장산을 잇는 말(馬)의 밀무역은 19세기 중엽까지도 성행하였다고 한다.

왜노국(倭奴國)

고사기(古事記)와 일본신화(日本神話)

 지금 일본에 거주하는 제주인이 얼마나 되는지는 정확히 알 수가 없으나 귀화인을 포함하여 줄잡아 100만을 초과할 것으로 보고 있다.
 그러나 그것은 근세라는 지극히 제한된 시간대에 형성된 인구 이동에 불과하며, 이와 같은 인구이동 현상은 일본 땅에 역사가 시작되던 번한 해민 대이동과 더불어 일어난 초기 야요이(彌生) 시대까지 소급한다. 필자는 고대 왜의 역사 전개과정을 다음과 같이 나누어 고찰하고자 한다.

① 앞서 언급한 바 있는 B.C. 3세기 이후 요서의 번한 해민집단이 일본의 규슈 지방(九州 地方)에 상륙하여 100여 개의 나라를 형성하여 한(漢)나라를 왕래하던 전기 야요이 시대(前期 彌生시대, 漢書의 시대)

② 왜의 땅에 형성된 100여 개의 나라들이 서로 경쟁하여 이합집산을 거듭하다가 30여 개의 나라로 재편성되고 그 중에서 강자인 왜의 노나라(倭奴國)가 왜의 다른 나라들을 제압하여 패권을 잡던 시대(후기 彌生시대, 後漢書의 倭奴國, 日本神話의 大國主神, 瀛洲誌의 碧浪公主神話 시대)

③ 비류백제가 왜를 침략하여 담로 국가(檐魯國家)를 설치·운영하던 전기 고분시대(前期 古墳時代, 三國志 魏志의 邪馬臺, 日本書紀의 崇神, 神功의 시대)

④ 비류백제가 국왕과 함께 나라 전체가 도일하여 야마도(邪馬臺)를 근거지로 하여 기내(畿內)로 진출하여 새로운 야마도 정권(大和政權)을 수립하는 중기 고분시대(광개토대왕비문, 일본서기 應神紀 및 중국 사서

의 왜의 五王 시대)

일본에는 712년에 완성된 『고사기』(古事記)와 720년에 쓰여진 『일본서기』가 있다. 이 둘을 합하여 기기(記紀)라고 부르며, 기기에 쓰여진 신화를 일본신화라고 한다. 일본신화는 제주도의 『영주지』와는 비교도 할 수 없을 만큼 복잡하게 얽혀 있어서 역사적 실체에 접근하는 것이 불가능한 것처럼 보이나 전후 일본학계에서는 새로 발굴되는 유적과 자료를 분석·종합하여 역사의 실체에 접근하려는 활발한 움직임이 있음을 본다. 일본 신화 속에는 영주(瀛洲)의 두무악 해민이 일본의 국가 형성 과정에 깊이 관여한 흔적을 많이 발견하게 된다.

오오쿠니누시(大國主神)

전기 야요이 시대에 100여 개의 나라들이 어떤 형태로 있었는지에 관한 기록은 없다. 다만 일본신화에 오오쿠니누시(大國主神)가 네노쿠니(根の國, 狗奴國)를 평정하고 야소가미(八十神, 많은 나라의 신들)를 제압하여 사실상 왜의 지배자가 되어 새로운 나라를 만들고 있는 상황을 그리고 있음을 본다.

대국주신(大國主神)의 또 하나의 이름은 오오나무지(國作大己貴命)이다. 새로운 땅을 일구어 나라를 일으킨 귀신이라는 뜻이다. 동경대학의 이노우에 미쓰사다(井上光貞)도 대국주신(大國主神)을 가리켜 '특정한 국토의 주인인 신', 우리말로 하면 '왜의 터줏대감'에 해당하는 신으로 해석하고 있다.16) 필자는 일본신화에 등장하여 나라를 일으킨 신(國造神), 즉 오오쿠니누시(大國主神)를 왜노국(倭奴國)의 왕으로 비정(比定)한다.

1세기 초에 왜의 땅에 산재하던 100여 개의 나라들을 제압하여 패권적 지위를 누린 국가는 왜노국(倭奴國)이며, 일본신화에서 야소가미(八十神의 兄弟國)를 제압하여 그 나라들로부터 국권(國權)을 이양받은 신은 대국주신(大國主神)이므로 신화의 대국주신은 실재했던 왜의 노나라(倭奴國)의 왕일 수밖에 없을 것이다.

스쿠나비코나(少名毘古那, 일명 少名彦命)

여기에 영주(瀛洲, 常世國)의 신(神) 스쿠나비코나(少名毘古那, 일명 少名彦命)가 등장한다.

스코나비코나는 오오쿠니누시(大國主神)를 도와 '갈대밭의 중심이 되는 나라' (葦原の 中つ國), 다른 말로 하면 '갈대밭을 개간하여 농사를 짓는 것이 중심된 나라'를 만든다. 스쿠나비코나신은 오오쿠니누시와 함께 나라 만들기가 끝나자 미련 없이 모든 것을 버리고 그의 고국인 상세국(常世國)으로 돌아가 버린다.

스쿠나비코나를 '조(粟)의 신'이라고도 한다. 지금도 호오기풍토기(伯耆風土記)에는 그가 일본에 조(粟) 심는 법을 가르쳐 준 신이라는 전설이 있다고 한다. 예로부터 제주도에서는 조가 주곡이었으므로 조의 경작방법에 능통하였을 것이다.

미야사키 고오헤이(宮崎康平)는 '갈대밭의 중심이 되는 나라' (葦原の中つ國)를 지금의 후쿠오카 현(福岡縣)의 지쿠고천(筑後川)에서 하카다(博多)연안 일대로 비정한다. 또한 후에 니니기노미코도(瓊瓊杵尊)에 의하여 세워

---

16) 井上光貞, '大國主神', 『日本の歷史』1, 中央公論社, 1991. 7, p.70.

진 미즈호(水穗)의 나라는 서남 규슈의 아라아케 해(有明海) 연안의 나라로서 농경법과 생활풍속이 전혀 다른 두 개의 문화권을 이루고 있었다고 주장한다.17)

이 시대 두무악 해민들은 왜노국의 나진(那津, 지금의 博多), 나현(儺縣)에 정착하여 왜의 여러 나라들과 교역하고 있었으므로 왜노국의 국왕인 대국주신이 두무악의 섬에 새로운 나라를 세우려는 고구려 왕자 3인에게 딸 셋을 시집보내는 것은 그 나라 왕(大國主神)의 야망에도 걸맞은 일이며 스코나비코나는 어쩌면 을나국의 고양부 중 한 사람이었을지도 모른다.

이 사건들은 『후한서』의 건무중원(建武中元) 2년(57년)에 왜노국이 후한 광무제에게 조공하고 있는 사실과, 『삼국사기』 고구려본기 대무신왕(大武神王) 20년 및 27년(44년)조의 고구려와 후한간의 낙랑전쟁, 그리고 후한 명제(明帝) 영평(永平) 8년(65년) 제주도의 을나국(乙那國)의 건국 등 44~65년 사이에 일어난 사건들과 시공적으로 맞물려 있어서 왜노국의 나라 만들기에 두무악 해민이 깊이 관여하고 있음이 확인되는 것이다.

비류백제의 일본 진출

담로 국가

1세기 초 또 하나의 해양국가인 구마나리(久痲那利)의 비류백제는 날로

---

17) 宮崎康平, '葦原の中ツ國と豊葦原の水穗國', 『まぼろしの 邪馬臺國』, 講談社, 1967. 3, pp.266~267.

강성하여 1세기 중엽에는 한반도의 서해안, 남해안, 그리고 두무악의 북로에 해당하는 요서와 남로의 월주(越州, 寧波), 그리고 동로인 왜의 땅에 이르기까지 그 세력을 확장하여 그들의 담로 국가(檐魯國家)를 만들어 나가고 있었다.

> 백제는 옛 마한의 땅을 장악하여… 서쪽으로는 바다 건너 월주에, 남쪽으로는 바다 건너 왜국에 이르고, 북쪽으로는 바다건너 고려에 이른다."[18]

> 그 나라의 치소(治所)를 고마(固麻)라 하고 읍(邑)을 담로라 한다. 그 나라에는 22개의 담로가 있다.[19]

구마나리의 비류백제는 왜의 땅에 침략의 손을 뻗치기 시작한다.
『일본서기』 신대기에는 다카마가하라의 천신이 왜노국의 경내에 있는 미와산(三輪山)의 대물주신(大物主神)에게 황손 니니기노미코도(瓊瓊杵尊)의 나라 세우는 일을 도우라고 명하여[20] 니니기노미코도는 대물주신의 도움으로 야마도, 즉 미즈호(水穗)의 나라를 세운 것으로 되어 있으며, 『고사기』에도 스징(崇神 天皇)이 미와야마(三輪山)의 대물주신의 도움으로 나라를 평정하여 천황이 된 것으로 되어 있다.[21]
왜노국의 경내인 지쿠고천(筑後川) 중류 후쿠오카 현(福岡縣)의 마다촌(馬田村) 부근에는 지금도 옛 미와마을(三輪村)이 있고, 이 곳에 오오모노

---

18) 『舊唐書』, 百濟傳.
19) 『梁書』, 百濟傳.
20) 『日本書紀』, 神代 下 第9段 1書, 2.
21) 『古事記』, 崇神天皇條.

누시(大物主神)의 신사가 남아 있다. 오오모노누시(大物主神)는 말(馬)과 땅(田)의 신으로도 추앙받았다고 하며 『고사기』에 나오는 미와산(三輪山)의 오오모노누시(大物主神)의 원래의 본거지가 여기라고 한다. 그런데 이후에 지쿠고천(筑後川) 유역에 살던 부족들이 오오사카(大阪)의 동부 아마도(大和) 지방으로 이주하게 됨에 따라 그들의 자연신 숭배 사상도 이 곳 미와(三輪)의 지명과 함께 이동한 것으로 보고 있다.[22]

김성호는 일본신화의 대물주신(大物主神)의 '대물(大物)'에 착안하여 대물이라는 명칭은 도물임나(地惣任那, 지금의 釜山, 翰苑), 대마도(對馬島), 담로(淡路) 등 다물계(多物系)의 지명과 함께 비류백제의 담로 세력의 하나이며 신화의 대물주신(大物主神)은 비류백제가 왜를 침략하기 위하여 파견한 담노(檐魯)의 전위세력으로 보는 것이다.[23]

왜노국(倭奴國)의 멸망

비류백제의 침략군은 지금의 부산과 대마도를 공략한 다음 바다 건너 아리아케 해 연안의 백제인 집결지를 근거로 하여 왜노국(倭奴國)을 격파하고 그 곳에 야마도국(邪馬臺國)을 세운다.

비류백제의 침략에 대하여 왜노국은 남쪽에 있는 구노국(狗奴國)과 합세하여 비류백제와 싸웠으나 오오쿠니누시(大國主神)의 왜노국은 패하고 야마도에 복속된 나라로 전락하고 만다.

일본신화는 다카마가하라(高天原)의 천손(天孫) 니니기노미코도가 쓰구

---

22) 宮埼康平, '狗奴國', 『まぼろしの 邪馬臺國』, 講談社, 1967. 3, pp.271~274.
23) 金聖昊, '多勿, 檐魯集團의 實體', 『沸流百濟와 日本의 國家起原』, p.147.

시(筑紫, 九州) 히무카(日向)의 다카치호봉(高千峰)에 강림하여 오오쿠니누시(大國主神)로부터 갈대밭의 중심이 되는 나라(葦原의 中國)를 이양받고 미즈호(水穗)의 나라, 야마도(邪馬臺, 邪馬臺國)를 세운 것으로 되어 있다.

『일본서기』에는 제10세 스징(崇神 天皇)이 갑신년에 일본 천황에 즉위하고 있는데 스징(崇神 天皇)의 또 다른 이름을 '처음으로 나라를 세운 천황'(御肇國天皇)이라고 기록하고 있다.

1948년 동경대학(東京大學)의 에가미 나미오(江上波夫)는 일본 신화의 니니기노미코도가 곧 스징(崇神 天皇)이라고 본다. 그리고 스징 왕조는 남한 지방의 기마 민족으로서 4세기 초에 미마나(任那, 釜山)를 근거지로 하여 일본 규슈(九州) 지방을 정복하여 처음으로 나라를 세운 후, 4세기 말에서 5세기 초에 기내(畿內)로 진출하여 야마도(大和)정권을 세운 왕조라 하여 소위 기마 민족 정복론을 제기한다.24)

이에 대하여 스징 왕조(崇神 王朝)는 기마 민족이 아니라 농경생활의 실용품으로서 마구를 사용하였던 백제(百濟)·가야(伽倻)계의 도래라고 보는 견해도 있다.25)

김성호는 일본신화의 니니기노미코도(瓊瓊杵尊)와 『일본서기』의 스징(崇神天皇)을 동일한 인물로 보고 구마나리(熊津)의 비류백제는 한반도의 남부, 부산, 대마도를 차례로 정복하여 북구주(北九州)를 서쪽으로 돌아 아리아케 해(有明海)로 들어가 지쿠고천(筑後川) 하구로 침입하여 그 곳의 왕인 대물주신과 합세하여 100년경에 담로 국가인 야마도(邪馬臺)를 개설하였다고 주장한다.

---

24) 江上波夫, '騎馬民族國家', 『古代日本史へのアプローチ』, 中央公論社, 1976. 4.
25) 奧野正男, '百濟 伽倻系渡來集團と 應神 王朝', 『歷史讀本』第31卷 第6號, 1986. 3月.

야마도국(邪馬臺國)

스징 왕조(崇神 王朝)

비류백제의 담로 국가인 야마도(邪馬臺)는 비류백제인뿐만 아니라 두무악, 가야, 신라, 왜인 등 여러 나라의 다양한 해양세력이 합세하여 이루어진 나라로 보인다. 이 해양세력이 한반도의 남해안을 휩쓸고 일본열도까지 진출하게 되자 위협을 느낀 세력은 이들 해양세력과 인접하고 있던 내륙계의 신라(斯盧國)였다.

『일본서기』 스이닝기(垂仁紀)에 의하면 야마도 건국에 공이 많았던 가라왕자(加羅王子) 아라사등(阿羅邪等, 一名 蘇那曷叱智)이 본국으로 돌아갈 때에 스이닝(垂仁)은 가라왕에게 붉은 비단 100필을 보내었는데, 신라인들이 길을 막고 빼앗아 갔다고 한다. 이 사건은 이후 비류백제와 신라 사이에 일어나는 분규의 원인이 된다. 스징 이후 스이닝(垂仁), 게이코(景行), 세이무(成務), 주우아이(仲哀)까지를 스징 왕조(崇神 王朝)라고 부른다.

이노우에(井上光貞)는 일본기기의 김무(神武) 천황 이하 8대의 천황들은 후세에 만들어진 천황으로 제10세 스징(崇神)이 되어야 비로소 실재한 왕이 되는 것으로 보고 있고, 스징 이후 게이코(景行)까지 3대는 실재했던 왕으로 보고 있으나, 세이무(成務), 주우아이(仲哀), 그리고 주우아이(仲哀)의 비(妃)인 징구(神功 皇后)는 실재했던 가능성이 희박한 왕으로 보고 있다.[26]

일본 천황의 계보는 8세기 초 나라(平城) 천도 후에 천황국가 성립을 위하여 민족적 종교인 천황교를 허구하는 하나의 문학활동으로 이루어져

---

26) 井上光貞, '崇神天皇', 前揭書, p.267~280.

왜인전의 비미호가 투영되어 아마데라스 신(天照大神)이 되고 징구 황후로 조작된 것이다.27)

스징 왕조(崇神 王朝)의 기본적인 성격은 주교주의(呪敎主義)이며28) 『일본서기』의 편자(編者)가 지칭하는 징구 왕후(神功 王后)는 왜인전의 비미호(卑彌乎)를 가리키고 있었다.

미즈호(水穗)의 나라

3세기 중엽 왜의 땅에 실재하였던 것이 확실한 여왕이 다스리는 야마도국(邪馬臺國)이 어디냐 하는 문제에 관하여 일본 학계는 오래 전부터 구주설(九州說)과 기내설(畿內, 大和)로 대립한다(邪馬臺論爭).

필자는 구주설을 따른다. 구주설 중에서도 그 곳 출신으로 뛰어난 직감과 상상력, 그리고 구체적인 자료에 근거하여 최근 『환상의 야마도국』(まぼろしの邪馬臺國)을 쓴 바 있는 미야사키 코오헤이(宮崎康平)의 설을 따른다.

그에 의하면 야마토국(邪馬臺國)은 히고국(肥後國) 다카기군(高來郡)으로, 현재의 나가사키 현(長崎縣)의 남·북 다카기군(南·北 高來郡), 니시소노기군(西彼杵郡), 이사하야시(諫早市), 시마하라시(島原市)를 잇는 해안선에 있었다. "야마도(邪馬臺)라는 말은 긴 해안선, 물결이 밀려오는 물가(ナギサ), 하구(イリエ) 등으로 표현되는 야(邪), 바닷가(ハマ), 냇가(川岸, シマ)에 있는 경작지(耕作地)의 마(馬), 산기슭(岬), 구릉지(丘)의 대(台)의 뜻으로 본다."

---

27) 市村其三郞, 『宇佐』 特輯 '邪馬臺國はここだ', 月刊 『歷史と旅』, 第30號, 1976. 6.
28) 井上光貞, '神功皇后と朝鮮の記錄', 前揭書, pp.344~351.

그러므로 나가사키(長崎)의 하구(河口), 오오무라만(大村灣), 지지오만(千千石灣), 아사하야만(諫早灣), 아리아케해(有明海), 아마구사만(天草灣)과 그 연안 일대가 야마도(邪馬臺)이다.29)

이 지역 내 구마모도(熊本) 남부의 미도리천(綠川) 유역으로부터 구마천(球磨川) 하구의 유역에 이르는 일대가 『고사기』에 나오는 니니기노미코도(瓊瓊杵尊)가 왜노국을 평정할 때에 근거지가 되었던 풍요로운 갈대밭, 벼이삭이 무르익는 미즈호의 나라(豊葦原の水穗國)이다.

이영희(李寧熙)는 『또 하나의 만엽집』(萬葉集)에서 '미즈호'(水穗, みずほ)와 '미추홀'(彌鄒忽)을 같은 의미로 보고 있다.30)

비류가 대방고지에서 백제를 건국한 후 남하 정착하였던 해빈 미추홀(彌鄒忽)을 역으로 추적하면 아산만의 긴 해안선과 그 앞바다에 펼쳐지는 많은 섬들, 그리고 안성천(安城川)과 삽교천(揷橋川)이 마주치는 물가, 갈대밭으로 이어지는 구릉과 그 배후에 펼쳐지는 넓은 평야 등 아산만의 인주면 밀두리와 일치한다.

100년경 비류백제의 숭신은 일본 규슈의 아마구사(天草) 아리아케(有明), 시마하라(島原)의 연안에서 또 하나의 해빈 미추홀을 발견하고 여기에 미즈호의 나라(水穗國)를 세운 것이다.

이 지역에는 구마모도(熊本), 구미천(球磨川) 등 구마나리(久麻那利)와 같은 지표지명이 집중되고 있다. 홍미롭게도 이 해역 시마하라 반도(島原半島)에는 야마도국 스이닝기(垂仁紀)의 유명한 제주인 다찌마모리(田道間守)가 상세국(常世國)에 가서 귤을 싣고 들어 온 다치바나만(橘灣)이 있다.

---

29) 宮崎康平, '邪馬臺國', 『まぼろしの邪馬臺國』, 講談社, 1967. 3, pp.352~355.
30) 李寧熙, 『もうひとつの萬葉集』, 文藝春秋社, 1991. 7. 10, pp.30~31.

('다찌마모리의 귤' p.142 참조)

히미꼬(卑彌乎)와 징구황후(神功皇后)

야마도(邪馬臺)의 나라가 중국의 문헌에 처음으로 나타나는 것은『삼국지』위서 왜인전(倭人傳)의 여왕이 다스리는 사마대국(邪馬臺國)이다. 이 나라는 본시 남왕이 70~80년 동안 다스려 왔는데 난이 일어나 여러 해 동안 서로 싸우다가 (倭國亂 相攻伐 歷年) 한 여인을 남왕과 공립하여 왕으로 삼으니 나라가 평정되었다고 하였다. 이 여인이 곧 비미호(卑彌乎, 日本名 히미꼬)이다. 비미호(卑彌乎)는 귀신을 부려 백성을 혼란하게 하는 재주를 가지고 (事鬼神 能惑民) 사마대(邪馬臺) 연합을 다스렸을 뿐만 아니라 다른 나라들을 감찰하므로 제국(諸國)은 여왕을 두려워하였다고 한다.31) 징구황후(神功皇后 卑彌乎)가 부군인 주우아이(仲哀)에게 신라를 치도록 요청하였으나 왕이 듣지 아니하므로 주술(呪術)을 써서 왕을 살해하고, 스스로 왕이 되어(自立爲王) 비류백제의 남왕체제를 전복하여 원주민 집단 중심의 여왕국을 세웠다고 한다.32) 왜인전의 비미호(卑彌乎)가 일본서기의 징구황후(神功皇后)인 이상, 징구(神功)의 연대를 확정할 필요가 있다.

『삼국사기』신라본기 아달왕(阿達王) 20년(173년) "왜의 여왕 비미호가 사신을 보내어 내조하였다."라는 기사를 기준으로 『북사』의 정시중(正始中, 240~248) "비미호 죽다."(卑彌呼死)의 기사에 이르기까지 징구황후(神功

---

31)『三國志』卷30 魏書 倭人傳.
32) 金聖昊, '反逆女 神功皇后의 一生',『沸流百濟와 日本의 國家起原』, 知文社, 1988, pp.181~183.

皇后 卑彌乎)의 활동기간은 173~248년의 범위를 벗어나지 못한다. 그리고 일본서기는 스징 원년(崇神 元年)을 갑신년(是年也, 太歲甲申)이라 하였으므로 173년을 기준으로 왜국의 동란기(倭國亂)인 70~80년을 소급하는 갑신년은 84년이 된다. 따라서 비류백제의 숭신(崇神)이 왜의 땅에 야마도(邪馬臺)를 개설한 시기를 100년경으로 본 김성호의 추정은 거의 정확했다고 볼 수 있다.

일본의 전기 고분군

야마도(邪馬臺)의 시대(100~266년)는 고고학적으로 야요이(彌生) 시대와 전기 고분 시대의 중간쯤에 해당한다고 한다. 야요이 시대라고는 하나 상당한 기간 그 앞의 죠몽(繩文) 문화와 병존한다. 그러므로 지석묘군과 전기 고분군이 공존하며 분묘의 내부도 제주도의 용담동 고분처럼 옹관과 석곽묘가 공존한다.

초기 고분에는 지석묘군과 소형인 전방후원형의 고분이 많고 주로 구주 지방의 후쿠오카(福岡), 사가(佐賀), 나가사키(長崎), 구마모토(熊本)의 4현에 집중되어 있어 왜노국을 비롯한 왜인전의 여러 나라와 야마도(邪馬臺)의 위치와 일치한다.

일본 최대의 지석묘군은 나가사키 현, 시마하라(島原)의 하라야마(原山) 지석묘군이며, 나가사키 현 이사하야시(諫早市)의 우마(有馬) 패총과 니시고노군(西彼杵郡) 유키노우라(雪浦) 패총에서는 가슴에 쇠화살이 박힌 유골이 발굴되어 사람들을 놀라게 하였다.

100년경 철기를 사용하는 비류백제의 숭신(崇神) 군단이 왜노국을 정벌할 때에 이에 맞서 싸우다 죽은 왜노국의 전사였을 것이다. 1966년 시마하라 시 이카다(筏) 유적지에서는 죠몽(繩文) 시대의 농기구가, 상갱야(三軒屋) 패총에서는 야요이 시대의 소금 만드는 토기, 어구 등이 발굴되고 있다.

곰나루의 비류백제는 바다 건너 왜노국을 정복한 후 야마도(邪馬臺)를 건국하여 이 곳에 곰나루의 수전경작(水田耕作)하는 미즈호(水穗)의 나라를 만들고 전방후원형의 장묘 문화도 전파한 것이다.

다찌마모리의 귤

상세국(常世國)은 영주(瀛洲)이다

야마도(邪馬臺)에는 또 하나의 상세국(常世國, 濟州島) 사람, 다찌마모리(田道間守)의 전설이 있다.

일본의 신화는 천신(天神)의 나라인 다카마가하라(高天原)와 신선(神仙)들의 나라인 도코요의 나라(常世國)라는 두 개의 축으로 이루어진다.

다카마가하라(高天原)는 구마나리의 비류 왕실을 뜻하며, 상세국(常世國)이라는 말은 사마천의 『사기』 봉선서에 나오는 신선과 불사약이 있는 나라, 영주(瀛州)를 가리킨다.

야마도(邪馬臺)의 두 번째 왕인 스이닝(垂仁 天皇)은 근신(近臣)인 다찌마모리에게 상세국에 가서 사시사철 향내 나는 과일(非時의 香果)을 구해오라고 한다.

다찌마모리(田道間守)가 10년의 세월이 걸려 가져온 것은 여덟 꼬치 여덟 줄(八竿八縵)의 귤(橘)이었다. 그러나 왕은 이미 죽은 뒤였으므로 그는 왕의 능 앞에 엎드려 울부짖다가 죽었다고 하며 다찌마모리는 일본 고대의 대족(大族)인 미야케무라지(三宅連)가의 조상이라고 전한다.

다찌마모리의 귤은 나라(奈良), 헤이안(平安) 시대까지도 '상세국의 나무' 라 하여 천황이 집무하는 자신전(紫宸殿) 앞뜰에 심어졌다고 하며[33], 천무천황(天武天皇)의 무덤으로 알려진 다카마쓰스카(高松塚)에서는 대대로 귤의 가문(家紋)을 지닌 집안이 궁좌제(宮座祭)를 행하였다고 한다.[34] 시바료타로(司馬遼太郎)는 일본 서부의 따뜻한 지역에서도 귤나무가 자생하고 있었을 터인데 굳이 상세국까지 가면서 가져오게 한 것에 대해 일본의 귤은 향내는 강하나 시어서 먹을 수가 없어서 그랬을 것이라고 추정한다.

비시(非時)의 향과(香菓)

우리는 다찌마모리의 귤이 구체적으로 어떤 종류의 귤인지 알 수가 없으나 1650년대에 이원진(李元鎭)이 찬(撰)한 『탐라지』를 근거로 대충 추정은 할 수 있을 것으로 본다.

제주도가 원산인 사시사철 향기 높고 맛좋은 귤로 유자(柚子), 청귤(靑橘) 등을 들 수 있을 것이다.

제주도의 유자(柚柑)는 열매가 조금 크고 달다고 하였는데 이 시대에 제주도를 대표하는 귤이었을 것이다. 청귤(靑橘)은 음력으로 2, 3월이 되면 신맛이 알맞고, 5, 6월이 되면 묵은 열매가 누렇게 익어 꿀과 초를 섞어 놓은 맛이 난다고 하였는데 지금은 전하지 않는다. 그 밖에 동정귤(洞

---

33) 司馬遼太郎, 『耽羅紀行』.
34) 小林惠子, 『天武天皇의 秘密』, 한상구 옮김, 고려원, 1990. 12, p.121.

庭橘)은 향이 짙고 조금 신맛이 나며 맛이 좋다. 지금 애월읍 광령1리에 한 그루가 남아 있다.(제주도 기념물 제26호) 산귤(山橘, 속칭 산물)은 맛이 달며 거죽(皮)은 약재로 쓰인다. 지금은 제주시 도평동, 도련 1동 등 몇몇 곳에 남아 있을 뿐이다. 왜귤(倭橘)도 있었는데 크기는 당유자(唐柚子)만 하나 맛은 그만 못하다고 하였다.

오늘날의 제주 감귤은 제주 해민이 오랜 옛날부터 멀고 험한 항해의 결과로 얻은 역사적인 산물이다.

한 예로 북송(北宋) 심괄(沈括)이 쓴 『몽계필담』(夢溪筆談)을 보면 송나라 인종 가우연간(仁宗 嘉祐年間, 1056~1063년)에 강소(江蘇)의 바다에 탁라(乇羅)의 배 한 척이 표착하였는데, 그 배 안에는 고려 조정과 왕래하는 문서와 함께 여러 가지 곡식의 종자(種子)가 있었다는 기록이 있다. 중국인들이 주목한 것은 삼씨(麻子)였다. 삼씨의 크기가 연꽃 열매(蓮的)만큼이나 컸으므로 이상히 여긴 소주(蘇州) 사람이 이 씨를 가져다가 자기 밭에 심었는데 첫 해에는 그 씨가 연꽃 열매만큼 했다가 수년 후에는 차차 작아져서 결국 중국의 다른 삼씨와 같이 되어버렸다는 고사(故事)가 있다.

중국의 항주(杭州)와 월주(越州, 지금의 寧波)에서는 예로부터 귤(橘)이 생산되고 있었는데[35] 항주, 월주는 두무악 해민의 본거지인 주산(舟山)의 바로 코앞에 있는 가까운 지역이다. 제주 해민들은 세계 여러 나라에서 생산된 특산물을 제주도로 실어 나르고 또 제주도의 물건들을 다른 나라에 옮겨 팔았다. 당유자(唐柚子), 동정귤(洞庭橘), 진귤(秦橘), 왜귤(倭橘) 등은 해민들에 의하여 제주도에 들어온 종자들이며 이렇게 수입된 감귤은 제주도에서 재생산되어 다른 품목(노루 가죽, 진주 등)과 함께 다시 해외로

---

35) 『新唐書』, 卷41 志31 地理5.

수출되어 탐라국의 중요한 수입원이 되었다.

조선의 감귤 정책

제주도의 감귤은 그 후 탐라국이 조선에 의하여 멸망되는 것과 때를 같이하여 수난의 시대를 맞이하게 된다.

조선은 1526년 제주도에 30여 개소의 과원을 설치하여 방호소(防護所)의 군사들로 하여금 관리하도록 하였는데[36] 세월이 흐름에 따라 과원은 황폐해지고 결국 사라지고 만 것이다.

한편 민가에서도 감귤 나무를 심었으나 가을에 결실이 시작되면 관가에서 나와 그 수를 기록하여 두었다가 익기를 기다려 그 주인이 진공(進貢)하는데, 만일 그 수가 장부에 기록된 수에 미달할 때에는 부족한 분만큼 그 나무의 주인으로부터 강제로 징수하였으므로 귤나무의 주인은 과객(過客)이나 다름없이 나무를 쳐다만 볼 뿐 손을 대지 못하였다고 한다.[37] 결국 감귤나무를 심었던 제주도민들은 조선 관리들의 횡포에 견디다 못하여 그 귀중한 나무들을 몰래 베어 없애 버린 것이다.

제주도의 감귤이 되살아난 것은 1960년대 이후의 일이다. 조상들이 일본에 전파한 감귤나무 중에서 우수한 품종을 골라 다시 심은 것이 오늘의 제주 감귤이다. 실로 2,000년의 세월이 흘러 만리의 바다를 건너 다찌마모리의 귤이 제주도로 돌아온 것이다.

---

36) 李元鎭, '果園', 『耽羅志』.
37) 李 健, 『濟州風土記』.

탐라국의 성립

비류백제의 두무악 침략

비류백제와 신라와의 전쟁

　한반도의 동남단에 위치한 가야 지역(伽倻 地域)은 비류백제가 일본열도로 진출하는 교두보에 해당하는 곳이었으므로 비류백제는 이 곳에서의 자유로운 해상활동을 확보할 필요가 있었으며, 그 배후에 위치한 내륙계인 신라는 가야의 세력을 사주하여 이를 저지하려 하므로 필연적으로 해상세력과 내륙세력 간에는 충돌이 일어나게 된다.
　신라 내해왕(奈解王) 14년(209년) 마산만 연안에 위치한 골포(骨浦, 昌原), 칠포(柒浦, 漆浦), 고사포(古史浦, 鎭海) 등 비류백제의 포상팔국(浦上八國)이 연합하여 내륙에 위치한 아라가야(阿羅伽倻, 咸安)를 공격하자 가야의 구원요청을 받고 출동한 신라 6부의 군사들은 포상팔국의 장수들을 죽이고 이들에게 사로잡힌 6,000여 명의 가야 병사들을 귀향시키고 있다.[1]

---

1) 『三國史記』, 新羅本紀 奈解王 14年條.

그 후 3년이 지난 212년에도 포상팔국이 아라가야를 침공하였으나 신라의 구원으로 실패한다.[2] 이 전쟁의 결과 신라는 아라가야가 해상세력과 접근하는 것을 막기 위하여 그 나라의 왕자를 인질로 잡고 있다.[3] 김성호는 이 전쟁을 아라가야(阿羅伽倻)의 전투(209~212년)라고 부르고 있다.

비류백제의 신라, 두무악 정벌

비류백제는 그 후에도 214년 신라의 요거성(腰車城, 상주), 218년에는 장산성(獐山城) 등을 공격하였으나 실패하자 하는 수 없이 야마도(邪馬臺)의 여왕 비미호(卑彌乎)와 연대하여 신라 남부의 남강 유역 대장정(南江流域 大長征)에 나서게 되는 것이다.[4] 『일본서기』 징구(神功) 49년조에 다음과 같은 기사가 있다.

> 춘삼월(春三月)에 황전별(荒田別), 녹아벌(鹿我別)을 장군으로 하여 백제의 구저(久氐) 등과 함께 군사를 정돈하여 탁순국(卓淳國)에 모여 신라를 공격할 논의를 하였다. 적은 병력으로는 신라를 공파(攻破)할 수 없다 하여 사백(沙白), 개로(蓋盧)에게 증원군(增援軍)을 요청하였다.
> 그리하여 백제장군 목라근자(木羅斤資)와 왜의 사사노궤(沙沙奴跪)가 정병(精兵)을 거느리고 사백(沙白), 개로(蓋盧)의 군사와 함께 탁순국(卓淳國)에 모여 신라를 격파하였다. 그리고 나서 비자발(比自炑, 昌寧) 남가라(南加羅,

---

2) 『三國史記』, 列傳 8, 勿稽子傳.
3) 『三國史記』, 新羅本紀 奈解王 17年條.
4) 金聖昊, '南江流域의 大長征', 전게서, p.224.

金海), 탁국(啄國, 昌原), 안라(安羅, 咸安), 다라(多羅, 泗川), 탁순(卓淳, 南海), 가라(加羅, 光陽)의 칠국(七國)을 평정한 후 군사를 서쪽으로 돌려 고개진(古奚津)에 이르러 남만 도무다례(南蠻 忱彌多禮, 頭無岳)를 무찔렀다.

이 기사가 북구주(北九州)에 있는 야마도(邪馬臺, 倭) 또는 일본의 기록일 수는 없다. 왜냐하면 기록의 주체(日本)가 왜의 땅(北九州)에 있기 때문에 두무악(濟州島)의 위치를 남쪽에 있는 오랑캐(南蠻)라고 할 수가 없다. 이와 반대로 기록의 주체가 구마나리(熊津)에 있는 비류백제라면 남쪽의 오랑캐(南蠻 忱彌多禮, 濟州島)는 그 방위가 맞아 떨어져 기록의 의미가 자연스럽게 복원된다. 결국 이 기사는 웅진에 있던 비류백제의 기록을 『일본서기』에 그대로 옮겨 놓은 것에 지나지 않는다.

김성호는 야마도(邪馬臺)의 기년복원표(紀年復元表)에 의하여 칠지도(七支刀)에 명기(銘記)된 태화(泰和) 4년을 지금까지처럼 동진(東晉)의 태화(太和) 4년(396년)으로 보지 않고 위(魏)의 태화(太和) 4년(230년)으로 보고 이를 기준으로 역산(逆算)하여 신공(神功) 49년을 227년으로 단정하고 있다.5)

신채호(申采浩)는 김택영(金澤榮)의 『역사집략』(歷史輯略)과 장지연(張志淵)의 『대한강역고』(大韓疆域考)에서 일본이 신공(神功) 18년에 신라를 정복하였다는 기사와 관련하여 신공 18년은 나해왕(奈解王) 4년(199년)으로 보고 있다.6) 그의 계산대로 신공 49년을 역산하면 230년이 되어 김성호의 227년과는 불과 3년의 차이가 있을 뿐임을 알 수 있다.

---

5) 상게서.
6) 申采浩, '사료의 수집과 선택', 전게서, P.41.

227년 두무악(乙耶國)은 비류백제의 장군 목라근자(木羅斤資)가 이끄는 수군에 의하여 침탈당하여 비류백제의 담로(檐魯)가 된다. 이로서 을나국은 65년 고구려 왕자들에 의해 건국된 지 162년 만에 끝나고 새로운 탐라국으로 탈바꿈하게 되는 것이다. 때를 같이하여 비류백제는 한반도의 노령 이남 강진반도 이서의 땅과 제주도를 포함하는 지역에 도무다례(枕彌多禮, 두무악), 노령 이북 차령 이남의 땅에 현남(峴南), 차령 이북 아산만 일대에 지침(支侵), 경기만 이북 예성강 일대에 곡나(谷耶), 남해안의 고흥반도 이동의 해안선 일대에 동한지지(東韓之地) 등 5개 권역의 담로 국가군을 설치하게 되는 것이다.[7]

조우신라(朝于新羅)의 허구성

『영주지』의 제2단계 기사

『영주지』의 제2단계는 조우신라(朝于新羅)와 탐라국(耽羅國)의 성립으로 구성되어 있다. 원문을 옮기면 다음과 같다.

고을나(高乙那)의 15세손(世孫) 후(厚), 청(淸), 계(季) 삼형제가 배를 만들어 타고 신라에 조공하고자 탐진(耽津)에 다다르니 때는 신라의 전성기였다. 이 때에 객성(客星)이 남쪽 하늘에 나타나니 신라의 태사(太史)가 왕에게 아뢰기를 이국인(異國人)이 내조할 징조라고 하였는데, 이어 탐라왕(耽

---

[7] 『日本書紀』, 應神天皇 8年 3月條 및 金聖昊, '領域範圍', 전게서, pp.96~102.

羅王)이 내조(來朝)하였다. 신라왕이 기뻐하여 말하기를 부덕한 내가 귀한 손을 얻었으니, 기쁜 일이 아니겠는가라고 말하였다. 이에 후(厚)로서 성주(星主)를 삼고, 청(淸)으로서 임금의 바지 밑에서 나오게 하여 친아들과 같이 사랑하며, 왕자(王子) 동궁(東宮)이라 칭하고, 계(季)로서 도내(徒內)로 삼았다.

탐라를 고쳐 남화국(南化國)이라 하고 각기 의관(衣冠)과 보물 상자를 하사하고, 친히 남녘 길에 전송하니, 차기(車騎)와 수레(輜重)가 백리를 이었다. 이로부터 신라를 지성으로 섬겨 대대로 봉작(封爵)을 받고, 번신(藩臣)의 예(禮)를 지켜왔는데, 후(厚)의 12대손(代孫) 담(聃)에 이르러 백제를 섬기다가 담이 죽은 후에는 여러 세대를 조공하지 아니하였다. 백제 동성왕(東城王) 경신(庚申)에 탐라가 조공하지 아니하므로 노여움을 사서 군사 4000기(騎)를 거느리고 친정(親征)하여 무진주(武珍州, 지금의 光州)에 이르니 탐라왕 소(昭)가 이 말을 듣고 사자를 보내어 사죄함에 이에 중지하였다.

기록의 검증

첫째, 탐진(耽津)은 본래 백제의 동음현(冬音縣)이었는데, 통일 신라의 경덕왕(景德王) 때에 탐진현(耽津縣)으로 개명(改名)되었다고『삼국사기지리지』는 전한다.

『삼국사기』에 의하는 한 탐진은 백제가 멸망한 663년 이전까지는 백제의 땅이어야 한다. 그리고 신라가 삼국을 통일한 문무왕(文武王) 17년(677년) 이후의 시기라야만 탐진은 신라의 영토이고 신라의 성시(盛時)가 된다 할 것이다.

"후(厚)의 12세손(世孫) 담(聃)에 이르러 백제를 섬겼다."라는『영주지』

의 기사는 백제본기 문주왕(文周王) 2년조(476년)의 "탐라가 방물을 바쳤다."(夏四月耽羅國獻方物)라는 기사와 일치하므로 고후(高厚) 등이 조우신라(朝于新羅)하기 위하여 탐진(耽津)에 도착한 시기는 적어도 담왕(聃王)이 백제에 간 476년보다는 앞선 시기라야만 한다. 그런데 476년 이전의 시기에 탐진이 신라의 영토가 되어 본 일이 없다.

어떤 이는 이 시기를 통일신라 이후의 사건이라고 주장하기도 하나 그럴 경우 『영주지』와 『고려사지리지』의 기록 그 자체가 전도되고 만다.

이에 대하여 문경현(文暻鉉)은 문주왕(文周王) 2년(476년)을 기준으로 고담(高聃)의 11대조인 고후(高厚)의 시대로 거슬러 올라가서 1대 30년으로 셈하여 330년을 역산(逆算)하면, 서기 146년, 즉 신라의 지마왕(祗摩王) 시대가 되는데, 이 당시 신라는 사로국(斯盧國)으로서 진한(辰韓) 12개국 중의 하나로 겨우 경주 평야밖에 지배하지 못하는 소국으로 탐라국이 신라에 내조하였다는 것은 믿기 어렵다고 하였으며, 이 기록은 한마디로 탐라가 신라에 의지하여 역사에 등장하는 첫 출발점으로 삼으려는 모순된 두찬(杜撰)이라고 혹평하고 있다.[8]

문경현은 탐라국왕의 연대를 족보류의 일반적인 연대 산정 예에 따라 1세대 30년으로 계산하고 있으나 탐라국왕의 연대는 어디까시나 국왕의 재위기간을 기준으로 산정되어야 하므로 역사상 검증이 가능한 이씨조선의 예를 적용해보면 27대 518년으로 왕의 평균 재위 기간은 19년을 조금 넘는다.

같은 방식을 적용하여 11대 평균 20년으로 할 경우 220년이 되고, 이를 역산하면 고후(高厚)가 탐진(耽津)에 도착한 시기는 서기 256년경이 되

---

8) 文暻鉉, '耽羅國 星主王子考', 『龍巖 車文燮 敎授 回甲紀念 史學論集』, 1989.

어 신라의 조분왕(助賁王) 또는 첨해왕(沾海王)의 시대가 되며, 왜(倭)에서는 사마대(邪馬台)의 여왕 비미호(卑彌呼)의 시대가 되어 앞서 언급한 바 있는『일본서기』신공(神功) 49년(227년) 비류백제의 두무악(枕彌多禮) 침공 연대와 거의 일치함을 알 수 있다.

두 번째로 "탐라왕이 신라에 조공하기 위하여 탐진(耽津)에 배를 대었다."는 것은 현실성이 결여되었다는 점을 지적하지 않을 수 없다.

두무악(乇羅)은 해민(海民)의 나라이다. 그들은 이 해역에 정통하고 있었으므로 두무악 제3의 해로인 동로(東路)를 택하여 아진포(阿珍浦)를 통해 월성(月城, 慶州)에 이르는 쉬운 길을 놔두고, 굳이 탐진을 거쳐 육로를 북동진하여 신라로 갈 이유가 없었다. 그 길에는 별로 우호적이지 못한 가야의 여러 나라들이 포진하고 있어 탐라왕이 갈 수 있는 통로가 아니었으며 그렇다고 해서 한성(漢城)의 백제에 가기 위하여 탐진(耽津)에 배를 댈 수도 없는 일이다.

세 번째, "후(厚)로서 성주(星主)를 삼고 청(淸)을 왕의 바지 가랑이 속에서 나오도록 하여 자기 자식처럼 사랑하여 왕자(王子) 동궁(東宮)의 벼슬을 주고 계(季)로서 도내(徒內)로 삼았다."라는 기사는 다른 측면에서 고찰할 필요가 있다.

3세기 중엽의 탁라와 신라의 국력을 비교하면 사해(四海)를 지배하던 두무악의 국력이 오히려 신라를 능가하였다고 볼 수 있다. 국력으로만 따지자면 이 시대에 두무악이 신라에 조공할 처지가 아니라 오히려 그 반대라고 하여야 옳을 것이다.

국력의 강약을 떠나서라도 국가 간의 외교행위는 예나 지금이나 일정한 법칙과 절차가 있다. 외국을 방문하는 국왕이나 사절은 스스로 자기를 칭(稱)하는 것이 상례로 되어 있다. 이 기사에도 "남쪽 나라의 별님,

즉 탐라왕이 내조(來朝)하였다."라고 기록하고 있다. 탐라왕이 스스로 '별님'(星主)이라고 자칭하였으므로 피방문국의 국왕(신라왕)은 그것을 존중하여 탐라 성주를 인정하는 형식을 취하는 것이다.

그런데 이 기사를 보면 신라왕이 자기의 자제(子弟)에게 번국(藩国)을 나누어주듯 파격과 독선으로 일관되어 있어서 외교적 상규(常規)에 어긋난다.

이 기사를 가지고 신라왕이 탐라왕에게 성주의 작위(爵位)를 수여하였다고 하는 것은 어불성설(語不成說)이며, 따라서 기록의 진실성을 믿기 어렵다. 또한 이 기록을 근거로 쓴 『고려사지리지』 탐라현조(耽羅縣條)의 기록 역시 믿을 것이 못 된다.

네 번째, "탐라를 고쳐 남화국(南化國)이라 하고… 이로부터 신라를 지성으로 섬겨 대대로 봉작(封爵)을 받고 번신(藩臣)으로서의 예(禮)를 지켜 왔는데…"라는 기사이다. 이 기사에 따르면 후(厚) 등 3형제가 신라에 이르기 이전에 이미 탁라(乇羅)라는 국호가 탐라(耽羅)로 변경되어 있음을 알 수 있다. 국호가 변경된다는 것은 혁명, 외침 등으로 나라의 주인이 바뀌는 사태, 즉 국체(國體)의 변경을 의미한다. 그러나 『영주시』 어느 구석에도 탁라가 탐라로 국호 변경된 사유나 그 경과에 관한 기록이 없다.

또 한 가지 분명한 사실은 신라가 탐라(耽羅)라는 국명에 대하여 심한 거부 반응을 보이고 있을 뿐만 아니라, 탐라를 남화국(南化國)으로 국호 변경을 강요하고 있다는 사실이다. 그것도 그럴 것이 신라는 전형적인 군현제의 국가로 고구려나 비류백제처럼 번국(藩國)을 두는 나라가 아니며 탐라가 신라의 번국이 되었다거나 남화국(南化國)이라고 불린 일은 역사상 한 번도 없었다. 그러므로 결국 이 기록은 명백한 위기(僞記)로 보아

탐라국의 성립 153

야 할 것이다.

다섯 번째로 『영주지』는 "신라왕이 탐라왕 일행을 친히 남녘길에 전송하였다.(親送南道)"라고 기록하고 있으나 신라의 수도 월성(月城, 慶州)에서는 탐라의 방향을 남쪽(南道)이라고 하지 않는다.

조작된 기록

한마디로 『영주지』 제2단계의 조우신라(朝于新羅) 기사는 시공적으로 성립되지 않음은 물론 조공의 동기와 목적이 불투명하며, 그 경과 또한 이치에 맞지 않는다.

또한 이와 같이 중대한 사건이 신라본기에 기록되지 않은 것도 말이 되지 않는다.

사건의 시공적(時空的) 불일치는 그 사건이 존재하지 않음을 의미한다.

『영주지』의 기록은 단순한 부재(不在)가 아니라, 이씨조선에 의하여 철저히 조작된 두찬(杜撰)이라고밖에는 달리 볼 수 없다.

이씨조선은 처음부터 고려 현종(顯宗) 이후의 숭유·사대주의 사상을 계승하여 통치이념으로 정립하고 있었으므로, 지방 분권적인 자유주의 사상의 표현이라 할 담로 탐라(檐魯 耽羅)라는 명칭에 극도의 혐오감을 가지고 이들 명칭을 역사의 장에서 지워버리려 한 것이다.

그러므로 『영주지』 제2단계의 조우신라(朝于新羅)의 기사는 신라의 이름을 빌어 목숨만 구걸하려는 구차한 자기변명인 동시에 탐라의 종말을 고하는 이씨조선에 대한 항복문서라고 함이 옳을 것이다.

탐라국

탐라 건국의 진상

우리는 앞서 비류백제의 목라근자(木羅斤資)가 이끄는 수군에 의하여 두무악(頭無岳, 乇羅)이 정복되어 비류백제의 담로 국가의 하나로 복속되었음을 보았다.

고후(高厚) 등 3형제가 조선도해(造船渡海)하여 탐진에 도착한 것은 신라에 조공하기 위해서가 아니라, 조우 비류백제(朝于 沸流百濟)라고 하여야 앞뒤가 맞는다. 즉, 『영주지』 제2단계의 기사에서 신라의 자리에 비류백제를 대입하면 자연스럽게 원문이 복원된다.

3세기 초·중엽 고후 등 삼형제가 고마나루(熊津)에 있는 비류백제에 가기 위하여 고개나루(康津, 高家津)에 배를 대고 바라보니, 두무악의 고개나루는 이미 비류백제가 점령하여 그 지배 하에 있었으며, 비류백제는 신라정벌이 끝나고 한반도의 서부와 남부를 장악하고 왜의 땅에까지 진출하여 그 세력이 강성한 시대였다.

남쪽 하늘에 객성(客星)이 나타나더니, 탐라왕(耽羅王 또는 檐魯主)이 내조하였다.

비류백제의 새로운 담로 국가(檐魯國家)가 된 탐라는 번신국(藩臣國)이 될 것을 맹약하고 그 대신 새로운 담로 국가(耽羅國家)에 대해서는 그 나라의 국토는 물론 그 때까지 내려오던 자주적인 전통과 제도를 존중하여 왕에게 호칭되던 별님(星主)과 왕자(王子), 도내(徒內)의 직위를 계승하도록 승인하였다. 백제왕이 친히 탐라 왕 일행을 남쪽 길에 전송하였다.

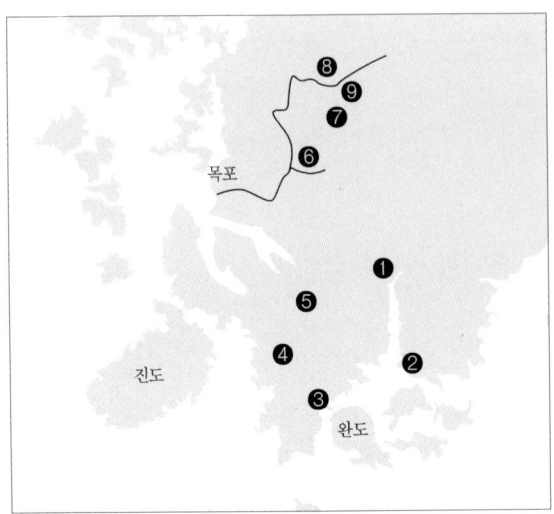

탐라의 나루와 성곽

① 고개진(古奚津, 耽津) : 강진군
② 마량, 마도(馬良, 馬島) : 강진군 마량면
③ 이진(梨津) : 해남군 북평면
④ 죽금성 : 해남군 현산면
⑤ 옥녀봉토성 : 해남읍 남송리
⑥ 성틀토성 : 영암군 시종면
⑦ 자미산성 : 나주시 반남면
⑧ 회진성 : 나주시 다시면
⑨ 영산포 : 나주시

흠잡을 데 없는 탐라 성립의 역사이다.

탐라는 비류백제로부터 고개나루(高家津, 康津)와 발라(發羅, 星羅, 羅州)를 포함한 노령 이남 장흥 이서의 통치권을 계속하여 인정받고, 강진을 기점으로 해남 현산면 읍호리의 성뫼산성, 현산면 일평리의 죽금성, 영암 시종면의 성틀토성 등을 거쳐 나주 반남면 방면으로 진출한 것으로 보인다.

나주의 반남면 일대는 비류백제의 미추홀과 유사한 지형적 조건을 갖고 있다.

지금은 형체를 알아볼 수 없을 만큼 그 지형이 변하였으나 긴 해안선과 영산강변의 갈대밭으로 이어지는 구릉지대와 배후의 넓은 나주평야는 이 시대 해상 교통의 요충으로서 손색이 없었으며, 해민들을 먹여 살리기에 충분한 조건을 갖추고 있었다. 탐라의 고후왕(高厚王)은 이 곳 발라에 또 하나의 수도를 건설한 것으로 보인다.

때를 같이하여 비류백제의 전방후원형의 새로운 문화가 발라의 땅에 들어오는 것이다.

탐라인의 정체성과 국가 체제

제주도의 토지는 화산활동의 결과 화산재와 자갈이 지표면에 깔려 있어 땅이 매우 거칠고 바람이 강하게 불 뿐만 아니라 몬순(Monson)기의 호우로 순식간에 하천이 넘쳐 바다로 흘러 들어간다. 그나마 남은 물은 표고 500m에서 완전히 지하로 숨어들어가 해안선 부근에서 용천수를 이룬다. 그런 까닭으로 하천은 물이 말라 건천을 이루고 해안선 부근에서 용천수를 이루기 때문에 취락은 주로 해안선 용천수를 중심으로 이루어지며 따라서 농경지는 지극히 제한되어 취락지를 중심으로 밭농사에 의존하지 않을 수 없었다.9)

따라서 소수의 사람들만이 해안선 용천수 부근에 살면서 반농반어의 생활을 하고, 대부분의 사람들은 해외로 나가 장사를 하였다.

그러한 탐라인들을 유교적인 잣대로 재단하는 것은 잘못이다.

그들은 농민이 아닌 자유로운 해민이었다. 자유롭기 위하여 권위에 도전한다.

『동국여지승람』에 의하면 "그들은 군인으로서는 독살스럽게 용감하

---

9) 姜景璿, 「제주도의 농경방식에 대한 비교연구」, 『탐라문화』 창간호, 1982.

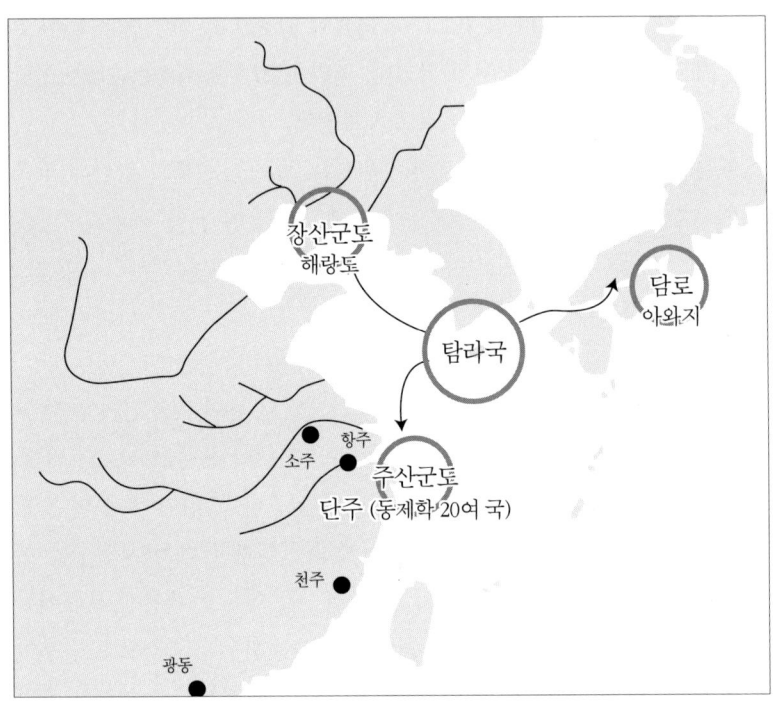

탐라국의 영역

나, 부당한 권위에는 시끌벅적 항거한다. 즐거울 때는 사람이지만 일단 노하면 야수처럼 사나워서 다루기가 어렵다."라고 기록되고 있다.[10]

제주도 사람들은 자식이 결혼하면 그 날로 분가하고 부모는 늙어 죽을 때까지 자식에게 의지하려 하지 않으며 모든 일을 스스로 해결하려 한다. 사람이 죽어도 방성대곡하지 않는다.

탐라의 국왕(성주)은 통치는 하되 권위를 가지고 군림하지 아니한다. 국

---

[10] '卒悍民嚚, 喜人怒獸, 控御爲難', 『新增東國輿地勝覽』 卷38 濟州牧 風俗.

가는 불문의 사회계약에 의하여 운영되므로 독재가 없는 민주국가 체제였다. 그럼에도 불구하고 파렴치한 자에 대한 형벌은 가혹하여 제주도에는 예로부터 도둑이 없었다. 탐라의 왕실은 모계 혈통임이 확인되고 있다.[11] 탐라는 비류백제와 마찬가지로 백가제해(百家濟海)하는 해양국가이다.

탐라의 영토는 제주도를 중심으로 하여 탐진, 발라 등 지금의 전라남도 중서부 지역과 중국 절강(浙江)의 주산군도(舟山群島), 그리고 일본열도의 아와지 섬(淡路島), 요동반도 남쪽의 장산군도(長山群島)까지 미친다.

탐라국은 대별왕(大星王) 또는 별님(星主)이라 이름하는 한 사람의 국왕이 다스린다. 그리고 왕 밑에 왕자(王子), 도내(徒內)라는 소별왕(小星王) 집단이 있다.

대별왕, 소별왕은 각각 세습된다. 거로(巨老)의 왕자, 동음진(冬音津)의 도내, 아와지(淡路)의 왕자, 섭라(涉羅)의 왕자와 주산 20여 개 나라의 소별왕 집단[12]이 그들이다.

소별왕은 독자적으로 작은 지역과 섬들을 통치하는 사실상의 왕들이다.

일본의 전무(天武), 지통(持統)조에 구마예(久麻藝), 도라(都羅), 우마(宇麻), 고여(故如), 구마기(久麻伎), 가라(加羅) 등 많은 탐라의 왕자들이 일본을 국빈 방문하고 있는데, 이들은 탐라국의 영토인 제주도, 탐진, 발라 등지의 소별왕들이며, 이들 왕자 중에는 후에 국왕(星主)을 승계한 사람도 더러 보인다. 왕들은 매년 음력 10월이 되면 광양당(廣壤堂)에서 행하는 모흥혈(毛興穴, 삼성혈)제에 참석하여 나라의 번영을 기원하고 중대사를 논의한다. 이 때에 왕들은 별도나루(星梁浦)로 입·출항하였으므로 별도나루

---

11) 국립문화재연구소·전남대 박물관·나주시, 『나주 복암리 3호분 조사보고서』, 2001.
12) "會稽海外東鯷人分爲二十餘國", 『後漢書』, 東夷列傳.

는 해외 각처에서 모여드는 왕들과 사람과 물자로 성시를 이루었다. 별들이 모여드는 나루였으므로 별도(星渡)가 된 것이다.

탐라의 흔적을 없애라

위와 같은 기록이 존재하였던 것으로 보이나 지금은 남아 있지 않다.
세종 17년(1435년) 최해산(崔海山)이 안무사(按撫使)로 제주에 왔을 때에 관부(官府)에 화재가 나서 문적(文籍)이 모두 불타 없어지고, 그 자리에 홍화각(弘化閣)을 지어 안무사(按撫使)의 영청(營廳)으로 만들었다고 전한다.13)

> 안무사 최해산 때에 관부가 실화(失火)로 문적을 모두 태워 잿더미가 되었으니, 애석한지고!14)

안무사가 무엇인가? 반란 또는 폭동을 진압하기 위하여 이씨 왕조가 파견한 진압군의 사령관이 아니던가? 이 시대까지 탐라국이 보관 중이던 모든 자료는 불태워 없어지고, 제주도내에 산재했던 고려 시대 이전의 방묘(方墓, 네모진 분묘)들이 대대적으로 그리고 공공연히 도굴되었다고 전한다.
들리는 말로는 지금 세계 도처에 산재하는 고려 청자 등 국보급 보물들 중 상당량이 제주도의 방묘에서 출토된 것이라고 한다.

---

13) 李元鎭, 『耽羅志』.
14) 李元鎭, "按撫使 崔海山時 官府失火 文籍盡爲 灰燼惜哉", 『耽羅志』, 建置沿革 世宗 17年條.

이씨 조선은 탐라의 역사를 이런 방식으로 모조리 없애버리고, 그 자리에 그들의 통치 이념에 맞게 『영주지』를 급조하였으므로 역사의 진실이 왜곡되어 앞뒤가 맞을 리 없는 것이다.

주선국(州鮮國)과 동한지지(東韓之地)

남로의 해역에서는 두무악의 영토인 주산(舟山)이 비류백제에게 개방되고 비류백제의 세력은 이 곳을 통하여 월주(越州)에 진출하여 월주백제가 생겨난다.(구당서) 월주(越州)는 한대(漢代)의 회계군(會稽郡)을 말한다.

수양제(隋煬帝)가 이 곳을 월주로 개명하고, 당대(唐代)에는 월주중도독부(越州中都督府)를 설치한 바 있는 지금의 절강성(浙江省) 영파(寧波), 여요(余姚), 소산(蕭山), 제기시(諸曁市)를 포함하는 지역이며, 바다 건너 고구려에 이르는 백제라 함은 북로 요서의 해민 집단을 말함이다. ('해랑도' 참조)

240~245년간에 위(魏)의 대방군(帶方郡) 관리들이 제주 해역을 통과하여 왜를 왕래하면서 견문(見聞)한 바를 기록한 『삼국지』 위서 동이전(東夷傳)에는 탐라를 주호(州胡)라는 이름으로 다음과 같이 기록하고 있다.

> 또한 주호(州胡)는 마한(馬韓)의 서쪽 바다 큰 섬 위에 있다. 그 사람들의 키는 작고, 언어는 마한과 같지 아니하며, 모두 머리를 깎아 선비족과 비슷하다. 가죽옷을 입고, 소와 돼지 기르기를 좋아하며, 옷은 윗도리는 있으나 아래는 없어 벗은 것이나 진배없고 배를 타고 중국과 한국을 오가며 장사를 한다.15)

『삼국지』는 또 주호의 선비족(州胡 鮮卑族)이 다스리는 발라(發羅), 탐진

(耽津) 일대를 '변진(弁辰)의 주선국(州鮮國)'이라고 하였다. 변진(弁辰)은 두말할 것도 없이 비류백제(沸流百濟)의 다른 이름이다.

강진의 동쪽 해안선을 따라 섬진강 하구에 이르는 두무악의 영역에는 2개의 마연국(馬延國)이 있었다. 첫번째의 마연국은 『삼국지』위서 변진전의 주선국 다음에 기록된 마연국으로 백제 시대의 마사량현(馬斯良, 會寧), 고마며지현(古馬旅知, 馬邑, 遂寧)인 지금의 장흥(長興), 보성(寶城)과 고흥 반도(興陽)를 아우르는 나라이며 또 하나의 마연국은 안사국(安邪國) 다음에 기재된 나라로 백제 시대의 마로(馬老)인 광양(光陽)과 순천(順天), 여수 반도를 아우르는 나라로 비정된다.16)

이들 2개의 마연국은 탐라 건국과 같은 시기에 비류백제에 이양되어 동쪽의 경남 해안선 일부를 포함하는 비류백제 제5권역의 하나인 동한지지(東韓之地)의 담로 국가군으로 편입된 것으로 보인다.

최근 고흥반도의 포두면 길두리의 고분에서 5세기 초의 것으로 보이는 금동관, 금동신발, 환두대도, 철제 갑옷 등이 발굴되었다는 보도에 접하고 있다.17) 아직 발굴 조사 결과 발표 전이라 확실한 내용은 알 수가 없으나 동한지지의 치소는 해란 시대에 설치한 것으로 보이는 동쪽의 사도진(蛇渡鎭)과 서쪽의 녹도영(鹿島營), 남쪽의 발포영(鉢浦營), 북쪽의 여도

---

15) "又州胡在馬韓之西海中大島上, 其人差短小言語不與韓同, 皆髠頭如鮮卑, 但衣韋, 好養牛及豬. 其衣有上無下, 略如裸勢. 乘船往來, 市買中韓", 『三國志』, 魏書 烏丸鮮卑東夷傳.
16) 『三國史記』卷36 地理 3, 寶城郡條.
17) '고흥 길두리 고분에서 금동관 등 5세기 초 유물 다량 출토', 연합뉴스 보도자료, 2006년 3월 26일자.

영(呂島營), 남양산성(南陽山城)으로 둘러싸인 바다의 요새이며 해상 교통의 요충인 고흥반도의 흥양고성(興陽古城, 古興邑城)이 아닌가 생각된다.[18]

---

18) 『新增東國輿地勝覽』寶城郡 興陽縣條.

일본의 국가 통일 시대

야마도(邪馬臺)의 소멸과 오우징 왕조(應神 王朝)

왜의 오왕(五王) 시대

　야마도(邪馬臺)에서는 247년 여왕 히미꼬(卑彌呼)가 죽는다.
　비류백제는 여왕의 후임으로 남왕(男王)을 세웠으나 국중불복(國中不服)하여 다시 서로 죽이는 일(更相誅殺)이 벌어지므로 하는 수 없이 히미꼬(卑彌呼)의 종녀(宗女) 일여(壹與)를 왕으로 삼았다.1)
　일여의 야마도는 진무제(晉武帝) 태시(泰始) 2년(266년) 서진(西晉)에 조공하는 것을 끝으로 역사의 무대에서 사라지고, 왜의 땅에는 죽은 듯한 적막이 흘러 통치의 공백 기간이 계속되다가, 약 150년이 지나서 중국 남조(東晋, 宋, 齊, 梁)의 사서(史書)에 찬(讚), 진(珍), 제(濟), 흥(興), 무(武) 등 소위 왜(倭)의 오왕(五王)이라 불리우는 오우징(應神) 왕조가 등장한다.

---

1) "正始中卑彌呼死, 更立男王, 國中不服 更相誅殺 復立卑彌呼宗女壹與爲王 其後復立男王 並受中國爵命",『北史』卷94 列傳 倭國.

『일본서기』는 주우아이(仲哀) 천황과 징구(神功) 황후 사이에 태어난 아들을 오우징(應神)으로 기록하고 있으며, 이어 오우징의 자(子) 진도쿠(仁德) 천황, 진도쿠의 자 리츄(履中) 천황, 리츄의 동모제(同母弟) 한세이(反正) 천황, 한세이의 동모제 잉교(允恭) 천황, 잉교의 자 앙코(安康) 천황, 잉교의 자 유우랴구(雄略) 천황으로 왕조의 혈통을 기록하고 있다.

이노우에 미쓰사다(井上光貞)는 오우징(應神) 천황이 중국에 조공한 일이 없으므로 왜의 오왕(五王)에는 포함되지 않으며 찬(讚)을 진도쿠(仁德) 천황으로, 진(珍, 梁書에는 彌)을 한세이(反正) 천황으로, 제(濟)를 잉교(允恭) 천황으로, 홍(興)을 앙코(安康) 천황으로, 무(武)를 유랴쿠(雄略) 천황으로 본다.2)

오우징 천황(應神 天皇)은 누구인가?

일본 오오사카부(大阪府) 남가와치군(南河內郡) 미사사키(美陵町) 콘다(譽田)의 낮은 구릉에는 진시황의 능에 비견되는 장경(長輕) 418m, 높이 35m의 전방후원형(前方後圓形)의 오우징(應神) 능이 우뚝 서 있고, 오오사카만(大阪灣)을 굽어보는 사카이시(堺市)의 언덕에는 오우징(應神) 능을 능가하는 480m의 진도쿠(仁德) 능이 있다.

이들 무덤에서는 금을 입힌 마구(馬具)와 갑옷, 투구, 철검(鐵劍) 등이 출토되었으며, 진도쿠(仁德) 능에서 출토된 남한(백제 지역)제(製)의 호사스럽게 장식한 칼자루 등 일부의 부장품은 현재 미국의 보스턴 박물관에 보존되어 있다고 한다.

---

2) 井上光貞, '五王は誰か', 『日本の 歴史I』, 전게서, p.370.

뿐만 아니라 1952년 리츄능(履中陵)의 배총(陪塚)에서는 수백 점의 엄청난 철제 무기류가 출토됨으로써 지금까지 야요이(彌生) 문화단계를 겨우 벗어난 야마도(邪馬台)의 역사에 전혀 새로운 북방 기마 민족의 문화가 대량 출현하여 일본 학계를 놀라게 하였다.

이노우에(井上光貞)는 그 실체가 확실한 오우징(應神) 천황을 야마도(邪馬台) 스징(崇神) 왕조의 혈연적 계승자가 아니라, 그 자신이 현해탄을 건너 일본 열도에 침입하여 스징 왕조를 타도하고 전혀 새로운 왕조를 창시한 왕이라고 보는 것이다. 오우징(應神)의 아들이 진도쿠(仁德)이고 진도쿠가 곧 왜 오왕(五王) 중 찬왕(讚王)으로『진서』,『양서』,『송서』등에 보이듯 동진(東晋) 안제(安帝) 의희(義熙) 9년(413년)에 동진(東晋)에 조공한 것이 확실하므로, 오우징(應神)은 4세기 말 또는 5세기 초에 처음으로 백제 지방의 호사스러운 검을 비롯하여 금을 입힌 마구와 엄청난 양의 철제 무기류를 가지고 일본 열도에 침입하여 열도의 중심부인 기내(畿內)에 처음으로 통일 국가인 새로운 야마도(大和)를 건설한 장본인임에 틀림이 없다고 보는 것이다.[3]

공주대학교 백제문화연구소 객원으로 와 있던 와타나베 미쓰도시(渡邊光敏)는 천관우(千寬宇)의『목지국고』(目支國考)에 의거하여『후한서』동이열전 마한전의 목지국(目支國)을 다스리는 진왕(辰王)을 비류 왕가로 보고 있다. 즉, 진왕인 비류 왕가는 후한 시대로부터 삼한(三韓)을 지배하다가 진왕(應神 天皇)이 일본에 건너가서 야마도(邪馬臺)를 제압하고 기내(畿內)지방을 복속시켜 새로운 야마도(大和國)정권을 세웠다고 주장한다.[4]

---

3) 井上光貞, '應神天皇の起源', 전게서, p.376.

그러나 그는 목지국(『삼국지』에는 월지국)이 비류백제의 담로 국가였다는 사실을 간과하고 있다.

일본 고분의 변천

일본의 고분 시대는 야마도(邪馬臺) 멸망(266년) 이후 중국 남조의 정사에 나타나는 왜의 오왕 시대에 조성된 연대가 확실한 오우징(應神), 진도쿠(仁德), 리츄(履中) 능 등을 기준으로(중기 고분 시대) 그 이전의 고분을 전기, 그 이후의 고분을 후기 고분 시대로 구분하고 있다.

4세기 말 오우징(應神) 천황이 기내에 새로운 야마도국(大和國)을 건설하게 되자 그 때까지 규슈(九州) 지방에 산재하던 왜노국, 야마도(邪馬臺)의 능묘가 대대적으로 기내 지방으로 이장된다. 지금까지 전기 고분이라고 알려진 나라(奈良)현 덴리(天理)시 야나기모도(柳本)에 있는 전방 후원형의 스징(崇神) 능, 개이코(景行) 능 등은 조사결과 야마도(大和) 성립 후에 조성된 것으로 밝혀지고 있다.

그리고 『일본서기』의 제1대 진무(神武) 이후 제9대 가이카(開和) 천황까지의 무덤은 형적(形跡)이 없는 자연의 구릉을 인공적으로 축조한 헛무덤으로 이들 무덤은 고고학과는 아무런 관계가 없다고 한다.[5] 뿐만 아니라 일본 『고사기』의 신령스러운 미와야마(三輪山)가 기내로 이동하고 징구황후(神功皇后), 즉 야마도(邪馬臺)를 다스리는 여왕 히미꼬(卑彌乎)의 묘도 기내로 옮겨진다. 이와 같은 역사적 사실이 실증적으로 밝혀짐에 따라

---

4) 渡邊光敏, '應神 天皇', 『古代天皇家の渡來』, 株式會社 新人物往來社, 1983, p.145.
5) 井上光貞, '崇神以前の天皇陵', 전게서, pp.304~311.

『일본서기』 오우징(應神) 이전의 역사적 허구성이 드러나고 있는 것이다.

광개토대왕비(廣開土大王碑)와 왜

고구려의 백제 침공

오우징(應神) 왕조의 기원을 광개토대왕(廣開土大王)의 능비(陵碑)에서 찾아내어 처음으로 거론한 사람은 재야의 김성호이다.

그는 광개토대왕비에 기록된 왜와 직접 관계있는 신묘년(辛卯年) 및 병신년(丙申年)조의 기사에서 그 실마리를 찾아낸다.[6]

> 백잔(百殘)과 신라(新羅)는 옛부터 고구려의 속민(屬民)으로 조공하여 왔는데 신묘년(辛卯年) 왜(倭)가 바다를 건너와서 백잔□□□라를 파하여 신민으로 삼으므로, 영락(永樂) 6년 병신(丙申 396)에 광개토대왕은 친히 수군을 이끌고 이잔국(利殘國)을 토멸하였다. 처음에 군□성을 비롯한 55개 성(城名)을 공취하였다. (百殘新羅是屬民 由來朝貢而 倭以辛卯年來渡海破 百殘□□□羅爲臣民. 以六年丙申王躬率水軍 討利殘國 軍□城首攻取 壹八城 臼模盧城 各牟利城 … 等 都合55個城名)

그 나라의 성에 당도하였을 때에 백잔왕(百殘王)이 대항하자 대노(大怒)한

---

6) 金聖昊, '應神 亡命과 碑文의 倭', 『沸流百濟와 日本의 國家 起源』, 知文社, 1988, pp.259~270.

광개토대왕은 아리수(漢江)를 건너 자(刺)로 하여금 3개 성(城名)을 공략하게 하였다. 곤핍(困逼)해진 백잔왕은 남녀생구(男女生口) 일천인과 세포(細布) 일천필을 바치고 귀순하여 영원히 노객(奴客)이 되겠다고 맹세하므로 대왕은 그의 잘못을 용서하고 복종할 것을 기록하게 하였다. 이 때에 700개의 촌락을 취하고 58개 성과 잔왕(殘王)의 동생과 십신(十臣)을 데리고 귀환하였다.'(其國城賊不腹氣, 敢出□戰, 王威赫怒 渡阿利水 遣刺迫城□□ □□□國城 百殘王困逼獻□男女生口一千人細布千匹, 歸王自誓從今以後永爲奴客, 大王恩赦□迷之御錄 其後順之誠 於時□五十八城 村七百 將殘王弟幷大臣十人旋師還都)[7]

광개토대왕비에는 영락 6년(396년)에 이잔국(利殘國)을 토멸(討滅)하고 이어 백잔(百殘)을 공격한 것으로 되어 있는데, 이 전쟁은 영락 6년(396년)보다도 4년이나 앞선 392년에 한강 이북의 한성백제와 황해도의 남부 경기만에 연한 관미성(關彌城)을 먼저 공격하고 나서,[8] 다시 4년 동안이나 남침 준비를 마친 후 396년에 수군을 이끌고 관미성을 출발하여 경기만을 지나 아산만으로 긴입하여 비류백제를 멸한 다음 다시 북상하여 한강을 도하한 후 한성백제를 공격하여 항복을 받아낸 것으로 되어 있다.

광개토대왕비의 재발견

공민왕 19년(1370년) 이성계의 군단이 북원(北元)을 물리치기 위하여 압

---

[7] '廣開土大王碑' 永樂 6年條.
[8] 『三國史記』, 百濟本紀 辰斯王 8年條.

록강 건너 우라산성(亐羅山城)에 주둔하고 있었다.

동으로는 황성(皇城)에 이르고 북으로는 동녕부(東寧府), 서쪽으로는 바다에 이르고, 남으로는 압록강에 이르는 이 곳 우라산성은9) 오늘의 오녀산성(五女山城)이요, 황성은 집안(輯安), 즉 고구려의 옛 수도를 말한다. 황성평(皇城坪)은 만포진(滿浦鎭)으로부터 30리 거리에 있다. 옛날 금(金)나라의 도읍지이다. 세인이 전하는 바에 의하면 금국 황제의 무덤이라 한다. 열길(十丈)이나 되는 큰 비석이 있고 무덤에는 세 개의 모실이 있다. 또한 황후 황자의 묘도 있다.10)

1860년경에 완성된 대동여지도에도 만포진 압록강 대안에 황성이 기록되어 있다.

이 지역은 출입이 통제되어 있었기 때문에 조선 사람들은 이것이 금나라 황제의 무덤인 줄 알고 멀리서 바라만 보고 있었다고 한다.

1868년 일본의 명치 유신이 완료된 후 1871년 청일 수교 조약, 1876년 병자 수호 조약이 체결되어 조선과 청에 대한 일본의 침략 의지가 노골화되기 시작할 무렵인 1880년을 전후하여 조선 사람들이 압록강을 건너 서간도 지방으로 이주하기 시작하던 시기에 조선 사람들과 중국인들은 광개토대왕비를 새로이 발견하여 탁본(拓本)을 만들고 석문(釋文)을 쓰기 시작하였다고 한다. 북한학자 박시형에 의하면 금석학자 구양보(歐陽輔)가 1921년에 간행한 『집고구진』(集古求眞)을 인용하여 1880년대 전후기에 최초로 정확한 탁본을 만든 사람은 무명의 조선 사람이었다고 말한다. 그것은 조선 종이에 연한 먹으로 찍은 담묵탁(淡墨拓)으로서 글자가

---

9) 『高麗史』, 恭愍王 19年 正月.
10) 『新增輿地勝覽』 江界都護府 山川 皇城.

매우 선명하였다고 하며 이 탁본은 양수경(揚守敬)의 쌍구본(雙鉤本)과 상해유정서국(上海有正書局)의 축소 석인본(石印本)에 없던 글자 10여 개를 더 가지고 있었으며 후기의 탁본에서 60여 자를 교정할 수 있을 만큼 정교하였다고 한다.

그 다음으로 섭창치(葉昌熾)의 어석(語石)에 수록된 중국의 장서가 반조음(潘祖蔭)이 소장하였던 1885년 이미생(李眉生)이 탁본한 쌍구본과 북경의 탁공 이운종(李雲從)이 좋은 종이와 좋은 먹으로 두 번이나 현지에 가서 비로소 정확한 탁본을 만들었다는 초기의 쌍구본들이 비교적 정확한 것이라고 주장하고 있다.11)

일본의 사에키 아리키요(佐伯有淸)에 의하면 1883년 가을 일본 참모본부에서 만주에 파견된 사카와 가게아키(酒匂景信)라는 장교가 광개토대왕의 탁본(雙鉤本) 한 벌을 입수하여 일본에 가지고 왔는데 사카와가 가져온 쌍구본은 제1면 30매, 제2면 28매, 제3면 40매, 제4면 33매, 도합 131매로 되어 있었다고 한다.

최초의 탁본을 수석한 사람은 참모본부의 명에 의하여 해군성 군사부의 아오에 히데(靑江 秀)였다.

아오에는 1884년 7월 "동부여 영락대왕비명해"(東夫餘 永樂大王碑銘解)라는 석문(釋文)과 함께 "고구려 제19세 광개토왕묘비지해"(高句麗 第十九世 廣開土王墓碑之解)라 제(題)하는 석문의 고증을 포함하여 2편의 논문을 발표하였다. 당시 일본학계에서 이 논문에 대한 비난이 쏟아져 어리석은 견해(愚見)라는 이유로 그 사본만이 현재 일본국립국회도서관에 삼원장(杉園藏)이라는 극비 문서의 장서인이 찍힌 채 보관되었다고 한다. 아오

---

11) 박시형, '릉비발견경위', 『광개토왕릉비』, 사회과학원출판사, 1966, pp.25~40.

에는 그 후 1886년 2월에 북해도청 이사관으로 좌천되었다고 한다.

그 다음에 탁본의 연구에 임한 사람은 참모본부 편찬과료(編纂課僚)의 요꼬이(橫井忠直)였다. 요꼬이가 1891년 『회여록』(會余錄)에 발표한 "고구려 고분고"(高句麗 古墳考)의 석문도 아오에의 그것과 별로 차이가 없었으나 그것보다는 훨씬 정밀하여 일본에 있어서 광개토대왕비문의 고증적 연구의 원형이 되었다고 한다.12)

이들의 석문에는 토이잔국(討利殘國)이라고 되어 있다. 요코이의 석문을 보고 당황한 사람은 이소카미신궁(石上神宮)의 땅속에 묻혀 있던 칠지도(七支刀)를 파내어 고증한 바 있는 이소카미 신사의 대표격인 간 마사토모(菅政友, 1824~1897년)였다.

그는 1891년 9월~12월까지 4회에 걸쳐 호태왕비의 '이'(利)자를 '과'(科)자로 고쳐 석문을 발표하고 있는데 그 석문 말미에 요코이를 지목하여 "본고(本考)는 비뚤어진 것(資料)을 채택하여 천황국가 창시의 업적을 훼손할까 두려우므로(君ヵ創始ノ勞ヲ沒センコトヲ恐レ), 한마디 하는 바이다."13)라고 첨부함으로써 직설적으로 요코이를 비난하고 있다.

이 때에 간(菅)은 사람을 집안(輯安)에 보내어 비문의 글자를 고치게 한 것으로 보인다. 그는 철저하게 천황국가 창시의 권위를 지키기 위하여 모든 수단을 다하여 그 반대 증거를 말살하고 있었던 것이다.

필자가 높이 6.39m 기저의 한쪽 면 길이 약 1.5m로 된 사면(四面)에 큰 사발만큼의 글자 1,745자(결락 141자 포함)의 비문에서 특히 주목을 하는 것은 전체의 석문이 아니라 제1면에 새겨진 "왕이 친히 수군을 인솔하여

---

12) 佐伯有淸, '廣開土王碑文の拓出と硏究', 『廣開土王碑』, 吉川弘文館, 1974. 8, pp.1~19.
13) 菅政友, '高句麗 好太王碑銘考', 『史學雜誌』, 第2-22, 23, 24, 25號, 1891.

이잔국을 쳤다."(王躬率水軍討利殘國)라는 탁문 중에서 단 한 글자 '이'(利)에 관해서이다. 왜냐하면 이 한 글자에 일본 천황국가 창시의 비밀이 담겨 있다고 보기 때문이다.

간 마사토모(菅政友)에 이어 나가 미치요(那珂通世)가 비문의 연구결과를 발표하면서 "간(菅) 씨는 '利'를 '科'로 보고 있으나, 비문의 앞뒤를 살펴보면 '선칼도'(刂)로 된 글자는 모두 '刂'로 표기하고 있으므로 비문의 '利'는 利이고, 科가 될 수 없다."라고 반박하면서 『討利殘國』을 주장하고 나선다.14)

초기 탁본을 접한 것으로 보이는 북한학자 박시형도 비문의 해석을 달리하면서도 '利' 자에 관한 한 나가(那珂)의 의견과 같이하고 있다.

이어 1913년 세키노(關野 貞), 이마니시(今西龍) 등이 집안(輯安) 현지에 이르러 조사하려 할 때에는 비석 전면에 석회가 발라져 있고, 석회가 발라진 비면에 사람이 손댄 흔적이 있음이 판명되어 장차 비문을 사료로 사용할 때에는 주의를 요한다는 점을 공식적으로 지적하고 있다.15)

그리하여 초기 쌍구본을 접해 본 소수의 사람을 제외하고는 '利'가 '科' 또는 '伐', '滅'로 둔갑한 탁본을 접하게 되는 것이다. 조선총독부가 소장했던 탁본 역시 위조된 것으로 보고 있다.16)

당시 천황가를 대표하는 간 마사토모의 권위에 맞설 사람은 아무도 없었다.

---

14) 那珂通世, '高麗古墳考', 『史學雜誌』, 第4-47, 48, 49, 1893. 10~12月.
15) 佐伯有淸, 前揭書.
16) 王建群, '拓本の時期區分と分類の槪要', 『好太王碑と高句麗遺蹟』, 讀賣新聞社, 1988. 6, p.67.

그 다음 타자는 미야케(三宅米吉)이다. 그는 아예 간에 굴복하여 "討伐殘國"이라는 석문을 발표하고 있다.17)

일본에서 교육받은 바 있는 중국의 왕건군(王建群)이 "중국 사람들이 탁본을 만들기 위하여 비문의 오목하게 파인 부분에 석회를 발라 표면을 평평하게 한 다음 탁본을 하였다."18)는 구차한 변명에도 불구하고 (그 자신도 '利'를 '伐'로 석문하고 있다.) 그 많은 글자 중에서 하필이면 '利'만이 나중에 '科'가 되고 '伐', '滅'로 둔갑한 사실을 설명할 수 없으며 누군가 비문의 글자를 고치지 않은 한 이런 결과는 나타날 수가 없는 것이다.

한국의 사학계는 겉으로 요란하게 간(菅)의 국수주의를 비난하면서도 광개토대왕비에서뿐만 아니라 칠지도의 명문에 이르기까지 간의 주장에서 한 발자국도 벗어나지 못하여 비문의 '利'는 '伐'이거나 '滅'이 되어야 하고, 칠지도에 명기된 '泰和' 4년 역시 간이 주장한 대로 무조건 동진(東晋)의 태화(太和) 4년(369년)이고, 일본서기의 신공(神功) 52년은 서기 369년이 되어야 한다고 주장하고 있는 것이다.

일본의 역사학계마저도 신공 왕후가 비미호(卑彌乎)의 변신임을 인정하고 있는 마당에 『북사』의 정시중(正始中, 240~248년)에 이미 죽어 없어져버린 비미호가 120년이나 지나서 369년에 되살아난 것이 아닌 이상, 신공 52년을 위(魏)의 태화(太和) 4년(230년)으로 보아야 한・중・일 3국 편년 기록이 일치한다는 김성호의 주장19)에 귀를 기울일 때가 되었다

---

17) 三宅米吉, '高麗古墳考', 『考古學雜誌』 2-1, 2, 3, 1898 1, 4, 7월 및 '高麗古墳考 追加', 同 2-5, 1898. 9.
18) 王建群, '改ざん說質疑の補充意見', 前揭書, pp.136~145.

고 보는 것이다.

이잔(利殘)과 백잔(百殘)

비문에는 신묘년(辛卯年, 391년)조의 왜의 침략행위를 전제로 하여 광개토대왕 6년 병신(丙申, 396년)에 대왕이 친히 수군을 이끌고 이잔국(利殘國)을 토멸(討滅)한 것으로 되어 있다.

그런데 이 비문의 첫 번째의 의문점은 신묘년(391)에 백제와 신라를 공격하여 신국(臣國)으로 만들 만한 왜가 일본 열도에는 존재하지 아니하였다는 사실이다.

일본 열도에서 266년경 야마토(邪馬臺)가 소멸된 후 왜의 여러 나라들은 내전 상태에 들어간 암흑 시대에 해당하므로 비문에 기록된 왜의 실체에 의문이 생길 수밖에 없는 것이다.

두 번째의 의문점은 왜가 한반도에 쳐들어와서 백잔(百殘)과 신라를 신민(臣民)으로 만드는 침략 행위가 있었다면 광개토대왕은 의당 왜를 응징하였어야 함에도 무엇 때문에 이잔국(利殘國)을 토멸(討滅)하였는가 하는 점이다.

김성호는 이와 같이 매우 간단 명료한 물음에서 시작하여 광개토대왕비의 백잔(百殘)과 이잔국을 분리하여 비문의 백잔(百殘)을 한산(漢山)의 온조백제(溫祚百濟)로, 이잔국을 구마나리(久麻那利)의 비류백제(沸流百濟)로 보는 것이다.

『삼국지』 위서 변진전(弁辰傳)에 기록된 '변진(弁辰), 한(韓) 합 24국'은

---

19) 金聖昊, '帶方戰線과 七支刀 外交', 前揭書, pp. 234~246.

모두 변진(弁辰), 즉 비류백제(沸流百濟)이므로 광개토대왕이 토멸한 이잔국(利殘國)은 다름 아닌 구마나리(久麻那利)의 비류백제와 그 담로 국가로서 비류백제가 곧 왜가 되는 것이다.

여기에 주의해야 할 점은 '利' 자 다음에 오는 '殘'에 관해서이다.

'殘'은 이병도가 지적한 것처럼 "적개시(敵愾視)의 어(語)로서 잔적(殘敵)이니 아라 잔적(나랑 놈) 등의 약칭으로 해석하여",[20] 백잔(百殘)은 백제 놈이라는 의미이다.

단순히 '놈들'(殘)이라고 할 때에는 반드시 선행하는 명칭이 있어야만 목적물을 특정할 수 있을 것이다. 그러므로 천황국가 성립에 관계있는 '利'는 구마나리(久麻那利)의 '利'가 되어 구마나리 놈들, 즉 비류백제 놈들이라는 뜻으로 해석되어야만 앞뒤가 맞는다.

쓰쿠시(筑紫) 고대문화연구회의 오쿠노 마사오(奧野正男)는 후기 고분시대의 유물을 조사한 결과 호태왕비(好太王碑)에 등장하는 왜(倭)는 일본에 있는 야마토(大和政權)가 아니라, 백제·가야계의 문화집단이라고 보고 있다.[21]

와타나베 미쓰도시(渡邊光敏)도 호태왕비문(好太王碑文)의 왜와 『삼국사기』 신라본기 실성왕(實聖王)조의 왜는 일본을 가리키는 것이 아니라 변진(弁辰)을 지칭하고 있으며, 변진이 곧 왜라고 주장한다.[22] 변진은 곧 비류백제이다.

---

20) 李丙燾, 전게서.
21) 奧野正男, '百濟伽倻系 渡來集團と應神王朝', 『歷史讀本』 第31卷 第6號, 新人物往來社, 1986. 3.
22) 渡邊光敏, '沸流王朝', 『日本天皇渡來史』, 蔡熙祥 譯, 知文社, 1995, p.128.

백제 침략의 구실

김성호는 비문의 신묘년조 기사는 당해 년에 일어난 사건을 기록한 독립된 편년기록이 아니라, 그 다음에 이어지는 영락(永樂) 6년(396년)조의 기사 내용을 뒷받침하는 선행절(先行節)로서 구마나리에 있는 비류백제(沸流百濟)가 한산(漢山)의 백제와 신라를 신국(臣國)으로 만들었다고 트집하는 것이므로, 신묘년(辛卯年)은 사건이 일어난 해가 아니라 고구려가 비류백제 토멸(討滅)을 정당화하기 위하여 이 사건 이후에 조작한 위기년(僞記年)이며 따라서 신묘년조의 기사는 위기(僞記)라고 본다.[23]

필자는 신묘년조의 기사를 더욱 확대 해석하여 신묘년보다 훨씬 이전에 일어난 사건까지도 종합적으로 해석하여 고구려가 이잔국 공격을 합리화하기 위한 구실이 되는 사건의 총화로 보아야만 보다 더 합리적 해석이 가능할 것으로 생각한다.

예컨대 신묘년 이전의 사건으로는 『일본서기』 신공(神功) 49년(227년)조의 남강(南江) 유역의 대장정(大長征)을 시작으로 『삼국사기』 신라본기 유례왕(儒禮王) 4년(287년)조, 동 6년(289년)조, 동 9년(292년)조 및 동 11년(294년)조의 왜병(倭兵) 침입 사건과 기림왕(基臨王) 3년(300년)조의 왜와의 수교, 흘해왕(訖解王) 3년(312년)조의 강제 혼인 등이 이에 해당하며, 백제본기 진사왕(辰斯王) 8년조 및 『일본서기』 응신(應神) 2년(392년)조의 아신왕(阿莘王)의 교체 등이 모두 비류백제에 의하여 자행되었으므로 비류백제가 한산(漢山)의 온조백제와 신라, 그리고 섭라를 격파하여 신국(臣國)을 만들었다는 구실을 붙이기에 충분하다고 본다.

---

23) 金聖昊, '應神亡命과 碑文의 倭', 前揭書, p.259.

그러므로 광개토대왕비의 "파 백잔 □□ □라"의 결락(缺落)부분에 "신라 섭"의 세 글자를 삽입하여 "파백잔 신라 섭라"(破百殘 新羅 涉羅)로 하여야만 신묘년조의 선행설(先行說)이 완성될 것이다.

　그 이유는 『일본서기』 신공(神功) 49년(227년)조의 두무악 토멸 기사와, 고구려 본기 문자왕(文咨王) 13년(504년)조 및 『북위서』(北魏書) 고구려전(高句麗傳)의 섭라(涉羅)에 관한 기사는 서로 관계가 있다고 보기 때문이다.

비류백제(沸流百濟)의 몰락

비류백제인들의 일본 열도 이동

　이 전쟁의 결과 한성백제는 항복하여 남녀생구 1천 인과 세포 등을 바쳐 귀순하고, 비류백제(利殘國)는 멸망한다. 광개토대왕은 이잔국(利殘國, 沸流百濟)의 왕제(王弟)와 십신(十臣)을 포로로 하여 개선하고, 비류백제의 왕은 일본으로의 망명길에 오른다.

　『삼국사기』 백제본기 아신왕(阿莘王) 6년(397년)조에는 아신왕이 왜국(倭國)과 수교를 맺고 태자 전지(腆支)를 왜국에 인질로 보내고 있으며, 같은 해 일본 측 기록인 『일본서기』 오우징(應神) 8년(397년)조의 기사(記事)에서는 "한성(漢城)의 백제가 왕자 직지(直支)를 인질로 일본에 보내는 등 성의를 표시하자, 오우징(應神)은 본래 비류백제의 구토(舊土)이던 두무악(枕彌多禮), 현남(峴南), 지침(支侵), 곡나(谷羅), 동한지지(東韓之地) 등을 백제에 이양하고 있다."라고 기록하고 있다. 백제본기 아신왕 6년조와 오우징(應神) 8년조의 기사가 맞아 떨어진다.

한국과 일본의 역사학계가 차마 인정하기 거북하겠지만 이 기록을 자세히 들여다보면 비류백제의 왕은 이미 일본에 망명하여 있는 것이다.

백제는 광개토대왕에 대한 맹세를 어기고, 왜와 화통하였다.

대왕이 평양을 순행하였을 때에 신라의 사자가 와서 왜인이 그 나라 국경에 가득하여 성지(城池)가 파괴되고 노객(奴客)이면서 민(民)을 자처하니 구원을 하여 달라고 호소하자, 대왕은 그의 충성심을 가상히 여겨 은자(恩慈)를 베풀고 구원을 약속하였다.[24]

고구려의 보기오만(步騎五萬)이 신라를 구하고자 남거성(男居城)에 이르니, 왜인들이 그 성안에 가득 차 있었다. 관군(고구려군)이 이르자 왜적들은 물러나…… 그 배후를 압박하여 임나가라(任那加羅, 현 부산)를 항복시켰다.(이하는 알 수 없음)[25]

광개토대왕이 이잔국(沸流百濟)을 토멸하자 그 곳에 살던 유민들이 일본으로 망명하기 위하여 경남·부산 지역으로 몰려들고 있는 것이다.
그들은 광개토대왕의 군사와 맞서 싸우려고 하기는커녕 노객(奴客)이면서 민(民)을 자처하고 있다. 그들이 과연 일본에서 건너온 침략자들인가?

이 해에 궁월군(弓月君)이 백제로부터 돌아왔다. (나중에 알게 되겠지만 궁

---

24) 廣開土大王碑 永樂 9年(399)條.
25) 廣開土大王碑 永樂 10年(400)條.

월군은 월지국의 진왕을 말한다.-저자 註) 그는 아뢰기를 "신은 자기 나라 120현민(縣民)을 거느리고 귀화하려 하였습니다. 그러나 신라의 방해로 모두 가락국(駕洛國)에 머물러 있습니다." 이에 갈성 습진언(葛城 襲津彦)을 보내어 궁월군(弓月君)의 인민을 가라(加羅)로부터 데려오도록 하였다. 그러나 3년이 지나도록 습진언(襲津彦)은 돌아오지 아니하였다.26)

비문의 영락 9년(399년) 및 10년(400년)조의 기사와 『일본서기』 오우징(應神) 14년(403년)조의 기사는 같은 사건을 서로 다른 측면에서 기록한 것으로 패망한 비류백제의 난민 집단이 이미 왜의 땅으로 망명한 국왕의 뒤를 따라 현해탄을 건너기 위하여 지금의 경남 남해안과 부산(任那加羅)으로 집결하고 있는 것으로 보지 않을 수가 없다.

비류백제의 왕 응신(應神)은 일본열도로 이동하는 자국민을 보호하기 위하여 신라에 대하여 군사 행동을 개시하자, 신라는 하는 수 없이 임나항(任那港)을 개방하여 그들을 보내주고, 그 담보로 왕자 미사흔(未斯炘)을 비류백제(倭)에 인질로 보내고 있다.27)

백제의 전지왕(腆支王)은 아신왕(阿莘王)의 원자(元子)로 아신왕 3년(394년)에 태자가 되었고, 6년(397년)에 왜국(倭國)에 인질로 가 있었다. 14년(405년)에 아신왕이 죽자, 왕의 중제(仲弟) 훈해(訓解)가 섭정을 하면서 태자가 돌아오기를 기다리고 있었는데 왕의 계제(季弟) 첩례가 그의 형인

---

26) 『日本書紀』, 應神 14年(403)條.
27) "奈勿王元年與倭國通好, 以奈勿王子未斯欣爲質", 『三國史記』, 新羅本紀 實聖王 元年 三月條.

훈해를 죽이고 스스로 왕이 되었다. 왜왕이 군사 100명으로 전지(腆支)를 호송하여 귀국한 후 나라 사람들이 첨례를 죽이고 전지 태자를 맞아 백제 왕에 즉위하였다.[28]

이 해에 백제의 아화왕(阿花王)[29]이 돌아가셨다. 천황이 직지(直支) 태자를 불러 "그대는 본국에 돌아가 왕위를 계승하시오."라고 하여, 8월에 목도숙니(木菟宿祢)와 적호전숙니(的戶田宿祢)를 가라(加羅)에 보내었다. 정병(精兵)을 주어 "습진언(襲津彦)이 오래 돌아오지 못하는 것은 신라의 방해로 그러는 것이니 신라를 치고 그 길을 열어라." 목도수니(木菟宿祢) 등이 정병(精兵)을 이끌고 신라의 국경에 이르자 신라왕이 겁이 나서 복죄하였다. 그래서 궁월(弓月)의 인민을 거느리고 습진언(襲津彦)과 같이 돌아왔다.[30]

백제본기 전지왕(腆支王) 원년(405년)조의 기사와 오우징(應神) 16년(405년)조의 기사가 맞아 떨어진다.

왜한직(倭漢直)의 조(祖) 아지사주(阿知使主)가 그의 아들 도가사주(都加使主)의 무리 17현민(縣民)을 거느리고 돌아왔다.[31]

---

28) 『三國史記』, 百濟本紀 腆支王 元年(405)年條.
29) 일본서기에서는 백제 제16대 아신왕(阿莘王)을 아화왕(阿花王)으로, 제17대 전지왕(腆支王)을 직지왕(直支王)으로 표기하고 있는 바, 이는 한자 표기의 오류로 보인다.(저자)
30) 『日本書紀』, 應神 16年條.
31) 『日本書紀』, 應神 20年(409)條.

비류백제의 마지막 왕 응신(應神 天皇)

지금까지의 기록을 종합해보면 비류백제는 광개토대왕의 공격을 받고 396년 멸망하였으나, 그 나라의 마지막 왕인 응신(應神)은 바다 건너 왜(倭)의 땅으로 망명하여 그 나라의 담로 국가였던 야마도(邪馬台)의 고지(故地)인 북구주(北九州)를 근거지로 기내(畿內)로 진출하여 통일 국가 야마도(大和)를 세우고, 그 나라의 왕으로 변신하고 있으며, 궁월군(弓月君)의 120현민과 도가사주(都加使主)의 17현민 등 비류백제의 수십만의 인구가 왕을 따라 망명거점인 임나가라(任那伽羅, 현 부산)에 집결하였다가 일본열도로 이동하고 있음을 알 수 있다. 따라서 임나에는 비류백제의 망명객을 일본으로 안전하게 수송하기 위한 보호기관이 일정 기간 존속하게 된다.(임나일본부) 이것이 일본 후기 고분 시대 도래인(渡來人)의 진상이다.

그 후 720년 『일본서기』가 편찬되어 야마도(邪馬台)의 전신인 비류백제(沸流百濟)라는 나라는 처음부터 존재한 사실조차 없는 것으로 잘라내어 버리고, 비류백제의 자리에는 아득한 옛날 천상(天上)의 나라 다카마가하라(高天原)의 신(神)들이 지상의 다카치호(高天峰)에 천손(天孫)을 보내어 야마토(邪馬謄)를 세우고 그 야마토(邪馬謄)를 계승한 새로운 야마토(大和, 大日本)는 만세일계(萬世一系)의 황통(皇統)을 이어 받아 오우징(應神) 천황을 그 15세(世)의 천황(天皇)이라고 역사를 위작한 것이다. 그리하여 왜인전의 비미호는 야마도(大和) 왕조의 초대 국왕인 오우징(應神)의 모후로 둔갑하여 징구(神功) 황후가 되고, 4세기 말에 성립된 오우징 왕조, 즉 야마도(大和) 왕조의 역사적 상한을 B.C. 600여 년경으로 소급하여 가공의 제1세 짐무(神武) 천황을 만들어 국가의 기원을 조작한 것이다.[32]

한편 김부식은 『일본서기』가 편찬되고 나서 425년이 지난 1145년 『삼국사기』를 편찬하면서 백제본기 온조왕 원년조의 이설(異說)에서 왜가 되어버린 동이(東夷)의 강국 비류백제에 관하여 아는 바 없다고 잘라내어 버리고, 비류백제 400년간의 공간을 온조백제의 역사로 채워 버렸으므로 『북사』, 『수서』에 기록된 동이의 강국은 한·일 양국의 역사서에서 사라지고 만 것이다.

그러나 400년 동안이나 한반도와 왜, 그리고 중국의 월주(越州), 요서(遼西)와 동아시아 해역에 군림하던 비류백제의 역사를 말살하기란 그리 쉬운 일이 아니다. 1600년의 세월이 흘러 지금에서야 잃어버린 비류백제의 역사가 조금씩 그 모습을 드러내기 시작하고 있으며 이에 따라 탐라의 역사도 부상하게 되는 것이다.

응신(應神)의 동정(東征)과 포도(布都)의 신검(神劍)

일본의 기기(記紀, 古事記와 日本書紀)는 응신(應神)이 일본에 망명하여 사마대(邪馬台)를 평정한 후 열도를 동진(東進)하는 부분은 따로 떼어내어 가공의 제1대 짐무(神武) 천황을 등장시키는 소위 짐무(神武)의 동정(東征)을 기록하고 있다.

일본 역사상 제1대로부터 제9대까지의 천황은 실재하지 않는 만들어진 천황들이며, 사마대를 출발하여 기내(畿內)로 진출, 통일 국가를 이룬 왕은 응신밖에 없었으므로 짐무의 동정기는 결국 응신(應神)의 동정기일 수밖에 없는 것이다.

---

32) 市村其三郎, 前揭書.

일본에 망명한 응신(應神)은 사마대의 땅이 너무 남쪽에 치우쳐 있어서 천하를 평정하기 위해서는 열도의 중심부로 옮겨야 한다는 판단에 따라 군사를 거느리고 규슈 남부의 히무카(日向)를 출발하여 북부의 지쿠고(筑後, 지금의 福岡)에서 1년을 머물고, 세토우지(瀨戶內海)로 진입하여 아끼(阿岐, 지금의 廣島)에서 7년, 기비(吉備, 지금의 岡山)에서 8년, 도합 16년의 악전고투 끝에 구마노(熊野)의 신읍(神邑)에 도착하였으나 적군의 치열한 저항에 부딪쳐 앞으로 더 나아갈 수가 없었다.

그 때 구마노의 다카구라지(高倉下)라는 사람이 꿈을 꾸었는데, 건어뢰신(建御雷神)이라는 귀신이 나타나 큰 칼과 활과 방패를 주면서 "이 칼(大刀)은 후쓰노 미타마(夫婁之御魂)라는 이름의 칼이다. 이 칼을 너의 곳간에 두고 갈 것이니 천자(應神)에게 전하면 능히 천하를 평정할 것이다."라는 계시를 주었다. 그는 깨어나 곳간에서 칼과 활과 방패를 가지고 천자에게 헌납하였다. 응신(應神)이 후쓰노 미타마를 전수하여 적을 무찌르고 아마토(大和)를 세웠다는 전설이 기기에 전한다.[33]

일본의 미시나 아키히데(三品彰英)는 『고사기』의 후쓰노 미타마(夫婁之御魂)를 『삼국유사』의 천제 해모수(天帝 解慕漱), 부루(夫婁), 주몽(朱蒙)으로 이어지는 "부루(夫婁, 후쓰)의 혼이 담긴" 보검으로 보고 있으며 부루와 주몽을 형제 또는 동인이명(同人異名)으로 보고 있다.

부루(夫婁)와 포도(布都)는 일본말로 다 같이 '후쓰'(フッ)라고 읽는다. 주몽의 장자 유리(琉璃)가 부여에 있을 때에 칠능석상송하(七稜石上松下)에 숨겨둔 부왕의 보검을 천신만고 끝에 찾아내어 획득하는 것은 곧 부루, 주몽의 혼이 깃든 영검을 계승하여 새로운 나라를 세우는 자격을 취

---

33) '神武天皇の東征', 『古事記』, 『日本書紀』.

득하는 것으로 본다. 후쓰노 미타마(布都之御魂)라는 보검 역시 부루, 주몽의 영혼이 담긴 보검을 뜻하므로 이것을 획득함으로써 새로운 나라 야마도(大和)의 군주로서의 자격획득(布都)을 입증하는 상징으로 보는 것이다.[34]

그런데 여기서 한 가지 주목을 끄는 것은 검명(劍名)이 우리말로 '포도(布都)의 혼(魂)' 이라는 사실이다.

'포도' 라는 말은 나라를 세워 천하에 알린다는 뜻으로 영주 태초에 고양부 삼성이 나라를 세우면서 선언한 '천근활 백근살' 로 적군을 무찔러 동해 바다에 던지고 나서 "우리나라 고구려 신(臣) 베포도업(配布都業) 제 이르자."라는 광양당 신관의 대사와 일치한다.

'포도' 라는 말은 베포도업에서 유래한 것이 확실하며 '후쓰' 라는 일본어는 포도(布都)와 함께 부루, 주몽(夫婁, 朱蒙)이라는 건국 신을 지칭하고 있는 것이다.

그리고 이 검을 응신(應神)에게 전한 구마노(熊野)의 고창하(高倉下)라는 사람은 아마도 제주도 사람일 가능성이 크다.

따라서 용담동 고분에서 출토된 2점의 장검도 포도의 신검이며 포도지어혼(布都之御魂)이라는 보검에 얽힌 설화는 탐라를 거쳐, 일본으로 건너간 것이며, 응신(應神) 왕조의 성립에는 탐라인들이 중추적으로 활약하고 있었음을 보여주는 것이다.

---

[34] 三品彰英, '夫婁の寶劍と天子劍', 「布都之御魂考」, 『靑丘學叢』 第11號, 1933.2.

담로국(淡路國)

  일본에서는 응신 왕조가 북구주에서 기내(畿內, 大和)로 동진함에 따라 탐라인들도 뒤따라 관문(關門) 해협을 통과하여 세도나이 해(瀨戶內海)를 지나 지금의 시코구(四國) 지방에 해당하는 사누키(讚岐, 高松), 아와(阿波, 德島), 그리고 아와지(淡路)에 본거지를 두고 야마도(大和) 정권 수립의 기초를 다지는 한편, 경제적 실익을 챙기고 있었음을 알 수 있다.

  『일본서기』(日本書紀) 신대상(神代上) 나라낳기(國生み)에는 남신과 여신이 교합하여 먼저 아와지 섬(淡路洲)를 포(胞)로 하여 대일본의 여덟 개의 섬나라들(大八洲國)을 차례로 낳았다고 쓰고 있다.

  아와지(淡路) 섬은 야마도(大和)로 진입하는 오늘의 대판만(大阪灣) 입구를 가로 막을 듯이 누워 있는 섬이다. 탐라인들이 세운 나라로 본래의 명칭은 담로(淡路)라 하여 탐라와 동음(同音)으로 탐라인들이 모여 사는 작은 나라였다. 응신은 탐라인의 나라 담로(淡路)를 근거지로 하여 일본열도를 통일하여 새로운 야마도(大和)의 나라를 세우고 있는 것이다.

오우징 왕조(應神王朝)와 탐라인

탐라계의 왜한직(倭漢直)

  4세기 말 고구려 광개토대왕의 공격을 받고 비류백제가 왜의 땅으로 망명할 때에 많은 탐라인들도 응신(應神) 왕을 따라 왜로 이동하였다.
  일본에서는 이들을 가리켜 귀화인(歸化人)이라고 한다.

이들 귀화인들은 4세기 말에서부터 5세기 말까지 약 100년간에 걸쳐 이동하였으며, 귀화인 집단은 크게 탐라계와 백제계로 구분된다.

탐라계의 대표적인 인물은 왜한직(倭漢直)이다.

『일본서기』 응신(應神) 20년조에 "왜한직의 조(祖) 아지사주(阿知使主)와 그의 아들 도가사주(都加使主)가 무리 17현민(縣民)을 거느리고 일본에 귀화하였다."라고 기록하고 있으며, 응신(應神) 말에는 아지사주(阿知使主)와 도가사주(都加使主)를 오(吳, 南朝)에 보내어 봉공녀(縫工女) 4인을 데려오고, 또 유우랴쿠(雄略, 倭武王) 때에도 백제로부터 도자기, 피혁, 금직(錦織), 화공 등 많은 수공예 기술자들을 데려오고 있다.

응신 왕조는 나라의 공업 생산에 주력하여 물건을 만드는 일을 조정의 기구로 만들어 이를 관리하는 직위를 비교 우위에 두고, 왜한직에게 이 일을 맡기고 있다. 이들을 아야히도(漢人) 아야베(漢部)라고 부르고 있는데, 아야히도, 아야베, 아와지(淡路) 등은 탐라의 변형된 명칭이다.

『속일본기』(續日本紀) 감무기(桓武紀)에 아지사주의 후손 사카노우에(坂上) 등의 상표문(上表文)에 "아지사주(阿知使主)는 후한(後漢) 영제의 증손(靈帝之曾孫) 아지왕(阿智王)의 후손"이라고 하여 스스로 한나라의 왕손임을 주장하고 있으니 이것은 탐라인임을 감추기 위하여 만들어진 것으로 믿을 바가 못 된다.

왜한직을 동한직(東漢直)이라고 불렀는데 그것은 그의 본거지가 나라현(奈良縣) 다게치군(高市郡) 히노구마(檜隈)에 있었으므로 그 서쪽에 있는 서문수씨(西文首氏 王氏)계의 귀화인과 구별하여 그렇게 불렀다고 한다.

서문수씨의 조상은 오우징(應神) 시대에 논어 10권, 천자문 1권을 가져왔다는 화이길사(和邇吉師), 즉 왕인(王仁)을 시조로 하며, 민다쓰(敏達) 천황 시대에 유명한 문필가 왕진미(王辰彌)의 가계로서 아야씨(漢人, 탐라인)

와 함께 문필을 전문으로 하는 씨족이다. 왕인의 가계는 한고제(漢高帝)의 자손임을 자칭한다.

한편 도가사주(都加使主)의 후예들은 형복(兄服), 중복(中服), 제복(弟服)의 3지족(支族)으로 나누어지는데 아야히도(漢人)라 불리우는 다수의 귀화인 씨족들을 지배하고 있었다. 그 중에는 고향촌주(高向村主)를 필두로 금부촌주(錦部村主), 상원촌주(桑原村主) 안부촌주(鞍部村主) 등 후에 아스카(飛鳥)의 땅에 번창했던 30여 촌을 비롯하여, 세쓰나(攝那, 지금의 大阪), 미가와(三河, 지금의 愛知), 오우미(近江, 지금의 滋賀), 하리마(播磨, 지금의 兵庫), 아와(阿波, 지금의 四國) 등지에는 이들 아야히도(漢人)들이 많이 퍼져 살고 있었다고 한다.

왜한직은 그 후 소가(蘇我)씨가 야마도(大和) 정권의 실권을 장악하였을 때에 소가씨와 결탁하여 대화개신(大和改新 645년)으로부터 임신난(壬申亂 672년)에 이르는 정치적 변혁기를 거쳐 8세기 초에는 율령 국가(律令 國家)의 귀족의 일원으로 자리매김하고 있다.35)

궁월군(弓月君)과 월지국(月支國)의 진왕(辰王)

탐라계의 아야씨(漢氏) 집단과 쌍벽을 이루는 또 하나의 집단은 오우징 망명 시 120현민을 거느리고 일본으로 건너가려다가 가라국(加羅國)에 억류되어 습진언(襲津彦)에 의하여 풀려난 바 있는 궁월군(弓月君)이다. 궁월군은 신찬성씨록(新撰姓氏錄)에 진시황의 3세손 효무왕(孝武王)의 후예라 하여 하타씨(秦氏)를 자처하는 집안이다. 진(秦)나라는 본래 중국의 서쪽

---

35) 關 晃, 『歸化人』, 至文堂, 平成 2年(1990년).

끝자락, 지금의 감숙성(甘肅省) 일대에서 유목하던 나라로 사기 권5, 진본기(秦本紀) 및 권6, 진시황본기(秦始皇本紀)에 의하면 진시황의 선조는 중원과 이적(戎狄, 西域)의 땅에 분산하며 살고 있었다고 한다. 그리고 궁월족(弓月族)이라는 명칭은 당 고종 시 서역의 이시크쿨(Issyk Kul, 熱海)에서 남쪽 호탄(和田)에 이르는 사막지역에서 활약하던 서돌궐의 한 부족임이 확인되고 있으나36) 진시황의 조상이 궁월부족이었는지 또 궁월부족이 『삼국지』위지, 한전의 월지국, 또는 『일본서기』의 궁월과 어떤 관계가 있는지 아직까지는 알려진 바가 없었다.

그런데 한서 서역전(西域傳)에 의하면 타클라마칸 사막의 남쪽 호우탄 강변에 서역 남도 일대를 지배하던 우탄국(于闐國)이 있었다.

우탄국은 우탄어를 사용하는 궁월 부족의 나라로 우탄어로 된 『우탄국사』(于闐國史)가 있었으며, 인도 불교가 중앙 아시아를 거쳐 동진하는 거점이기도 하였다고 한다. (司馬遼太郎, 『街道を行く』 NO.24. '奈良散歩')

이 곳에는 후에 터키계의 위그로 족이 진출하여 혼혈되고 국명 또한 우탄(于闐)→호우탄(和闐, 和田)으로 바뀌어 나간다.

역사 작가인 진순신(陳舜臣)의 서역 기행문(「天竺への道」 朝日文庫)에 의하면 당초 서역인들에게는 중국인과 같은 성씨가 없었는데, 차츰 한인(漢人)들에 의하여 성씨를 칭하게 되자 서역 북도의 구차국(龜玆國)의 왕은 백(白, 帛)을 칭하고, 사마르칸트의 왕은 강(康)을, 카슈가르의 왕은 배(裵)를, 서역남도의 우탄왕은 지(尉遲, 支)를 칭하였다고 한다. 이들 성씨는 왕족뿐만 아니라 그 나라 사람들에게 한인과 같은 성씨를 칭할 때에 일반적으로 사용하는 성씨가 되어 버렸다는 것이다. 예컨대 동진말(東晋末) 우

---

36) 松田壽男, '弓月に就いての考', 『東洋學報』, 第18卷 第4號, 1930. 10.

탄국에서 법화경(法華經)을 가지고 건업(建業, 지금의 南京)에 온 지법령(支法領), 진서(晉書)의 구차왕(龜玆王) 백순(白純), 수당 시대의 궁중 음악가로 활약하던 구차국의 백명달(白明達) 등이 그것이다.

이와 같은 사례로 미루어 볼 때에 월지국(月支國)이라고 하는 국명은 '궁월 부족의 왕인 지씨(支氏)가 지배하는 나라' 라는 말이 된다.

일본 중세 세토나이 해(瀨戶內海)에서 활약하던 '이요(伊豫)의 해적' 월지씨(越智氏) 집단과도 관계가 있을 것이다. (豫章記)

필자는 "진왕(辰王)이 다스리는 월지국(月支國)"[37], "그 12국은 진왕(辰王)에 속하나, 진왕(辰王)은 항상 마한에 의하여 조종되어 자립하지 못한다.", "그는 유이인(流移人)이 명백하므로 마한(비류백제)의 통제를 벗어나지 못하는 것이다."[38]라는 기사에 근거하여 월지국을 다스리는 진왕(辰王)이 곧 일본서기의 궁월군(弓月君)이라고 본다.

월지국은 진왕(辰王)을 자처하며, 궁월군 또한 진왕(秦王)을 자처한다.

진(辰)과 진(秦)은 본래 같은 것(China)이므로 민족 대이동 시 한국에 건너온 진나라의 피난민(秦之亡人) 집단 중 일부일 것이다.

따라서 응신왕을 따라 비류백제 120현민을 한꺼번에 도일(渡日)시킬 수 있는 세력은 12개의 담로국가를 거느리는 비류백제의 담로국인 월지국의 진왕(辰王) 말고는 달리 있을 수가 없다.

---

37) "辰王治月支國", 『三國志』, 魏書 烏丸鮮卑東夷列傳 韓.
38) "其十二國屬辰王, 辰王常用馬韓人作之, 世世相繼辰王不得自立爲王", "魏略曰 明其爲流移之人, 故爲馬韓所制", 『三國志』, 魏書 烏丸鮮卑東夷列傳 弁辰.

주산(舟山)과 월주백제(越州百濟)

 한성(漢城)의 백제도 근구수왕(近仇首王, 須, 375~384년) 때에 중국 남조의 동진(東晋)과 교류를 시작한 이후 전지왕(腆支王, 405~420년), 비유왕(毗有王, 427~455년)에 이르는 약 50년간 탐라의 남로(南路)인 주산 항로(舟山 航路)를 이용하여 송(宋)나라와 교류하고 있다. 이 시대에 한성백제에도 남방 문화가 유입되었을 것이다.

 비류백제가 5세기 초 일본열도로 옮겨간 후, 오월지역(吳越地域)에 진출했던 비류백제의 유민들(越州百濟)은 그들의 고국이 없어졌으므로 새로운 구심점을 주산의 탐라인에게서 구하게 되며, 이후 탐라는 주산을 중심으로 중국 동남 해역에서 활약하는 해양 세력의 본거지가 되는 것이다.

삼국의 패권 쟁탈 시대

한성백제(漢城 百濟)의 남천(南遷)과 탐라

백제의 웅진(熊津) 남천(南遷)

　고구려의 남진 정책이 계속되는 가운데 백제의 개로왕(蓋鹵王, 餘慶)은 469년 고구려의 남변(南邊)을 공격하고 이어 사신을 북위(北魏)에 보내어 고구려를 칠 것을 간청하고 있다.

　그러나 북위가 고구려와의 친선관계를 고려하여 백제의 청을 거절하자 개로왕은 원망하여 북위와의 국교를 단절하고 만다.

　475년 9월 고구려의 장수왕(長壽王)은 군사 3만을 동원하여 한성의 백제에 괴멸적인 타격을 가하고 있다. 이로 인하여 개로왕 이하 태후, 왕자 등이 모두 고구려 군사에 잡혀 죽고 위례성(慰禮城)은 함락되어 한성백제는 사실상 멸망한다.

　그해 10월 개로왕의 모제(母弟) 문주왕(文周王을 牟都로 본다. 梁書)은 한성을 버리고 옛 비류백제의 수도였던 구마나리(久痲那利, 熊津)로 천도하고 있다.

탐라 국왕 담(聃)은 이듬해인 476년 4월 백제의 문주왕에게 조공한다. 탐라의 고후(高厚)왕 등이 약 250년 전에 비류백제를 처음 방문하였던 바로 그 장소에서 탐라는 처음으로 온조백제에 조공하고 있는 것이다. 『일본서기』계체기(繼體紀)에도 "남해(南海) 중의 탐라인이 처음으로 백제와 통하였다."라고 기록하고 있다.

그러나 『영주지』는 "탐라가 처음에 신라를 섬기다가 고후(高厚)의 12세손 담(聃)에 이르러 백제에 복사(服事)하였다."라고 기록하고 있는데, 이 기사의 허구성은 앞서 '조우신라의 허구성'에서 언급한 바 있다.

문주왕은 탐라가 조공한 다음 해(477년 9월)에 해구(解仇)에 의하여 살해되고 그 뒤를 이어 문주왕의 장자 삼근왕(三斤王)이 13세의 나이로 즉위하였으나 2년 만에 죽고 모대(牟大, 東城王, 末多王이라고도 한다.)가 즉위한다.

> 백제의 문근왕(文斤王, 三斤王)이 훙(薨)하였다. 곤지(昆支)의 둘째 아들 말다왕(東城王)을 그 나라의 왕으로 하였다. 무기를 주고 쓰쿠시(築紫)의 군사 5백인을 보내어 그 나라에 호송하였다.[1]

동성왕(東城王)과 무녕왕(武寧王)

동성왕은 일본에서 온 것이다.

동성왕의 성은 모씨(牟氏)이다. 모라(牟羅)라는 지표지명을 쓰는 석씨 집단의 후예로서 오우징(應神) 망명 시 일본으로 건너간 신라계의 한 종파이다. 성씨와 지명을 하나로 쓰는 이들 모씨(牟氏) 집단은 일본으로 건

---

1) 『日本書紀』, 雄略 23年條.

너간 후 주로 큐슈(九州)의 붕고국(豊後國), 즉 지금의 오오이타현(大分縣)에 집중하고 또 다른 집단은 요시노(吉野)・구마노(熊野)・사누키(讚岐) 등 주로 서부 지방에 분포하여 살고 있었다.

시바료다로(司馬遼太郎)는 13세기에 쓰여진 야구모 미쇼(八雲御抄)라는 사서(辭書)에 근거하여 모라, 무레(牟禮)라는 명칭이 조선 반도에서 일본으로 건너간 것으로 본다. (司馬遼太郎,「街道をゆく」No.8, 豊後・日田街道)

아이치현(愛知縣) 고사천(古座川) 상류에 있던 무로(牟婁), 가가와 현(香川縣), 기다군(木田郡)의 무레(牟婁)를 비롯하여 큐슈 오오이타현(大分縣) 구수분지(玖珠盆地)의 쓰노무레성(角牟禮城), 구니사키반도(國東半島)의 오도무레성(於菟牟禮城), 다케다시(竹田市)의 기무레성(騎牟禮城), 쓰가무레성(津賀牟禮城), 사에기시(佐伯市)의 도가무레성 등이 그것이다. 아마도 동성왕은 이들 모레(牟禮) 집단을 통솔하는 왕이었을 것이다.(築紫の末多君)

동성왕은 담력이 크고 활을 잘 쏘아 매우 호전적인 인물로 전해진다.(백제본기)

487년 동성왕은 임나(任那, 현 釜山)의 왜장(倭將) 기노오 이와노수쿠네(紀生 磐宿祢)가 스스로 삼한(三韓) 왕을 자칭하면서 백제의 군사에게 보내는 식량을 못 들어오게 항구를 봉쇄하자 영군(領軍) 고이해(古爾解), 내두(內頭) 막고해(莫古解) 등 장수를 임나(任那)에 보내어 기노오(紀生)를 쳐 일본 세력을 쫓아내고 임나를 점령한다.[2]

백제는 이 때부터 임나(任那)에 대하여 군령제(郡令制)를 실시하고 있다.[3] 동성왕은 옛 비류백제의 고지(故地, 南韓)에도 군령제(郡令制)를 실시

---

[2] 『日本書紀』, 顯宗 3年條.
[3] 김성호, '백제군령기', 『비류백제와 일본의 국가기원』, 지문사, 1988, pp.279~283.

하여 강력한 통제 하에 옛 비류백제의 영광을 되찾으려 했던 것으로 보인다. 그리하여 498년 탐라가 공부(貢賦)를 바치지 않는다는 구실로 군사를 이끌어 무진주(武珍州, 지금의 광주)에 이를 때에 탐라가 사죄하여 회군하는 소동이 벌어지기도 한다.[4]

동성왕은 탐라를 탐모라(耽牟羅)로 고쳐 부르게 하고 탐나루(耽津)를 중심으로 연안의 여러 군에 명하여 군선 100척을 건조하게 하여 탐라로 하여금 탐진 수군을 창설하도록 명한다.[5]

탐진 수군은 창설 후 탐라인에 의하여 유지되어 오다가 후일 백제부흥 전쟁에 참전하게 된다. 탐진 수군의 본영(本營)은 조선 시대 왜구침입을 방지하기 위한 수군만호(水軍萬戶)의 마도영(馬島營)이 있었던 지금의 마량포(馬良浦)로 비정된다.

비류백제의 고지(故地)에는 탐라를 포함하여 옛 담로 국가(檐魯國家)의 잔존 세력이 여전히 그 지역을 지배하고 있었다. 동성왕의 횡포에 대하여 이들 세력은 모씨(牟羅系)의 왕실에 대한 심한 거부감을 보여, 동성왕은 결국 이들에 의하여 국가의 통제력을 잃고 부하 장수인 백가(苩加)에게 살해되어 모씨(牟氏) 3대의 왕통이 단절되고 만다.

『일본서기』 브레쓰(武烈) 천황 4년(502년)조에는 백제 신찬(百濟 新撰)을 인용하여 말다(末多)왕이 무도하여 백성에게 포악하였으므로 나라 사람들이 왕을 제거하여 무녕왕(武寧王)을 세웠다는 기록이 있다. 사마왕(斯麻王)이다. 그는 곤지(昆支)왕자의 아들이며, 말다왕의 이모형제(異母兄弟)이다. 곤지가 왜로 향하였을 때에 쓰쿠시 섬(築紫島)에 이르러 사마왕을 낳았다. 섬

---

4) 『三國史記』, 百濟本紀 東城王 20年條, 및 본고 '고해진과 발라' 참조.
5) 『耽羅國王世紀』, 聃王條.

(시마, 嶋)에서 낳았으므로 사마왕이라고 부르는 것이라고 쓰고 있다.

무녕왕의 이름은 부여 융(扶餘 隆)이다.[6] 그는 남조(南朝)의 양(梁)에 조공하고 있다. 무녕왕의 능은 공주 송산리(宋山里)에 있다.

부여의 백제

538년 백제의 성왕(聖王)은 수도를 사비(泗沘, 지금의 扶餘)로 옮기고 국호를 남부여(南扶餘)라 부르고 있다.

부여의 백제가 남한 지역에 존속하고 있던 담로제를 폐지하고 군령제를 실시하게 된 것은 일본으로부터 임나 4현(任那 4縣)을 돌려 받은 무녕왕(武寧王) 시대[7]를 지나서 성왕(聖王) 시대에 이르러서이다.

"백제의 성왕이 말하기를 북쪽의 고구려는 강하고 우리 나라(백제)는 약하므로 남한에 군령(郡令)과 성주(城主)를 두어 수리 방어하지 아니하면 고구려와 신라의 침공을 막을 수 없다." 고한 『일본서기』 김메이(欽明) 5년(544년)조의 기사에 근거하여, 이 때부터 남한 지역에 군령제가 실시된 것으로 보인다.

그러나 노령 이남 탐라의 영토는 이보다 늦은 시기인 위덕왕(威德王) 때에 이르러 탐라의 왕자(徒內)에게 백제 최고직인 좌평이라는 직위를 주어 계속하여 이 지역을 통치하도록 한다. ('고해진과 발라' p.111 참조)

662년 백제 부흥 전쟁에 참전하여 패한 탐라를 관리하기 위하여 당나라의 관리들이 무주해상(武州海上)의 섬나라인 탐라를 실제로 보고 기록

---

6) 『梁書』, 百濟傳.
7) 『日本書紀』, 繼體天皇 6年(512년).

한 『당회요』(唐回要) 탐라국(耽羅國)조에 "이 섬에 궁실이 없다.(無城隍)"라고 기록되어 있는 것으로 보아 이 시점까지 탐라의 수도는 여전히 나주에 있었다고 보인다.

589년 북조(北朝)의 수문제(隋文帝)가 장군 양소(楊素)로 하여금 남조의 진(陳)을 멸하고 있다. 이 싸움에서 수의 전선(戰船) 한 척이 표류하자, 탐라는 이 배를 수리하여 직접 수(隋)에 돌려보내지 않고 백제에 보내고 있다.

백제의 위덕왕(威德王)은 수나라 군선의 선원들을 후하게 대접하고, 많은 물자와 함께 백제의 사자까지 동승시켜 수나라에 보내어 문제(文帝)에게 진(陳)나라 평정을 축하하고 있다.

수문제가 남조의 진을 평정한 다음 해인 590년 11월 무주인(婺州人) 왕문진(汪文進), 회계인(會稽人) 고지혜(高智慧), 소주인(蘇州人) 심현회(沈玄會)를 비롯하여 중국 동남부의 강소(江蘇), 절강(浙江), 강서(江西), 복건(福建), 광동(廣東) 전역에서 해민들이 수(隋)에 반란하고 있다.

수문제는 이들을 가리켜 오월인(吳越人)이라고 호칭하고 있는데, 수문제가 오월인이라고 부르는 이들은 다름 아닌 월주백제인(越州百濟人), 즉 탐라와 비류백제의 해민 집단을 말한다.

598년 9월 백제 창왕(昌王, 威德王)은 다시 장사(長史) 왕변라(王辯那)를 수에 보내어 수나라가 고구려를 공격하면 길잡이(軍道)가 되겠노라고 자처하고 나선다.

백제는 부여 남천 이후에도 고구려에 대한 복수의 집념을 포기하지 못하고 있었으며 남조의 교민(吳越 地域)의 안위(安危) 따위는 안중에도 없었다.

이에 반하여 탐라는 수의 남조 평정 이후 남번(南藩, 탐라는 주산을 남번이라고 불렀다.)의 위기를 좌시할 수 없었으며, 요서의 탐라 해민의 안전을 위하여 고구려와 적대 행위를 할 수 없는 처지였다.

고구려와 수의 전쟁

고구려가 먼저 영양왕 9년(598년)에 말갈의 군사 만여 명을 동원하여 요서에 선제공격을 가하자 수의 영주총관(營州總管) 위충(韋沖)이 이를 막아낸다. 수문제는 자기의 넷째 아들 한왕양(漢王諒)과 왕세적(王世積)을 원수(元帥)로 삼고 군사 30만 명으로 고구려 정벌군을 편성한다.

한왕량의 육로군은 임유관(臨楡關, 山海關)을 나와 동쪽으로 진군하다가 홍수를 만나 군량을 운반하지 못하여 굶주리고 주라후(周羅睺)의 수군은 동래(東萊, 山東)를 나와 평양으로 향하는 도중 해상에서 풍랑을 만나 퇴각한다.

604년 수문제(隋文帝)가 죽고 양제(煬帝)가 즉위하여 백하(白河), 황하(黃河), 회수(淮水), 양자강(揚子江), 전당강(錢塘江)을 남북으로 연결하는 대운하를 개설한다. 남쪽의 풍부한 군수물자를 운하를 통하여 북쪽으로 실어 날라 고구려를 치기 위함이다. 백제왕 장(璋, 武王)은 또 사신을 수양제에게 보내어 고구려 토벌을 간청하고, 수양제는 이를 수락한다.

수나라 양제는 612년 200만 대군을 탁군(涿郡)에 집결시켜 고구려 정벌에 나선다. 수의 육군은 요하를 건너면서 많은 군사를 잃고, 겨우 도하에 성공한 육군은 요동성의 고구려군에게 막혀 오도 가도 못하게 되고, 좌익위대장군(左翊衛大將軍) 래호아(來護兒)는 강회(江淮)의 수군으로 바다를 건너 평양 밖 60리 떨어진 해상에서 고구려의 수군에게 대패하고, 우문술(宇文述), 우중문(宇仲文)의 군사는 살수(薩水)에서 을지문덕 장군에게 대패한다.[8]

백제의 무왕은 수의 양제가 요수(遼水)를 건너 고구려의 공격이 시작되면 요서 백제(遼西 百濟)의 군사를 동원하려 하였으나 요서의 백제인들은 백제에게 등을 돌려 도리어 고구려 편에 섰으며, 대운하에 연한 오월인(吳越人)이라고 불리우는 탐라 해민과 비류백제의 유민들도 수양제의 고구려 침략에 비협조적이었기 때문에 침공군의 물자 수송에 차질이 생긴 것으로 보인다.
　특기할 만한 일은 수군장 내호아의 참패이다.
　평양 밖 60리의 해상은 장산 군도(長山 群島)에 있는 해랑도(海浪島) 해민의 해역이다. 해랑도는 본래가 두무악(頭無岳)의 거점이며, 섭라(涉羅)의 영역이다. (본고 '주산과 해랑도' 참조)
　3세기 중엽 두무악이 비류백제에 복속되고 비류백제가 다시 왜(倭)가 되는 와중에서도 해랑도의 탐라인들은 고구려 편에 서서 유사시에는 고구려 수군으로 활약하고 있었던 것이다.

괴승(怪僧) 자장(慈藏)의 주술(呪術)

샤머니즘과 불교

　동양 고대의 국가 통치 철학의 형식은 샤머니즘(Shamanism)이다.
　샤머니즘은 시베리아의 극지방에 사는 몽골리안(에스키모)들 사이에서 극한적인 환경 속에서 살아남기 위하여 생겨난 신앙이며, 일종의 종교이

---

8) 『三國史記』, 高句麗本紀, 嬰陽王 23年條.

다. 서양 사람들, 특히 슬라브 인들은 샤머니즘을 황교(黃敎)라고 불렀다. '동양인(황인종)의 종교' 또는 '몽골리안의 종교' 라는 의미로 이해된다. 일본의 역사작가인 시바료타로(司馬遼太郎)는 시베리아의 에스키모에서 발원한 샤머니즘은 퉁구스→바이칼 호반의 부리야트(몽골인)→중국을 거쳐 조선으로 넘어오고, 다시 바다를 건너 일본에 들어왔다고 말한다.[9]

샤먼에 뒤를 이은 불교의 전래(傳來) 과정도 샤머니즘의 전래 경로(傳來 經路)와 비슷한 길을 밟고 있다.

천축국(天竺國, 파키스탄)에서 발원한 불교는 파미르 고원을 넘고 타클라마칸 사막을 지나 고비 사막(퉁구스, 몽골인)을 거쳐 중국 산서(山西)의 오대산(五台山)으로 들어오고 있다. 따라서 불교 이전의 고대 샤먼의 메카도 산서의 오대산이었을 것이다. 그러므로 불교가 처음 샤먼과 만나는 교차점이 바로 고비 사막의 남쪽 끝자락(내몽골)에 있는 산서의 오대산이며, 이 곳은 먼저 들어와서 터를 잡은 샤먼과 나중에 들어온 불교가 영합하여 공존하던 곳이 되는 것이다.

『삼국유사』 권4 자장정률(慈藏定律) 조에 의하면 자장은 김씨이고, 진한의 진골 소판(蘇判) 무림(茂林)의 아들로 되어 있다.

정관(貞觀) 10년(636년) 왕이 조칙을 받고 문인(門人) 중 실(實) 등 10여 명을 데리고 당나라에 건너가 청량산(淸凉山, 오대산의 다른 이름)에 갔다. 산에는 만수대성(曼殊大聖)의 소상(塑像, 진흙으로 만든 불상)이 있었는데, 자장이 소상 앞에 머리를 숙여 기도를 하여 계시를 받고, 다음날 아침 이상한 중으로부터 다시 계시를 받는다.

이어 태화지(太和池, 오대산정에 있는 연못)에 다다른 후 당경(長安)에 들어

---

[9] 司馬遼太郎, 『ロシアに就いて』, 文藝春秋社, 1986.

갔다. 당태종이 칙사를 보내어 위무하고 승광별원(勝光別院)에 있게 하여 은총을 베풀었다. 그후 종남산(終南山)에서 3년을 수도하여 정관 17년(643년)에 귀국한 것으로 되어 있다.

자장이 당나라에 가는 경로에 관한 기록이 보이지 않기 때문에 추측에 의존하지 않을 수 없으나, 대략 두 가지의 길을 생각할 수 있다.

그는 김춘추(金春秋)가 했던 것처럼 경기만을 출항하여 한반도의 서북 해안과 요동 반도의 남부 해안을 따라 등주(登州) 항로를 이용하였거나, 아니면 통일신라 시대 최치원이 그러했던 것처럼 발라(發羅, 羅州)의 어느 나루에서 배를 타고, 흑산도를 거쳐, 동지나해를 횡단하여 영파(寧波)에 이르러 다시 운하를 북상하였을 것이다. 어느 경로이든 간에 그는 요동의 고구려 지역을 제외한 요서와 하북, 산동에서 백제인을 자처하는 많은 조선인들을 만났을 것이며, 대운하를 타고 항주를 오가면서 오월의 땅인 소주, 항주, 영파와 주산에서 많은 백제인 또는 왜인, 탐라인들을 보았을 것이다.

자장은 중국에 와서야 비로소 수나라가 고구려와의 싸움에서 패하게 된 이유를 처음으로 알았을 것이다. 『삼국사기』의 자장의 입당 시기와 귀국 시기 또한 『삼국유사』와 일치한다.

한편 『삼국유사』 황룡사 9층탑조에 의하면 신라의 자장 법사가 정관 10년(636년)으로부터 동 17년(643년)까지 7년 동안 당나라에 유학하고 있었는데, 그는 오대산(五台山)에서 문수 보살(文殊 菩薩)의 계시를 받고 귀국한 후 정관 19년(645년)에 황룡사 9층탑을 세웠다고 전한다.

자장이 받은 계시라 함은 "황룡사에 9층탑을 세우면 구한(九韓)이 항복하고 조공할 것이다. 탑의 제1층은 일본(日本)이요, 제2층은 중화(中華), 제3층은 오월(吳越), 제4층은 탁라(托羅), 제5층은 응유(鷹遊), 제6층은 말갈(靺鞨), 제7층은 단국(丹國, 契丹), 제8층은 여적(女狄, 女眞), 제9층은 예맥(濊貊)을 가리킨다."라는 것이다.

당시 신라는 북쪽으로 고구려의 거대한 힘의 위협에 직면하고 있었으며, 서쪽으로는 백제와의 잦은 충돌, 그리고 동과 남에서는 해양 세력인 왜의 침입에 시달리고 있었다. 신라의 전략가들은 국가의 난국을 타개하기 위하여 입체적이며 전방위적인 전략을 구사하고 있는데, 김춘추(金春秋)는 정치 외교적으로 고구려와 일본을 방문하여 정보를 수집하는 한편, 당태종을 방문하여 고구려와 백제를 칠 것을 간청하고 자기의 아들을 당태종에게 인질로 보내고 있다.

이와 때를 같이하여 자장은 광범위한 국제 정보의 수집과 국가 대책의 수립, 그리고 선동적인 모략 활동을 전개하고 있는 것이다.

자장은 당나라의 연호(年號)와 복제(服制)를 신라에 도입·시행하고, 백제의 공장(工匠)을 데려다가 황룡사 9층탑을 세우게 하고 있다.

9층탑이 의미하는 것

9층탑의 제1층은 일본(日本)을 가리킨다. 일본은 4세기 말에서 5세기에 이르는 응신 왕조 망명시기에 임나(任那)의 영유권을 둘러싸고 신라와 대립하고 있었다.

신라는 법흥왕(法興王) 때에 이르러 겨우 가야(伽倻)와 임나(任那)를 평정하였으나, 계속되는 해양 세력의 침입으로 시달리고 있었으며, 일본의 스이코 여제(推古 女帝)는 수나라에 견수선(遣隋船)을 4차례나 보내고, 죠메이 천황(舒明 天皇)은 다시 당나라에 견당선(遣唐船)을 보내고 있었기 때문에 신라에 대한 위협이 아닐 수 없었다. 그러므로 신라가 타도하여야 할 첫 번째의 대상은 역시 일본이었다.

일본을 '구한의 하나'(九韓之一)로 보는 것은 일본이라는 나라를 세운 세력이 비류백제의 응신 왕조라는 사실을 당시의 신라인들이 잘 알고 있었기 때문이다.

제2층의 중화(中華)는 요서, 하북, 산동에 사는 조선인을 말한다. 요서는 탐라인의 본향이며, 하북에 있는 대운하의 영제거(永濟渠)와 산동의 적산포(赤山浦)를 연결하는 수로에서 해운하는 조선인 집단을 말하는 것이다.

제3층의 오월(吳越)은 탐라 순력도(耽羅 巡歷圖)에 표시된 소주(蘇州), 항주(杭州), 영파(寧波)의 탐라인, 백제인, 그리고 고려사(高麗史)의 장강(長江)과 회수(淮水)의 물가에 사는 백제인[10]을 말한다.

이 시대 오월 지역의 왜인이라 함은 본시 비류백제인이었으나, 비류백제가 왜가 된 후 일부의 백제인들이 왜를 자칭함으로써 생겨난 이름이다.

제4층은 두무악(頭無岳, 托羅, 耽羅)이며, 5층의 응유(鷹遊)는 주산(舟山)을 가리킨다. 주산의 동제학(東鯷壑)은 두무악이다. ('오월국과 주산' p.278 참조)

그러므로 제2층에서 제5층까지의 한(韓)은 신라의 입장에서 본 백제, 탐라에 해당하는 해상세력을 말한다.

이어 제6층 말갈(靺鞨), 제7층의 단국(契丹), 제8층 여적(女狄 女眞), 제9층의 예맥(濊貊) 모두 북방의 고구려를 지칭하고 있다.

자장의 거짓말

또 하나의 기록이 있다.

---

[10] "長淮茂族, 百濟之民", 『高麗史』, 卷3 成宗4年條.

당나라 도선(道宣)에 의하여 찬술된 『속고승전』(續高僧傳)에 의하면 자장은 정관 10년이 아닌 정관 12년(638년)에 문하의 중 실(實) 등 10여 인을 데리고 곧바로 장안에 간 것으로 되어 있으며, 태종의 위무를 받고 승광별원으로 안내되어 태종으로부터 후한 대접을 받은 후 황제에게 청하여 종남산 운제사(雲際寺)의 동쪽 언덕배기에서 3년을 기거하면서 수도를 하다가 643년 귀국한 것으로 되어 있다.

두 기록을 비교하면 2년이라는 시간적 공백이 있다. 뿐만 아니라 『속고승전』에는 자장이 오대산 태화지에서 신비로운 체험을 하였다는 기록이 전무하다.

그리고 자장은 귀국 후 황룡사의 주지가 되고 있다.

또 다른 자료인 황룡사 9층탑 심초(心礎) 부분에서 출토된 금동제 사리함에 기재된 『찰주본기』(刹柱本紀)에도 자장의 입당시기는 『삼국사기』나 『삼국유사』의 그것이 아니라 『속고승전』과 일치하며, 오대산 문주보살의 계시같은 기록이 없다.

자장 자신이 오대산에서 체험했다는 사실을 감추었기 때문에 "당나라 승전(僧傳)에는 그의 이름이 제외되었다.(長公初匿之, 故唐僧傳不載)"라고 한 자장정률(慈藏定律)조의 기사는 역으로 해석하여 중 일연이 자장의 신비적 체험을 뒷받침하기 위하여 적극적으로 주장한 것이라고 보는 견해도 있다.[11]

자장의 감추어진 2년간의 당나라 체류는 비밀리에 이루어진 샤먼과의 만남이라고 보아야 할 것이다. 이것은 정통 불교의 교리에 반하는 주술의 전수이므로 승 일연은 이와 같은 반종교적이며 반인륜적인 자장의 행

---

11) 李成市, '新羅僧慈藏の政治外交上の役割', 『朝鮮文化研究』第2號, 1995.

적을 묵과할 수 없었던 것으로 보인다.

일연의 『삼국유사』는 『삼국사기』보다 약 반세기 후에 쓰여졌으므로 『삼국사기』의 자장의 행적을 감히 부정할 수가 없었을 것이다. 그러나 그는 대담하게도 자장의 오대산에서의 허구의 체험과 이로 인하여 당의 승적에서 제외되었음을 폭로하고 있는 것이다.

일연은 한 걸음 더 나아가 황룡사 9층탑조 말미에 이 탑이 5차례나 벼락을 맞고, 여섯 번이나 중성(重成)하였음에도 끝내 고종 16년(1229년)에 서산병화(西山兵火, 몽골침입)로 소실되어 버린 사실을 여과없이 기록함으로써 천륜에 반한 종교 지도자의 행태를 인과응보(因果應報)라는 형태로 고발하고 있는 것이다.

한마디로 자장의 황룡사 9층탑은 당나라의 힘을 빌어 구한(九韓)을 말살하려는 피의 주술(呪術)이 숨겨진 괴승 자장의 주교주의적(呪敎主義的) 프로파간다에 다름 아니다.

일본의 견당선(遣唐船)

당나라 문명을 배우러 가는 사람들

일본 기내(畿內)에 야마토(大和)정권을 세운 오우징 왕조는 부레스 천황(武列天皇)을 마지막으로 그 대(代)가 끊기고 507년 에치젠(越前)의 호족인 게이타이(繼體)에 의하여 왕권이 교체된다.

그러나 게이타이 왕조는 북구주에서 일어난 이와이(磐井)의 난과 임나 경영의 실패로 인하여 가쓰라기(葛城氏)의 후예인 소가씨(蘇我氏)에 의하여 무너지고, 일본의 황통은 김메이 천황(欽明 天皇)에 이어 스이코(推古 女帝)에 이르고 있다. 비류백제계의 소가씨(蘇我氏)의 전횡 시대가 된다.

일본의 스이코기(推古期)는 일본 고대사의 대전환기라고 한다.

야마토(大和)가 아스카(飛鳥)에 정착한 것은 중국 사서(史書)에 '왜왕 제'(倭王 濟)라고 기록된 잉교 천황(允恭 天皇) 이후로 보고 있다.

스이코 4년 아스카 절(飛鳥寺)을 세우고 소가 우마코(蘇我 馬子)의 동생 젠도쿠(善德)가 사사(寺司)가 되고 고구려에서 온 중 혜자(慧慈)와 백제에서 온 중 혜총(惠聰)을 여기에 살게 하였다고 한다.

604년에는 황태자인 쇼도쿠 태자(聖德 太子)가 처음으로 헌법 17조를 만들고 나라의 통치 질서를 확립하고 있다.

고구려와 수나라 간에 전운이 감돌던 스이코(推古) 15년(607년) 일본은 수나라에 두 번째의 견수선(遣隋船)을 보내고 있으며, 수나라에서는 그 답례로 이듬해에 일본의 견수선 일행과 함께 배세청(裵世淸)을 사자(使者)로 하여 12인의 수행원을 보내고 있다.

『수서』 왜국(倭國) 조에 의하면 당나라 사신 일행이 백제의 바다를 지나 남으로 탐라국을 바라보며 일본에 건너가는 기록이 보인다.[12]

일본은 수의 사자들이 본국으로 돌아가던 608년에도 제3차 견수선을 보내고 있다.

이 때의 견수선에는 학생 왜한직(倭漢直) 복인(福因), 나라(奈羅)의 역어(譯語, 通譯) 혜명(惠明), 고향한인(高向漢人) 현리(玄理), 신한인(新漢人) 대국(大國), 학문승(學問僧) 신한인(新漢人) 민(旻), 남연(南淵)의 한인(漢人) 청안(淸安), 시가(志賀)의 한인(漢人) 혜은(慧隱), 신한인(新漢人) 광제(廣濟) 등 모

---

12) 『隋書』, 卷82 倭國 大業 3年條.

두 8인의 한인(漢人)들이 중국의 문물을 배우기 위하여 수나라에 파견되고 있는 것이다.13)

이들 수나라에 가는 유학생들은 앞서 '탐라의 귀화인 왜한직'(歸化人 倭漢直)에서 보았듯이 아야히도(漢人)이라고 불리우는 탐라의 귀화인들이다.

이들 아야히도(漢人)들은 중국 유학을 마치고 일본에 돌아가 일본의 정치 문화의 발전에 공헌하게 되는 것이다. 일본의 견수선은 이후 스이코 22년(614년)에 4번째의 항해를 끝으로 수나라가 망하고 당나라가 일어나자 당나라에 견당선(遣唐船)을 보내게 되는 것이다.

소가씨(蘇我氏)의 전횡에 맞서는 세력은 신라계인 후지와라 가마다리(藤原鎌足)였다. 후지와라(藤原)가(家)는 "신을 모시는 일을 직으로 하는"(呪術的 新羅明神) 신지(神祇)의 집안이다.

가마다리는 죠메이(舒明) 천황의 황자(皇子) 나카노 오오에(中大兄, 후에 天智天皇)와 짜고 고오교쿠 여제(皇極 女帝) 4년(645년)에 쿠테타를 일으켜 소가씨(蘇我氏)를 암살하고, 고오교쿠(皇極) 여제의 동모제(同母弟)인 가루 황자(輕 皇子)를 황위에 오르게 하여 고오도쿠(孝德) 천황이 되게 한다.

후지와라씨(藤原氏)의 권력은 이후 400년간 가마쿠라(鎌倉)의 시대까지 계속된다. 사문 민 법사(沙門 旻 法師)와 고향 현리(高向 玄理)를 국박사(國博士)로 하고 도읍을 아스카(飛鳥)에서 나니와(難波)로 옮겨 대화개신(大化改新)을 단행한다.

646년 9월, 고향 박사 현리(高向 博士 玄理)를 신라에 보내어 인질을 바치게 하였는데 이듬해 647년 신라에서는 김춘추를 사(使)로 파견하므로 김

---

13) 『日本書紀』, 推古天皇 16年 9月條.

춘추를 인질로 하였다.14)(『삼국사기』에는 그러한 기록이 없다.) 고오도쿠(孝德) 하구치(白雉) 4년(653년)에는 240명의 학문승(學問僧)과 학생들을 당에 보내고 있으며 이듬해 6월에는 압사(押使) 고향 현리(高向 玄理)가 이끄는 견당선 2척이 북로(北路)를 따라 산동의 래주(萊州)를 거쳐 경(長安)에 이르러 당제(唐帝)를 알현하고 있다. 고향 현리는 이 때에 당에서 죽었다고 한다.

일본에서 중국으로 가는 항로는 두 개가 있었다.

첫째는 북로로 쓰쿠시(築紫)의 오오쓰(大津, 博多)를 출발하여 한반도의 남해와 제주도를 돌아 황해를 횡단하여 산동의 등주로 가는 루트이고, 둘째는 남로로 북구주에서 일거에 동지나해를 횡단하여 주산(舟山) 방향으로 가는 항로이다. 처음에는 안전한 북로를 택하였으나 8, 9세기경부터는 남로를 이용하게 된다.

어느 견당사(遣唐使)의 일기

660년 백제는 나당 연합군에 의하여 멸망하고, 당장(唐將) 소정방(蘇定方)은 백제의 의자왕과 태자, 왕자, 대신, 장사 등 88명과 백성 12,000여 명을 당경(唐京)으로 압송하고 있다.

그런데 예기치 못한 곳에서 일이 일어난다.

661년 4월 16일 일본의 견당선이 당에서 일본으로 귀환하던 도중 탐라에 표착한 사건이 일어난 것이다.

659년 대사(大使) 사카이베 이와시키(坂合部 石布)가 이끄는 제4차 견당선 두 척 중 한 척의 배에는 이키노 하카도고(伊吉 博德)라는 젊고 유능한

---

14) 『日本書紀』孝德 天皇 大化 3年條.

외교관이 타고 있었다. 그가 견당선을 타고 일본을 출발하여 돌아갈 때까지 2년간의 여정을 기록한 일기(日記)가 『일본서기』에 쓰여 있다.
  여기에 그 일부를 소개한다.

  사이메이(齊明) 5년(659년) 7월 사카이베 이와시키(坂合部 石布), 쓰모리 기사(津守 吉祥)의 견당선이 남로의 뱃길로 당에 파견되었다.
  한 척의 배에는 견당사(遣唐使) 사카이베 일행이 타고, 또 한 척의 배에는 부사(副使)인 쓰모리(津守)와 이키노 하가도고(伊吉 博德)가 타고 있었다.
  659년 7월 3일 나니와(難波)를 출발하여 8월 11일 스쿠시(築紫)의 오오쓰(大津浦)를 나와 백제의 남쪽 섬에 닿았다. 섬 이름은 분명하지 않다.
  14일 인시(寅時, 오전 4시경)에 두 배가 같이 대해(大海, 황해)로 나아갔다. 15일 일몰 때 대사(大使)가 탄 배가 역풍을 만나 남쪽 바다의 이가위(爾加委) 섬에 표착하여 섬사람들에게 잡혀 죽고, 그 중 5인만이 섬사람의 배를 훔쳐 타고 도망하여 괄주(括州, 浙江省 麗水)에 닿았다. 주현(州縣)의 관인(官人)들이 나양의 경(京)에 압송하였다.
  하가도고가 탄 배는 9월 16일 야반(夜半)에 월주 회계현(越州 會稽縣, 舟山)에 도착하였다. 동북풍이 세차게 불었다.
  22일 여도현(餘桃縣)에 도착하여 타고 온 배를 그 섬에 남겨둔 채 윤(閏) 10월 1일 월주의 주아(州衙)에 출두하여 역마를 타고 경(京)에 들어갔다. 고제(高帝)는 동경에 있었으므로 다시 말을 달려 낙양으로 갔다. 천자(唐 高宗)을 알현하고 공물(貢物)을 바쳤다. 여러 가지 문답이 있었다.(내용 생략)
  11월 1일 당나라 조정에서 동지(冬至)의 모임에 참석하고, 12월 3일에는 백제의 첩자라는 혐의를 받고 부사 등 일행은 체포되어 3,000리 밖으로 유형(流刑)되기로 결정되었는데, 하카도고가 천자에게 주(奏)하여 겨우 죄를

면하였다.

당나라의 천자는 당나라가 내년에 백제를 치려 하므로 전쟁이 끝날 때까지는 돌려보낼 수 없다 하여 일행을 서경(長安)에 억류하였다.

이듬해(660년) 8월 백제가 평정된 후 9월 12일 일행은 방면되어 10월 16일 낙양에 돌아왔다.

11월 1일 당나라의 장수 소정방에게 잡힌 백제의 왕, 태자, 중신 등 50명이 모두 조당(朝堂)으로 나아가 천자 앞에 무릎을 꿇었다. 천자는 은칙(恩勅)을 내리고 눈앞에서 석방하였다. 견당사 일행도 11월 19일 동경(洛陽)을 떠나 이듬해인 661년 1월 25일 월주로 돌아왔다.

4월 8일 새벽에 서남풍을 따라 배는 다시 대해(大海, 동지나해)로 나왔는데, 해중(海中)에 표류하여 9일8야(九日八夜)를 헤매다가 4월 16일 새벽에 겨우 탐라에 도착하였다.

도인(島人)의 왕자 아와기(阿波伎)들이 우리 일행 9인을 초대하여 위로하여 주었다. 아와기를 같이 배에 태워 일본에 가기로 하였다.

5월 23일 아사쿠라(朝倉, 현 福岡)에 있는 조정에 나아갔다. 탐라가 일본에 입조한 것은 이 때가 처음이다.15)

탐라왕자 아와기(阿波伎)

탐라왕자 아와기에 관한 『일본서기』의 기록은 여기에서 끝난다.

『일본서기』 천지(天智), 천무(天武), 지통기(持統期)에도 탐라의 여러 왕자들이 일본을 방문하고 있다. 그들이 방문과 귀국은 그 때마다 분명히

---

15) 『日本書紀』, 齊明天皇 5, 6, 7年條.

기록되어 있는데 반하여 아와기에 관한 기록만이 단절되고 있다.

앞서 '오우징 왕조와 탐라인들'에서 탐라의 귀화인 왜한직(倭漢直)에 관하여 언급한 바 있다.

일본의 시고쿠(四國)에는 아와(阿波)라는 나라가 있었다. 지금의 도쿠시마 현(德島縣) 일대가 그 곳이다. 아와(阿波)라는 지명과 아와기(阿波伎)는 같은 이름이므로 여기에서 실마리를 찾아보기로 한다.

그 곳에는 아야히도(漢人)이라고 불리우는 귀화인들이 많이 모여 살고 있었는데 아와(阿波)에서 기내(畿內)로 들어가는 지금의 오오사카 만(大阪灣) 입구에는 나루도(鳴門) 해협을 사이에 두고 담로(淡路)라는 섬이 있다.

담로(淡路)는 탐라(耽羅)와 같은 이름으로, 오우징 왕조(應神 王朝)가 기내로 진출할 때 탐라인들의 집결지였던 곳이다.

아와(阿波)와 담로(淡路)는 도쿠가와 막부(德川 幕府) 시대까지도 하나의 나라였다. 일본 사람들은 담로(淡路)를 '아와지'라고 부른다. 처음에는 이 곳을 담로(淡路, 耽羅)라고 부르다가 담로라는 이름이 기분이 나빠서(意所不快), 아와지(淡路)라고 고쳐 부르게 되었다고 『일본서기』의 신대기(神代紀)는 전한다.

『일본서기』는 천무(天武) 천황 이후에 쓰여진 것이므로 이 시대까지도 아와(阿波)와 아와지(淡路)는 담로(耽羅)였을 것이다. 다시 말하면 탐라의 번국(藩國)이었다는 뜻이다. 앞서 탐진(耽津)의 예에서 보았듯이 탐라국의 도내(徒內)가 탐진을 통치하였던 것처럼 탐라국의 왕자가 담로를 통치하였을 것이다.

이 밖에도 아즈미(安曇, 阿曇), 아쓰미(厚見), 아기(阿岐, 阿藝), 아구(阿久), 아고(阿兒)라고 불리는 해민 집단이 일본열도의 서부 연안 일대(佐賀縣, 福岡縣, 鹿兒島縣, 廣島縣, 鳥取縣, 岐阜縣, 愛知縣 等地)에 널리 분포하고 있었다.

이들 또한 아와(阿波)와 같은 탐라인 집단임에 틀림이 없을 것이다.

백제 부흥 전쟁과 탐라

백제 구원군

660년 9월 백제의 달솔(達率)과 사미각종(沙彌覺從)이 일본에 와서 백제가 나당 연합군에게 패하였으나 귀실복신(鬼室福信)이 임존성(任存城)에 웅거(雄據)하고, 달솔(達率) 여자진(餘自進)은 구마나리에 웅거하여 나당 연합군에게 항거하고 있음을 알리고 있다.

그리고 한 달 후인 10월에 복신(福信) 자신이 사자를 일본에 보내어 구원병을 요청하는 한편 일본에 인질로 가 있는 왕자 풍장(豐璋, 扶餘豊)을 왕으로 추대하여 백제를 재건하겠다고 일본에 도움을 요청하고 있다.

사미메이 여제는 그 해 12월 나니와 궁(難波宮)에서 백제 구원군 파견을 선언하고, 다음해인 661년 1월에는 군선을 타고 스쿠시(築紫)의 아사쿠라 궁(朝倉宮)에서 구원군 출진을 지휘하고 있었다.

탐라 왕자 아와기(阿波伎)가 때마침 간 곳이 사이메이 여제가 백제 구원군 출진을 지휘하고 있는 바로 그 아시쿠라 궁(朝倉宮)이었다.

사이메이 여제와 왕자 아와기 간에 어떤 말이 오갔는지, 무슨 일이 있었는지는 기록이 없으므로 알 길이 없으며 왕자 아와기에 관한 『일본서기』의 기록은 여기에서 끝나고 만다.

사이메이 여제는 아와기를 만난 지 두 달 후에 그 아사쿠라 궁에서 서거하고 있다. 사이메이 여제의 돌연한 서거로 인하여 황태자인 나카노 오오에(中大兄)가 황태자의 신분으로 황권을 수행한다. 이것을 칭제(稱制)라고 불렀는데 칭제(稱制)는 이후 6년 동안이나 계속되고 있다.

662년 5월 아즈미 무라지(阿曇連) 히라후(比邏夫)를 선봉장으로 하여 5,000의 선발대가 왕자 풍장을 호위하고 많은 군수 물자와 함께 그 해 5월 금강 하류의 주유성(周留城)에 이르러 복신과 합류하고 있다.16)

한편 백제의 땅에서는 중 도침(道琛)이 스스로 영군 장군(領軍 將軍)이라 칭하고 백제의 명장 귀실복신은 상금 장군(霜岑 將軍)이라 칭하여 백제의 유민들을 모아 세를 확장하면서 백제 부흥 전쟁을 지휘하고 있었다.

복신의 군사가 웅진에 있는 유진낭장(留鎭郎將) 유인원(劉仁願)을 포위 공격하자 당고종은 대방자사(帶方刺史) 유인궤(劉仁軌)로 하여금 유인원을 구원하도록 하였다. 611년 3월 유인궤는 수군을 이끌고 금강을 소급하여 웅진성으로 진격하였다.

이 때에 복신과 도침은 강의 서안에 방책을 설치하여 방어하였으나 나당 연합군의 공격으로 웅진성에 갇혀 있던 유인원의 군사는 포위가 풀린다. 그러나 양쪽 군사는 기진맥진하여 도침 등은 임존성으로 퇴각하고 신라의 군사 또한 식량이 떨어져 되돌아 가고 만다. 복신은 도침이 모반한 사실을 알고 그를 죽인다. 이 때쯤에 일본의 구원군 선발대가 도착하고 있다.

662년 2월 유인원은 당고종에게 증원군을 요청하자 고종은 좌위 장군(左威 將軍) 손인사(孫仁師)에게 7,000의 군사를 주어 유인원의 군과 합류하여 쌍방간에 격렬한 전투가 벌어지고 있었다.17)

---

16) 『日本書紀』, 天智天皇 元年 5月 條.

한편 일본에서는 663년 3월이 되어서야 가미쓰게노(上毛野君) 와가고(稚子)가 이끄는 27,000의 증원군이 백제의 땅에 도착한다. 이로써 백제 구원군은 선발대까지 합하여 32,000의 대병력이 된다. 구원군의 사기가 올라갈 즈음 중요한 시기에 풍장은 복신에게 모반의 혐의가 있다 하여 죽여 버리는 대사건이 일어난다.

기록에 의하면 복신이 모반의 혐의가 있어 죽였다고 하였으나, 복신이 매사를 독선적으로 처리하여 자기의 왕위를 위협하는 것으로 생각하여 오다가 일본 지원군이 도착하자 승리를 확신한 나머지 복신을 미리 제거해 버린 것으로 보인다. 그러나 대접전을 앞두고 구원군의 진영에는 대혼란이 일어난다.

663년 7월 17일 당의 손인사(孫仁師)와 유인원(劉仁願)은 신라의 김법민(金法敏, 文武王)과 더불어 육군을 거느려 주유성으로 진격하고 대방자사 유인궤가 이끄는 수군은 웅진강에서 백강(白江)으로 내려와 육군과 합세하여 주유성을 포위하였다.

지원군은 7월 27일에야 한 발 늦게 주유성으로 향하였으나, 백강에서 기다리고 있던 유인궤의 수군에게 패하고, 육상에서는 신라군과 당군이 백제군을 공격하여 주유성은 함락된다.

> 백강의 하구에서 왜군을 맞아 4차례나 싸워 이겼다. 적의 군선 400척을 불태워 연기가 하늘에 치솟고 바닷물이 붉게 물들었다. 적중(賊衆)은 궤멸되어 부여 풍은 고구려로 도망가고 그의 보검을 노획하였다. 위왕자(僞王子) 부여 충승(忠勝)과 충지(忠志) 등 사녀(士女)와 왜중(倭衆), 그리고 탐라국

---

17) 『三國史記』, 百濟本紀, 義慈王 20年條.

사(耽羅國使)가 한꺼번에 항복하였다.[18]

탐라가 당에 항복하였다?

『삼국사기』, 『일본서기』 어디에도 탐라가 백제 부흥 전쟁에 참전하였다는 기사는 보이지 않는다.

다만 『구당서』 유인궤전에 백강 전투의 현장에서 탐라국의 사자가 당나라 수군장 유인궤에게 항복하였다고 기록하고 있는 것이다.

전쟁 당사국이 아닌 나라가 전투 현장에서 항복한다는 것은 있을 수가 없는 일이다. 왜 탐라는 항복하였는가?

이 수수께끼를 풀기 위해서는 시대를 거슬러 661년 4월 16일 탐라에 표류한 일본의 견당선에 초점을 맞추지 않을 수 없다.

하가도고(博德)가 탄 견당선이 탐라에 표착한 날짜가 661년 4월 16일이고 북구주에 있는 아사쿠라 궁(朝倉宮)에 도착한 것이 5월 23일이므로 탐라~북구주의 거리를 뱃길로 7일을 잡아도 견당사 일행이 탐라에 체류한 기간은 최소 한 달이 넘는다. 이 한 달 동안에 탐라의 왕실에서는 백제 구원에 관하여 치열한 논쟁이 벌어졌던 것으로 보인다.

거로의 왕자 도라(都羅)와 동음진(冬音津)의 도내(徒內)는 반대 입장인 반면 일본에 있는 담로(淡路)의 아와기 왕자는 적극적으로 참전을 주장하여 결국 화전양면의 전략을 동시에 구사하기로 합의가 이루어진 것으로 보인다.

거로의 왕자 도라(都羅)는 먼저 661년 8월 사자를 당나라 조정에 보내

---

18) "僞王子扶餘忠勝忠志等 率士女及倭衆, 幷 耽羅國使 一時並降", 『舊唐書』, 劉仁軌傳.

어 조공하고[19] 이어 662년에는 동음진(冬音津)의 도내(徒內)가 신라에 사자를 보내어 신속(臣屬)을 다짐하고 있다.[20]

왕자 아와기가 아사쿠라에 도착하자 사이메이 여제는 탐라에 대하여 구원군의 일원으로 참전할 것을 요청하였을 것이며 왕자는 이를 수락하였을 것이다. 탐라 왕자 아와기는 탐진, 발라의 해민과 제주인으로 탐라 수군을 편성하여 백제 구원군으로 참전하였을 뿐만 아니라 일본의 백제 구원군의 장군들을 총지휘하고 있었던 것으로 추정된다.

『일본서기』는 탐라 수군의 참전 사실을 은폐하여 일본 수군에 포함시키고 아와기의 이름을 661년 4월 16일 기준으로 증발시킨 다음 다른 이름으로 바꾸어 버린 것이다.

전쟁에 패하자 구원군의 진영에는 절망감이 감돈다.

> 백제의 주유성이 마침내 당에 항복하였구나
> 이를 어찌할꼬 백제의 이름은 오늘로서 없어졌네.
> 조상의 무덤이 있는 곳에 어이 갈꼬![21]

일본 말에 '구다라나이(くだらない)'라는 말이 있다. "가치가 없다. 별 볼 일이 없다."라는 뜻으로 쓰이는 말인데, 이 말은 "백제(百濟, 구다라)가 없다.(ない)"에서 유래되었다고 한다.

백제가 망하여 버렸으므로 갈 수도 없는 백제를 말해야 무슨 소용이

---

19) 『新唐書』, 卷220 東夷 耽羅.
20) 『三國史記』, 新羅本紀 文武王 2年條 및 본고 '고해진과 발라' 참조.
21) 『日本書紀』, 天智天皇 2年 9月條.

있겠는가 하는 자탄의 소리이며, '조상의 묘가 있는 곳(丘墓之所)'이란 옛 비류백제 400년 동안 조상들이 묻힌 웅진의 송산리 고분군(宋山里 古墳群)을 말하는 것이다.22)

지금 데례성(弖禮城)23)으로 가서 일본의 장군들을 만나서 협의하고자 하여 도부기성(枕服岐城)에 거주하는 처자들에게 이 나라를 떠날 결심을 하도록 명령하였다. 신유(11일)에 그들은 모데(牟弖)를 출발하여 계해(13일)에 데레(弖禮)에 이르렀다. 갑술(24일)에 일본의 수군과 백제의 좌평(左平) 여자신(餘自信), 달솔 목소귀자(木素貴子) 등과 아울러 백제의 유민들이 데례성(弖禮城)으로 모여 들었다. 배는 다음날 일본으로 출항하였다.24)

"지금 데례성으로 가서 일본의 장군들을 만나 협의하자."고 말한 사람은 일본의 장군도 백제의 장군도 아니다. 문맥상으로는 분명 이들보다도 상위에 있는 제3국의 어떤 인물로 보인다. 이 인물이 아와기가 아닐까?

데례성(弖禮城)은 백제 시대의 두힐현(豆肹縣, 荳原縣)이던 흥양고성(興陽古城), 즉 오늘날의 고흥을 가리킨다. 이 곳은 본시 탐라의 영역이었

---

22) 김성호, '일본서기와 식민사관', 『비류백제와 일본의 국가기원』, 지문사, 1988. p.286.
23) 필자는 弖字를 궁(弓)字로 보고 이 곳을 馬良港으로 비정하였으나 諸橋轍次가 편저한 大漢和辭典을 찾으니 弖는 일본 고문서에서 데(テ)의 假音으로 쓰인다고 하였으므로 그 설을 따라 데례성으로 정정한다.
24) 『日本書紀』, 天智天皇 2年 9月條.

으나 탐라 건국 시 비류백제에 이양되어 동한지지의 치소가 자리하던 곳이다. ('주선국과 동한지지' p.161 참조) 백제 부흥 전쟁에 패한 연합군 선단이 집결한 포구는 고흥반도의 서남단에 있는 도양면 도양항으로 비정된다.

도부기성(枕服岐城)은 나주시 다시면 신풍리 회진 마을에 있는 탐라의 성 두힐(豆肹)이며, 모데(牟弖)는 성 남쪽에 인접한 영산강변의 모듬나루(會津), 모도(會梁)로 지금의 구진포로 비정된다. ('회진성' p.251 참조)

백제 부흥 전쟁이 남긴 것

백제 부흥 전쟁의 참패는 새로운 긴장을 배태(胚胎)하고 있었다.

664년 5월 백제에 진주하고 있던 당나라의 진장(鎭將) 유인원이 조산대부(朝散大夫) 곽종무(郭宗務)를 탐라를 경유하여 일본에 보내고 있다.[25]

탐라는 이 때에 당나라에 대한 복종의 표시로 고도지형(古都地形)을 유인원의 유진(留鎭)에 보내고 있다.[26]

곽종무는 일본 쓰쿠시(築紫)의 대제부(大宰府)에서 표함(表函)을 제시하고 있다.

『일본서기』는 그 내용을 밝히지 않고 있으나 이 때에 당은 일본의 쓰쿠시에 쓰쿠시 도독부(築紫 都督府) 설치를 통고한 것으로 보인다.

일본은 대마도, 일기도(一岐島), 쓰쿠시에 봉화대를 설치하고 쓰쿠시에

---

25) 『日本書紀』, 天智天皇 3年 5月條.
26) 『耽羅國王世紀』鴻王條.

는 제방(堤防, 水城)을 만들어 당의 침입에 대비한다.

이듬해인 665년 8월에는 탐라의 사자가 일본에 건너가 전쟁의 사후 대책을 논의하고 있다.

그해 9월 당나라 조산대부 유덕고(劉德高)가 전에 왔던 곽종무 등 무인 종자(武人 從者) 254인을 거느리고 쓰쿠시에 도착하여 쓰쿠시 도독부(築紫都督府)를 설치하고 웅진 도둑부의 웅산 현령(熊山 縣令) 사마법총(司馬法聰)을 쓰쿠시 도독에 임명하고 있다. 당나라가 백제에 이어 탐라 일본을 접수하고 있는 것이다.

그리고 일본은 당나라의 요구를 받아들여 모리노키미 오오이시(守君大石)를 대사로 하여 견당선을 파견하고 있는데 여기에는 지난 달 일본에 온 탐라의 사자 일행도 동승하여 당나라로 향발(向發)한다.

이들 일행은 당나라의 대방자사(帶方刺使) 유인궤(劉仁軌)에게 이끌려 태산에 올라가 당나라가 고구려 정벌을 앞두고 행하는 당고제(唐高帝)의 봉선(封禪)의식에 동원된다. 백제, 탐라, 일본이 고구려의 편에 들지 못하도록 사선에 빌을 묶이 놓은 것이다.

666년 1월에 탐라의 왕자 고여(姑如, 高如)가 일본에 가고, 이듬해인 667년 7월에는 탐라의 좌평 연마(椽磨) 등이 일본을 방문하고 있다.

나카노 오오에(中大兄) 황태자는 연마에게 비단(錦) 14필, 굵은 비단(緋) 24필, 감포(紺布) 24단(端), 도렴포(桃染布) 58단, 도끼(斧) 26개, 자귀(釤) 64개, 도자(刀子) 62개를 주어 탐라에 보내고 있다. 이 물건들은 배를 만들 때 쓰이는 물자로서 나당의 침입에 대비하기 위함이다.

때맞추어 일본의 황태자 나카노 오오에(中大兄)는 신라계인 후지와라(藤原)의 세(勢)를 업고 후지와라의 본거지인 오우미(近江)로 도읍을 옮긴다.

668년 1월에는 칭제(稱制)를 청산하고 천황에 즉위하여 덴치 천황(天智天皇)이 된다. 그러나 일본 조야의 반응은 냉담하기만 하였다. 왜냐하면 여전히 당나라의 스쿠시 도독부(築紫都督部)가 존속하고 있었으며 전쟁의 후유증이 가시지 않은 상태였기 때문이다.

668년에는 고구려가 나당 연합군에 의하여 멸망한다.

탐라의 전성 시대

임신난(壬申亂)과 아와기(阿波伎)

야마도(大和)의 국가 체제

　672년 덴치(天智) 천황의 동생이라고 알려진 오오아마(大海人) 황자(皇子)가 쿠데타를 일으켜 황권을 찬탈하는 일이 일어난다.
　황족들이 황권에 도전하는 일은 일본에서는 흔히 있는 일이다.
　덴치(天智) 천황 자신도 645년 후지와라 가마다리(藤原鎌足)와 짜고 소가 이루카(蘇我 入鹿)를 죽이고 실권을 장악하여 고오도쿠(皇德) 천황을 옹립하여 대화개신(大和改新)을 단행한 바 있다.[1]
　야마도 정권의 사회구조를 보면 옛 비류백제의 담로제(檐魯制)를 그대로 답습하고 있음을 알 수 있다.
　위로 최고 통치자인 천황(天皇)을 중심으로 '오미'(臣)라고 불리는 최상층부가 있다. 담로 국가의 왕이 '엄치'(臣智)였으므로 엄치(臣智)와 오미

---
1) 『日本書紀』, 孝德天皇 2年 正月條.

(臣)는 본래부터가 같은 것이다.

오미(臣)는 영지(領地)를 갖는 사실상의 왕으로서 세습되고 천황가와 혼인 관계를 맺으며 국가의 정사에 참여한다. 그들은 수도인 아스카 궁(飛鳥宮)을 중심으로 그 주변의 토지에 성씨와 지명이 하나로 된 이름으로 분포한다.

가쓰라기(葛城)와 그 일족인 소가(蘇我), 헤구리(平野), 기(紀), 고세(巨勢), 다카무쿠(高向, 高市) 등이 그것이다.

그 다음으로 '무라지'(連)라는 세력 집단이 있다. 오미가(臣家)가 왕을 칭하여 세습하는 토착 세력이라고 한다면 무라지가(連家)는 직능을 세습하는 집정관(執政官) 세력이다.

국가의 통치 체제가 커지고 다양화해짐에 따라 군사, 재정 등 직능 집단의 역할도 따라 중대해진다. 특히 지방의 토착 세력이 강대해지면서 황권(皇權)을 노리는 오미가(臣家)를 견제하고 황권을 수호하기 위하여 이들 집정관의 역할도 커지는 것이다.

대표적인 무라지의 집안으로는 모노노베씨(物部氏)와 오오토모씨(大伴氏) 등이 있었으며, 이들 또한 야마도(大和)의 중심부에 거처한다.

야마도 정권은 이와 같이 오미(臣)와 무라지(連)를 근간으로 지방의 여러 국가 위에 군림하면서 지방의 수장인 구니노 미아스코(國造)를 지배하는 봉건적 국가 형태로 발전하고 있었다.

그러나 황권이 강화되면 황실에 의한 중앙 집권적 욕구가 생기기 마련이다. 이것이 645년 덴치(天智) 천황의 쿠데타에 의하여 성립된 대화개신(大和改新)이다.

대화개신은 호족들의 권한을 제한하고 황실 중심의 정치 체제의 강화를 목적으로 하고 있었으므로 호족들의 반발이 거세었다.

나카노오오에(中大兄 皇子)는 이 법의 시행을 미루다가 다카무쿠 오미가(高向 臣家)의 오오아마 황자에게 자기의 두 딸을 정략 결혼시키고, 664년 오오마마 황자로 하여금 대황제(大皇弟)라는 명의로 대화개신의 관위(官位), 씨족(氏族) 민부(民部), 가부(家部) 등에 관한 법을 공포하고 있는 것이다.

대해인(大海人)은 누구인가?

『일본서기』죠메이기(舒明紀)에 의하면 죠메이(舒明) 천황이 즉위 2년째인 630년에 다카라(寶) 황녀를 황후로 맞아들여 처음에 가쓰라기(葛城, 후에 덴지 천황) 황자를 낳고, 이어 하시히도(間人) 황녀와 오오아마(大海人) 황자를 낳고 있다.

그런데 사이메이기(齊明紀)에 의하면 다카라 황녀가 죠메이 천황의 황후가 되기 전에 고향왕(高向王)에게 출가하여 아야(漢) 황자를 낳고 있다.

그리고 덴무기(天武紀)에는 천지 천황과 대해인 황자는 아비가 다른 동모제(同母弟)라고 기록되어 있으므로 아야 황자가 곧 대해인이라고 보는 것이다.

오오아마(大海人) 황자는 처음에 무나가타 도쿠젠(胸形 德善)의 딸 아마코(尼子娘)를 아내로 맞아 다케치(高市) 황자를 낳고, 덴지(天智) 천황의 두 딸을 취하여 그 중 우노(鸕野) 황녀의 소생으로 구사카베(草壁) 황자를, 오오다(大田) 황녀의 소생으로 오오쓰(大津) 황자를 낳고 있다.

그렇다면 오오아마(大海人)의 부(父)이며 다카라 황녀(寶皇女, 후에 齊明 天皇)의 전 남편인 고향왕(高向王)은 누구인가?

앞서 탐라의 귀화인 왜한직(倭漢直)에서 지적한 바 있는 아야히도(漢人) 집단을 지배하는 고향촌주(高向村主, 高向王) 현리(玄理)를 말한다.

고향왕 현리의 선조인 왜한직(倭漢直)이 황도(皇都) 나라(奈良)의 다케치(高市)에 근거지를 두고, 금부(錦部), 상부(桑部), 안부(鞍部) 등 도내의 다양한 직능 집단과 각지에 산재하는 귀화인 아야히도(漢人) 집단을 지배하고 있었음은 앞서 언급한 바 있다. 아야(漢) 황자도 그의 부(父) 현리의 뒤를 이어 고향촌(高向村)의 가베(家部)와 그 영지인 시코구(四國) 지방의 아와의 나라(阿波國)를 상속하여 지배하는 왕이었을 것이다. 아와(阿波)는 담로(淡路)이고, 담로는 곧 탐라의 번(藩)이므로 이 곳의 왕은 곧 탐라국의 왕자일 것이다.

탐라의 왕자 아와기(阿波伎)가 661년 5월 23일 스쿠시(築紫)의 아사쿠라궁(朝倉宮)에 입궐한 후 종적을 감춘 것은 그가 바로 대해인 황자와 동일한 인물이기 때문이다. 대해인 황자가 백제 부흥 전쟁에 참전한 기록은 없으나 전쟁의 진행 과정을 보면 그가 전선에서 장군들을 지휘한 흔적을 엿볼 수 있다. ('백제 부흥 전쟁과 탐라' p.212 참조)

668년 1월 나카노오오에가 천황에 즉위하면서 대해인 황자를 동궁(東宮)에 임명하여 덴치(天智) 천황의 후계자로서의 지위가 확고하게 보장된 것으로 보였다. 그러나 이후 신라의 외교 공세가 두드러지게 나타나기 시작한다.

668년 9월 신라가 사도급찬(沙啄級湌) 김동엄(金東嚴)을 일본에 보내고 있다.

중신(中臣) 가마다리(鎌足)는 신라의 김유신(金臾信)에게 배 한 척을 보내고 신라왕에게도 비단 50필, 솜 500근, 부드러운 가죽(韋) 100매를 보내고 있다.

669년 3월 탐라의 세자 구마기(久麻伎)가 일본을 방문하고 있으며 천황은 오곡의 종자를 주어 보내고 있다.

669년 10월 덴치 천황의 후견인 격인 후지와라 가마다리(藤原 鎌足)가 죽는다. 이 때부터 덴치 천황의 심정에 변화가 생긴 것으로 보인다.

671년 1월 덴치 천황은 동궁인 대해인을 제쳐 놓은 채로 천황의 장자인 오오토모(大友) 황자를 정치 일선에 내세워 천황의 직무를 수행할 태정 대신(太政 大臣)에 임명하고 나라의 대신들을 신라계 일색으로 개편하고 있다.

이어 신라의 중들이 빈번히 왕래하고 내전(內殿)에서 백불개안(百佛開眼) 공양을 하는 등 불교 행사가 잦아지고 있었다.

11월 23일 오오토모 황자를 비롯한 대신들이 불상 앞에 모여 앉아 '천황의 조(詔)'를 받들어 오오토모 황자를 중심으로 나라의 정사를 이끌어 나가겠다는 이른바 '6인의 맹세'를 행한다. 이 때에 오오토모가 천황에 즉위하였다는 설도 있다.

오오아마 황자는 신변에 위협을 느끼고 요시노(吉野)로 피신한다.

12월 3일 덴치 천황이 붕(崩)한다.

임신난(壬申亂)

오오아마 황자는 백강(白江) 전투의 주역이었으므로 이 싸움에 참가했던 일본 서부의 쓰쿠시(築紫, 九州), 기비(吉備, 岡山), 사누키(讚岐, 四國) 등지의 해민들로부터 두터운 신임을 받고 있었다.

오오토모 후케이(大伴吹負)가 이끄는 야마도(大和)의 아야베(漢人) 집단과 오오아마(大海人)의 직할령인 미노(美濃, 岐阜)의 군사로 구성된 제1진, 탐라의 구마예(久麻藝), 도라(都羅), 우라(宇羅) 등이 이끄는 탐라(耽羅), 담로(淡路), 스쿠시(築紫), 기비(吉備)의 군사로 구성된 제2진이 672년 6월 은

거지인 요시노(吉野)에서 나와 미노(美濃)에서 거병하여 오우미(近江) 조정을 무너뜨리고 황권(皇權)을 쟁취한다.

임신난 때에 『일본서기』에 나타나는 인물을 보면 오오아마의 아들인 다케치(高市) 황자, 오오스(大津) 황자를 비롯하여 다카다(高田首新家), 미와군(三輪君) 다케치 마로(高市麻呂), 다케치(高市) 현주(縣主) 고매(許梅) 등 아야씨(漢氏)라고 불리우는 탐라인들이 주축을 이루고, 황족으로는 미노왕(美濃王), 고판왕(高坂王), 와카사왕(稚狹王) 기(紀)의 오미(臣) 등과, 기비(吉備), 스쿠시(築紫), 오와리(尾張) 미야케(三宅)의 국수(國守) 등이 가담하고 있다. 또 당나라에서 온 곽종무(郭悰務)와 신라의 김압실(金押實) 등이 이끄는 2,000의 군사도 합세한 것으로 보인다.

673년 2월 오오아마 황자는 아스카 궁(飛鳥宮)에서 즉위한다. 덴무(天武) 천황이다.

그해 8월 25일 천황의 즉위를 축하하기 위하여 모인 27인의 외국 사절 앞에서 천황은 대재상(大宰)에게 명하여 탐라의 사신에게 이르기를 "천황이 새로이 천하를 평정하여 처음으로 즉위하였다. 그러므로 축하사절 이외에는 아무도 초청하지 아니하였는데, 그것은 그대들이 스스로 보는 바와 같다. 아직도 국내에는 한파(寒波)가 높다. 그대들이 여기 오래 머무르게 되면 도리어 근심이 될 것이므로 속히 돌아가라."라고 하였다. 그리고 본국에 있는 탐라왕과 사자 구마에(久麻藝)에게 작위(爵位)를 수여하였다. 그 작(爵)은 대을상(大乙上)으로 그 나라 좌평(佐平)에 해당한다. 다시 금수(錦繡)로 장식하고 스쿠시(築紫)에서 귀국시켰다.[2]

---

2) 『日本書紀』, 天武天皇 2年條.

일본 천황이 많은 외국 사절 중에서 왜 하필이면 탐라의 사신에게 이처럼 자신의 심정을 토로하였을까? 사람은 어려울 때에 자기와 가장 가까운 사람에게 자신의 심정을 말하는 것이 인지상정일 것이다.

『일본서기』에는 탐라의 구마예(久麻藝) 등이 임신난(壬申亂)이 끝난 673년 윤(閏) 6월 8일에 천황의 즉위를 축하하기 위하여 일본에 온 것으로 되어 있으나, 이것은 후대에 조작된 것으로 보이며, 실은 임신난 이전에 이미 일본에 건너가 임신난에 가담하고 있었던 것이다.

탐라에서는 덴무가 즉위한 2년 후인 675년 8월에 탐라의 세자 구마기(久麻伎)가 일본을 방문하고 있으며, 이어 그 해 9월에는 전에 탐라 세자의 신분으로 일본을 방문한 바 있는 고여(姑如, 高如)가 이번에는 탐라왕이 되어 덴무 천황을 방문하고 있다.

탐라 국왕이 직접 외국을 방문하는 일은 예삿일이 아니다. 탐라 왕실은 백제 부흥 전쟁의 계기가 되었던 661년을 시작으로 덴지, 덴무, 지토 오조에 이르는 693년까지 약 30년간에 걸쳐 『일본서기』의 공식 기록에 나타나는 횟수만도 15회를 넘는다. 덴무 천황이 탐라의 왕자가 아니고서는 이런 일이 일어날 수 없는 일이다.

덴무(天武)는 탐라의 왕자이다

덴무(天武)의 시호(諡號)와 그의 사상

덴무 천황의 시호(諡號)는 천정중원 영진인 천황(天渟中原 瀛眞人 天皇)이다. 아마노누나하라(天渟中原)는 큰 바다를 뜻하며 그의 이름 또한 대해인

(大海人)이다.

　7세기 말까지 일본 사람들이 경험한 하늘 아래 가장 큰 바다는 발해에서 시작하여 황해를 남하하여 일본에 이르는 바다와, 주산에서 동지나해를 거쳐 일본에 이르는 바다를 가리킨다.

　이것이 '하늘과 같이 넓은 바다'(天渟中原)이고, 그 바다 한가운데 있는 '영'(瀛)이라 함은 『사기』 봉선서에 기록된 삼신산(三神山)의 하나인 영주(瀛洲) 말고 달리 있을 수가 없다. 그러므로 '천정중원(天渟中原)의 영(瀛)'은 탐라일 수밖에 없는 것이다. 그리고 비류 왕가(沸流 王家)의 성(性)이 진씨(眞氏)이므로[3] 덴무(天武) 천황은 오우징(應神) 천황의 황통(皇統)을 이어받은 정통의 천황이라는 뜻이 된다. 그가 천정중원(天渟中原) 영주(瀛洲)의 사람이므로 그의 사상과 통치 철학은 영주, 즉 탐라인이 갖는 보편적 신앙의 범위를 벗어날 수 없을 것이다.

　탐라인의 고대 신앙은 고구려의 수혈제(䜭穴祭)에서 유래하여 고구려의 왕자인 고양부(高良夫) 삼성(三姓)에 의하여 제주도에 들어온 광양당 호국신사(廣壤堂 護國神祠)의 건국신(建國神)과 자연신인 영성(靈星), 용성(龍星)에 대한 숭배 사상이 근저를 이루며 지금도 한라산 남쪽 지역에서는 용신인 뱀을 숭상하는 풍습이 전한다.

　『당회요』(唐會要) 탐라국(耽羅國)조에도 탐라인들은 "오직 귀신만을 섬긴다.(唯事鬼神)"라고 하지 않았던가.

　일본의 『고사기』(古事記)는 덴무 천황이 도네리(舎人) 히에다노 아레(稗田 阿禮)를 상대로 그 전에 있던 제기(帝紀)와 구사(舊辭)를 삭위정실(削僞定實)하여 천황이 생각한 대로 암기(暗記)시켜, 나라(奈良) 초(初)에 태조신(太

---

[3] 김성호, '온조백제의 왕통 계보', 전게서 부록, pp.328~339.

祖臣) 야스마로(安萬侶)가 아레(阿禮)의 암기(暗記)한 바를 정리하여 712년에 완성한 것이다. 그 후 편집관(編輯官)을 증원하고 정부의 공기록(公記錄), 사원의 연기(緣起), 개인의 일기, 중국·조선의 사서(史書) 등을 모아 이미 성립된 『고사기』(古事記)에 추가 편집하여 당시 사국(史局)의 총재이던 도네리친왕(舍人親王)이 720년에 완성하였다고 한다. 덴무는 일본에 처음으로 천황제를 실시한 인물이기도 하다.

『덴무 천황의 비밀』의 저자 고바야시야스코(小林惠子)는 덴무 천황의 사상적 특성을 도교적 신선 사상(神仙 思想), 용신 사상(龍神 思想)이라고 지적하고 있다. 그리고 덴무 천황의 무덤으로 알려진 다카마쓰쓰가(高松塚)의 고분에서는 음력 11월 16일에 귤(橘)의 가문(家紋)을 지닌 집안이 대대로 궁좌제(宮座祭)를 지낸다고 한다. 만일 고바야시가 덴무 자신이 상세국(常世國), 삼신산 영주의 아와기(阿波伎) 왕자라는 사실을 알았더라면 당연한 것으로 받아들여졌을 것이다.

고구려의 수혈(禭穴)이나 한라산 모흥혈(毛興穴)은 모두 여신이며, 나라의 모태이다. 일본 황실의 조상신으로서의 비미호(卑彌呼)를 승화시켜 아마데라스오오카미(天照大神)라 하여 이세신궁(伊勢神宮)에 모시는 일들은 모두 같은 맥락의 종교 형식이다. 용신 사상은 고구려의 영성(靈星), 용성(龍星)에서 비롯되어 제주도에 들어온 후 토착한 민간 신앙이다. 탐라의 국왕을 별님(星主)이라 하고, 용강(龍崗), 용천(龍川), 용연(龍淵) 등에 관해서는 이미 언급하였으므로 여기에서는 줄인다.

초감제와 고사기(古事記)의 서문(序文)

광양당(廣壤堂) 신관이 읊던 초감제의 대사(臺詞)와 일본 신도(神道)의 원조(元祖)라 할 『고사기』(古事記)의 서문(序文) 중 천지개벽 신화(天地開闢 神話)를 비교해 보면 『고사기』의 서문은 광양당 신관의 대사를 그대로 옮겨 놓은 것 같은 인상을 준다.

> 천지(天地)가 혼합(混合)으로 제이릅네다.
> 천개(天開)는 자(子)하고, 지개(地開)는 축(丑)하야, 인개(人開)는 인(寅)하여, 하늘의 머리 열리고, 땅이 열려, 하늘과 땅 사이에 푸른 이슬, 노란 이슬, 검은 이슬이 합수(合水)하여 천지인황도업(天地人皇都業)으로 제이르자…
>
> (초감제)

> 천지(天地)가 혼돈(混沌)하여 건곤(乾坤)이 처음으로 나누어져 삼신조화(參神造化)가 시작되어 음양(陰陽)이 열려 이령군신(二靈群神)의 조(祖)가 되어 바닷물이 떠 올라 신지(神祇)가 물에 씻겨 나타나…
>
> (古事記 序)

덴무 천황은 임신난 때에 한고제(漢高帝)를 본받아 붉은 깃발을 들고 싸움터에 나아갔다고 하였는데, 광양당의 신관들은 큰 행사 때마다 붉은 기를 달았으며, 이것에 연유하여 지금도 무가(巫家)에는 붉은 기를 단다.

덴무 천황을 고구려 사람이라고 하는 설도 있다. 덴무의 조상이 바로 고구려 사람이므로 그 또한 고구려 사람일 수밖에 없다. 그러나 그는 대륙에 있는 고구려의 영토보다도 훨씬 더 넓은 천정중원(天渟中原)을 지배하던 고구려계 탐라인이었다. 덴무 천황은 삼신산(三神山) 영주(瀛洲)의 사상과 종교를 일본으로 가져간 장본인이기도 하다.

『만엽집』(萬葉集)에서

『덴무(天武)와 지토오(持統)』의 저자 이영희(李寧熙)는 "『만엽집』(萬葉集)은 한자의 일본식 음(音)과 훈(訓), 그리고 고대 한국의 이두(吏讀)를 혼합하고, 다시 한국어와 일본어를 복잡하게 섞어서 표기하고 있다."라고 말한다. 『만엽집』에는 오오아마 황자가 신변에 위협을 느껴, 눈물을 머금고 요시노(吉野)에 피신할 때에 지었다는 미요시노(三野之)라는 노래가 있다. 이영희의 일본어 해설문[4] 중 일부를 초역(抄譯)하여 소개한다.

지금까지의 해설

三吉野之 — 미요시노(吉野)의

耳我嶺爾 — 미미가(耳我)의 영(嶺)에

時無曾 — 때도 없이

雪者落家留 — 눈이 내린다.

間無曾 — 사이(間)도 없이

雨者嶺計類 — 비가 내린다.

其雪乃 — 그 눈이

時無如 — 때도 없이 내리는 것처럼

其雨乃 — 그 비가

間無如 — 틈새(間) 없이 내리는 것처럼

---

4) 李寧熙,「天武と持統 -歌が明かす壬申の亂-」, ペン・エンタープライズ, 1999.

隈毛不落 — 모퉁이를 돌아
念乍敍來 — 생각에 잠긴 채로 왔다.
其山道乎 — 그 산길을.

이영희의 해설
三吉野之 — 삼길야지 — 싸움이 길어질 것이다
耳我嶺爾 — 미아매지 — 가슴이 미어(耳我)매저(嶺爾)(미어지다)
時無曾 — 때나지 — 떠나자 (吉野로 떠나자)
雪者落家留 — 설자오찌가료 — 서러워서 어찌 가리오
間無曾 — 만나지 — 만나자
雨者嶺計類 — 아맹사영가료 — 아맹허문사 이렇게 갈 수가 있는가(吉野로)
其雪乃 — 그설내 — 슬프구나(원통하다)
時無如 — 때나구다 — 떠나쿠다
其雨乃 — 아맹내 — 아맹허문사(아아!)
間無如 — 만나구다 — 만나쿠다(만나기로 하자)
隈毛不落 — 구마털불오지 — 구마의 계절이 불어오지
念乍敍來 — 오모사(重詐) 세워 — 오모사(重詐) 세워
其山道乎 — 그뫼도호 — 그러니까(게뫼) 돌아서 가자.

놀라운 일이다. 천년을 넘게 불리던 『만엽집』의 노래 속에 이와 같은 비밀이 숨겨져 있었다는 사실도 놀랍거니와 오오아마의 생생한 숨결을 찾아낸 이영희(李寧熙)의 혜안(慧眼)에 경의를 표하지 않을 수 없다. 그는 본문의 '염사'(念乍)를 '오모사'(重詐)로 보고, '오모사'(重詐)를 제갈공명(諸葛孔明)의 기문둔갑비급법(奇門遁甲秘及法) 중 삼사법(三詐法)이라는 음양

의 조화를 가지고 군병, 인재, 재화를 획득하여 거사한다는 뜻으로 해석하고 있다.

　8세기경 탐라의 남번국(舟山) 사람들이 탐라의 음양둔갑법을 배우기 위하여 불에 타지 않는 화완포(火浣布) 2단을 가지고 탐라에 왔다는 기록이 탐라국왕세기에 전한다.[5] 오오아마가 인용한 '중사'(重詐)라는 것은 탐라상인들이 오랜 외국인과의 교역에서 채득한 독특한 상술의 일면이 아닌가 생각된다. 고대의 언어에도 방언이 있다. 이영희는 오오아마의 연인 누카다(額田王)의 시구(詩句)에서 '개재'(盖哉)를 '인주', 즉 '인제', '지금', '今こそ'로 번역하여 이를 경상도 사투리라고 말한다.

　필자는 오오아마의 시구 중 '아맹사'(雨者), '아맹내'(雨乃), '아맹허문사'는 원통함을 나타내는 탐라인의 방언이며, '떠나쿠다', '만나쿠다'의 '쿠다'는 제주도 방언의 어미(語尾)로 본다. 누카다(額田王)가 신라인이었던 것처럼 오오아마는 탐라인이었던 것이다. 또 그의 해설문 중에서 '구마털불오지'는 "구마(久麻)들을 불러오라."는 명령문으로 해석하는 것이 옳을 것으로 본다. 왜냐하면 오오아마가 요시노(吉野)에서 기다리는 사람은 탐라의 구마예(久麻藝) 왕자 등이 거느리는 탐라의 지원군(支援軍)이었으며, 구마예(久麻藝) 등은 오오아마의 요청대로 임신난에 참전하고 있기 때문이다.

---

[5] 『耽羅國王世紀』, 致道王條

탐라의 배

노선(櫓船)과 도선(櫂船)

　제주도는 한반도의 남서 해상에 위치하여 서북으로는 황해, 남으로는 동중국해, 동으로는 일본의 규슈(九州)까지 바다를 사이에 두고 떠 있는 화산섬이다.

　북쪽 강진의 마량포(馬良浦)까지는 약 70해리, 목포까지 76해리, 장산의 해량도까지 410해리, 요서 지방까지는 약 540해리가 되며, 남쪽으로 주산(舟山)까지 265해리, 번우(番禺 廣東)까지는 약 1,000해리, 동쪽으로 일본 규슈까지는 약 180해리의 거리에 위치한다.

　제주도는 두무악의 시대로부터 바다에 나가 장사를 하는 해민의 나라였으므로 이와 같이 광활한 해역을 이웃집 드나들 듯 왕래하고 있었다.

　탐라 해민들은 1년을 주기로 변화하는 겨울철의 북서 계절풍과 봄철의 남동 계절풍을 이용하여 항해하였으며, 대만 부근에서 북상하는 쿠로시오(黑潮)의 조류도 적절히 이용할 줄 알았다.

　230년 오나라의 손권이 군선을 동원하여 회계 앞바다의 탐라인들을 잡아들이려 하였으나 탐라인들의 배가 너무 빨라서 도저히 따라잡지 못하였다는 고사가 있으며,6) 661년 4월 일본의 견당선(遣唐船)이 월주(越州, 寧波)를 출발하여 탐라에 도착하는데, 9일8야(九日八夜)가 걸렸다는 『일본서기』의 기록이 있다.7)

---

6) 『三國志』, 卷47 吳書, 吳主傳 第2 黃龍 2年條.
7) 『日本書紀』, 齊明天皇 5~6年條.

김성호는 이 시대에 중국에는 대익(大翼), 소익(小翼), 돌모(突冒), 누선(樓船), 교선(橋船), 영선(슈船) 등 6가지 군선이 있었는데 고대 중국의 군선들은 하나같이 도형강선(櫂型江船)이었다고 한다. B.C. 108년 한무제가 요하의 왕검성을 공격할 때에 출전했던 양복(楊僕)의 누선군단이 바로 선실이 여러 층으로 되어 있는 누선이다.

'도'(櫂)는 '노'(櫓)와 비슷하나 '노'와는 성질이 전혀 다르다.

'노'(櫓)는 길이가 길고 허리가 구부러져 있어서 손잡이를 앞뒤로 움직이면 물속의 노가 회전하면서 발생하는 스크루 작용으로 배가 전진하는 장치이고, '도'(櫂)는 전마선(傳馬船) 또는 경주용 주정(舟艇)에 여러 사람이 좌우에 짝지어 앉아서 손바닥을 벌린 것처럼 넓적한 판대기로 물을 잡아당겨 배가 나가게 하는 장치이다. 영어의 오오르(oar)에 해당 될 것이다.

'도'(櫂)라고 하는 우리말이 없어서인지 제주도의 뱃사람들은 이 주걱모양의 노를 '가이'라고 부른다. '가이'(カイ, 櫂)는 일본말이지만 뱃사람들이 그렇게 부르므로 본고에서는 그냥 '가이'라고 쓴다.

고대 중국의 도선은 돛(帆)을 사용하지 않았다고 한다. 돛이 없으면 키(舵)도 없다. 가이로 방향을 조정하기 때문이다. 도선은 가이를 저어 가는 선박이기 때문에 넓은 바다에서 사나운 바람을 만나면 인력으로 제어할 빙도가 없으므로 내륙의 강을 운항하는 강선(江船)이었으며, 설령 바다에 나가는 경우라도 지극히 가까운 연안 항해만 가능하였을 뿐 대해(大海)를 운항할 수가 없었다고 한다.

이에 반하여 탐라, 백제의 배는 노(櫓)와 키(舵), 그리고 돛(帆)의 3요소를 갖춘 노형해선(櫓型海船)이었다는 것이다. 바람이 없을 때에는 키(舵)를 거두어 노(櫓)를 젓고, 바람이 불 때에는 키(舵)를 장착하여 돛(帆)을 단다. 또한 이들 탐라, 백제의 배는 배 밑이 평평한 평저선(平底船)으로 장강 하류(長江 下流)와 항주만(杭州灣)의 모래판 그리고 한반도 서해안의 갯벌과 제주의 모래 포구에 착선이 용이하므로 중국인들은 이 배를 '사선'(沙船)이라고 불렀으며, 강가, 바닷가에 사는 조선의 해민들을 '사민'(沙民)이라고 불렀다고 한다. 이어 김성호는 노(櫓)와 키(舵), 그리고 나침반을 발명한 집단이 바로 비류백제의 해민들이었다고 주장한다.[8]

탐라의 배

18세기 초 제주목사 이형상(李衡祥)에 의하여 편찬된 『탐라순력도』(耽羅巡歷圖)에 그려진 제주배를 보면 가장 먼저 눈에 띄는 특징 중의 하나가 배의 꼬리 부분(船尾)이 길고 날렵하게 치켜 올라가 있으며 더러는 지붕 모양의 갑판도 있었다는 것이다.

망망대해에서 거센 바람을 타고 빠른 속력으로 파도를 가를 때에 배의 방향을 유연하게 조절하면서 배의 전복을 방지하기 위해 마치 시속 80km로 달리는 아프리카 치타의 꼬리와 같은 원리를 일찍이 탐라의 배에 원용한 것으로 보인다.

따라서 오(吳)나라의 도형강선(櫂型江船)이 주산 앞 바다에서 탐라의 배를 따라잡지 못한 것은 당연한 일이다.

조선 성종(成宗) 시 왜선(倭船), 제주배(濟州船), 그리고 조선배를 만들어 그 속력을 시험해 본 결과, 얇은 삼나무(杉木) 판자로 만든 왜선(倭船)이 가장 빠르고, 다음이 제주배, 조선배의 순으로 나타나고 있다.[9] 이 때 조

---

8) 김성호, '노, 키, 나침반을 발명한 백제인들', 『중국진출 백제인의 해상활동 1500년 2』, 맑은소리사, 1996, pp. 13~56.

탐라의 배 『탐라순력도』

선 정부에서는 제주배를 가지고 왜구의 침입에 대비하자는 의견도 있었으나 실현되지는 못하였다.

삼면이 바다인 나라에서 최첨단의 기술과 장비, 항해술을 가지고 있으면서도 유교적 통치 이념에 눌려, 위대한 과학 기술과 해양적 진취성을 짓밟아 버린 사실은 참으로 안타까운 일이 아닐 수 없다. 이처럼 빠르고 날렵한 탐라배의 원형은 조선 인조 7년(1629년) 제주도민의 군액(軍額)의 유출을 막는다는 이유로 출륙을 금지10)하고 그 후 계속되는 쇄국적 해금정책으로 인하여 배의 규모가 점차 축소되다가 18세기 중엽에 이르러서는 거의 자취를 감추고 만다.

    탐라배의 또 하나의 유형은 덕판배이다. 제주배라고도 한다. 당초 이 배는 무거운 물건을 실어 나르던 운반선의 구실을 하였다.

---

9) 『朝鮮王朝實錄』 卷252 成宗 22年 4月 丙辰.
10) 『朝鮮王朝實錄』, 仁祖 7年 8月 戊辰.

제주도는 화산섬의 특성상 해안선 굴곡이 단조로워 양항이 별로 없고 바람이 세차게 불기 때문에 대형선박을 매어 둘 만한 포구가 제한되어 있었으므로 배의 규모가 작아진다. 또한 뱃머리 부분에 굵은 통나무를 쪼개어 가로 덧붙여 암초에 부딪쳐도 배가 부서지지 않도록 견고하게 만들어진다. 덕판배의 구조 역시 노(櫓)와 키(舵), 그리고 돛(帆)을 사용하여 어느 포구에나 접안이 가능한 평저선이었다.

　고려 시대 오월지역에서 생산된 도자기를 고려로 실어 나르고, 삼별초 군을 강화에서

제주도의 테우 『사진으로 엮은 20세기 제주시』

진도로, 진도에서 제주로 실어 날랐던 선박들이 이것이며, 훗날 제주말을 원(元)·명(明)으로 운송하던 배가 바로 제주의 덕판배였다. 따라서 1983년 전남 완도군(莞島郡) 약산면(藥山面) 어두리(漁頭里) 앞 바다에서 인양된 11세기 중엽의 해저 유물은 탐라의 덕판배일 가능성이 높다. 왜냐하면 발굴된 선체의 선수, 선미 부분이 심히 부식되어 단정하기는 어려우나 남아 있는 선체의 구조를 보면[11] 1996년 제주대학교 박물관이 서귀포시 신흥리의 배목수 김천연(金千年, 1925년생)을 통해 복원한 덕판배의

뱃머리 부분과 유사하며12), 본래 탐라의 영역이었던 탐진(耽津), 발라(發羅), 그리고 완도가 비록 백제, 신라, 고려로 나라가 바뀌기는 했으나 이곳은 여전히 탐라 해민의 해역이었기 때문이다.

제주도의 덕판배는 조선조에 이르러 배의 규모가 중강(中舡) 규모로 축소되어 4파(把) 반 내지 6파 반(1파는 사람이 양팔을 쭉 벌린 길이로 약 1.5m가량)이 되었는데 배 한 척에 제주말 약 30필을 싣고 조천포를 통하여 조정에 전공하는 구실을 하고 있었다. 한편 어선은 규모가 작았을 뿐 덕판배와 모든 구조가 같았다고 한다. 덕판배는 일제 강점기에 일인들에 의하여 일본형 선박으로 교체되어 그 후 영영 사라지고 만 것이다.13)

또한 제주도에는 통나무를 엮어 만든 테우(筏船)가 있었다.

육지와 아주 가까운 연근해에서 원형 그물을 가지고 자리 돔을 잡거나 해녀들의 해조류 채취를 돕는 작업선이다. 테우는 노를 저어 움직인다. 지금도 시골의 포구에는 몇 척 남아 있는 것으로 기억된다.

1960년대까지 서귀포시 성산읍의 어떤 이가 테우에 돛을 달고 전남 강진 방면까지 원거리 항해를 하였다는 기록이 있으나14) 이처럼 무모한 항해는 특수한 경우이고 테우는 어디까지나 연근해의 작업선이다.

---

11) 金在瑾, '莞島發掘船', 『우리배의 歷史』, 서울대 출판부, 1999. 2, pp.76~88.
12) 고광민, '덕판배', 『제주도 포구 연구』, 도서출판 각, 2003. 2, pp.237~243.
13) 고광민, 전게서.
14) 出口晶子, '濟州島 筏船の構造, 操船, 漁撈技術', 『탐라문화』 제8호, 제주대학교 탐라문화연구소, 1989.

곰나루의 비류백제 유적

가루베(輕部慈恩)의 고고학

『삼국사기』 백제본기에 의하면 한성백제는 개로왕(蓋鹵王) 21년(475년)에 고구려 장수왕의 공격을 받아 왕이 죽고, 문주왕(文周王)이 한성을 버리고 백성들을 거느려 웅진(熊津)에 천도한 것으로 되어 있다.

백제는 그 후 성왕(聖王) 16년(538년)에 다시 부여로 남천하였으므로 한성백제(溫祚百濟)가 웅진에 체재한 기간은 고작 64년간이다.

그러나 앞에서 살펴본 것처럼 비류백제가 웅진에 도읍한 것은 A.D. 9년이고, 그 후 고구려 광개토대왕에 의하여 영락 6년(396년)에 멸망하여 왕과 백성이 모두 일본으로 망명하였으므로 비류백제가 웅진에 있던 기간은 거의 400년에 가깝다. ('광개토대왕비와 왜' p.168 참조)

이와 같이 공주 지방의 백제 고분군은 비류백제 400년의 문화 유적 위에 한성백제 64년의 전혀 다른 문화 유적이 겹쳐 공존하는 곳이다.

공주지방에 산재하는 백제고분군은 우리나라 역사학계의 주장대로라면 온조백제가 한성·웅진·사비로 옮겨가는 동일한 문화의 이동 과정으로밖에 볼 수 없을 것이다.

그러나 400년 동안이나 이 곳에 뿌리박은 비류백제의 사적을 김부식과 그의 추종자들에 의하여 완전히 매장시킬 수 있을까?

김성호는 송산리(宋山里) 고분군이야말로 비류백제의 왕실능이었다고 주장한다.15)

---

15) 김성호, '이잔국과 백잔국', 『비류백제와 일본의 국가기원』, 지문사, 1988, pp.79~91.

비류백제 400년사를 극명하게 밝혀줄 고고학적 자료가 아이러니컬하게도 일본인 고고학자 가루베지온(輕部慈恩)의 논문에서 발견된다.

그에 의하면 1927년에 조선총독부는 이미 공주 송산리 고분 중 23기를 발굴하였으나 그 보고서는 지금껏 공표된 바가 없다고 한다. 발표해서는 안될 중요한 내용이 숨겨져 있기 때문이다.

가루베는 1920년대로부터 1930년대까지 송산리 제2, 3, 4, 5호분을 비롯하여 교촌리(校村里), 우금리(牛禁里), 보통동(甫通洞) 금학리(金鶴里), 남산록(南山麓 AB.C.구역), 주미리(舟尾里), 능치(陵峙), 월성산록(月城山麓), 주미산록(舟尾山麓), 정지산(艇止山), 외약리(外若里) 등 공주 부근에서만 그 자신이 말하고 있듯이 도굴된 분묘를 포함하여 1,000여 기가 넘는 백제 고분을 발굴 조사하여 그 결과를 고고학 잡지에 상세하게 보고하고 있다.[16]

가루베는 불과 64년 동안에 공주 지방에 이처럼 많은 고분이 실재하는 사실에 대하여 놀라면서도 공주 지방의 고분에 대하여 역사적 이중성을 알지 못하였다가 조사가 진행되면서 차츰 생각이 달라진 것으로 보인다.

한국 사학의 일부에서는 1927년 조선총독부가 송산리 고분 23기를 비밀리에 발굴조사하여 공개조차 하지 않은 사실은 덮어둔 채 발굴조사 후 방대한 보고서를 발표한 바 있는 가루베를 도굴꾼으로 몰려는 경향이 있다.

---

16) 輕部慈恩, '百濟の 舊都 熊津發見の 百濟式石佛光背に就いて'(『考古學雜誌』第20卷 第3號, 1930. 3. 5).
'樂浪の影響を受けた 百濟の古墳と塼'(同雜誌 第20卷 第5號, 1930. 5. 5).
'公州出土の百濟系古瓦に就いて' 1, 2 (同雜誌 第21卷 8, 9號).
'公州に於ける 百濟古墳' 1, 2, 3, 4, 5, 6, 7, 8 (同雜誌 第23卷 第7號~第26卷 第4號, 1933~1936).

가루베의 보고서는 비류백제의 일본 이동설을 물증을 통해 명백히 하고 있으므로 한일 사학계가 약속이나 한 듯이 그의 보고서를 무시하여 부정하려 한다. 진짜 도굴꾼은 발굴 조사 내용을 공개하지 않은 조선총독부가 아닐까?

구릉(丘陵) 위의 전방후원형 고분

가루베의 보고서를 종합해보면 백제 성왕이 공주에서 부여로 천도한 후에 조성된 부여지방의 고분은 전통적인 한성백제의 양식과 유사한 반면 송산리를 비롯한 공주 지방의 분묘는 형식 그 자체가 현저히 상이하다고 한다.

공주 고분의 특성 중에 하나는 대부분의 고분이 남면(南面)한 구릉의 중복(中腹)에 있다는 사실이다. 한성백제나 낙랑의 고분이 평지에 있는 것과 대조적이다.

묘의 북쪽 후방에 둥글게 융기(隆起)된 현무(玄武)를 유(由)로 하여 등지고, 그 주유(主由)로부터 양 날개처럼 좌우에

송산리 고분군

뻗은 지맥을 두고 우를 청룡(靑龍), 좌를 백호(白虎)로 한다. 그 양 날개의 중간으로부터 조금 남쪽으로 뻗은 구릉의 중복에 수 기 또는 수십 기의 고분들이 들어서고 있다.

산중턱(山腹)의 경사면을 그대로 이용하여 원형의 분묘 앞에 네모난 방형(方形) 분묘를 포개어 하나의 무덤을 조성하고 제단은 그 전방저지(前方低地)에 설치하는 전방후원형(前方後圓形)의 분묘 형식이다. 가루베는 이와 같은 전방후원형의 분묘는 공주 송산리, 주미리, 우금리의 고분에서 두드러지게 나타나며 일본열도의 전방후원형 고분의 연원(淵源)으로 보고 있다.

1971년 7월 송산리 제6호 고분, 무열왕능을 발굴 조사한 바 있는 김원룡(金元龍)은 백제가 한성에서 공주로 옮겨옴에 따라 무덤의 형태가 평지에서 구릉으로 전환되었다고 하면서도 전방후원형의 형태에 관해서는 언급을 회피하고 있다.[17]

고대분묘의 형식은 그들이 속한 사회의 분묘문화에서 찾아야 한다. 한성시대에는 평지에 묘지를 조성했다가 웅진시대에는 구릉에, 부여시대에 다시 평지로 전환했다는 식의 논리는 사리에 맞지 않는다.

송산리 6호분 무녕왕능의 경우는 이미 이 곳에 자리잡은 토착 세력의 장묘문화를 따르지 않을 수 없었던 다른 사정이 있었다고 보아야 한다. 그리고 그 많은 고분군이 한성백제가 공주에 체류하던 64년 동안에 이루어졌다고 보기에는 무리가 있다.

---

[17] 金元龍, '熊津時代', 『韓國考古學槪說』, 一志社, 1986, p.184.

중국 남조의 영향

낙랑의 벽돌로 된 현실(玄室)은 사벽(四壁)을 벽돌(塼)로 쌓아 올려서 천장을 만들 때 사방의 벽 위에 목재를 배열하여 덮는 양식과, 사방의 벽 위에 다시 벽돌로 궁륭(穹窿) 천장을 만드는 두 가지 종류가 있다. 공주 송산리의 전곽(塼槨)은 후자에 속하며 백제성왕 부여 도읍 후에 조성된 분묘의 양식과는 전혀 다른 양식이다.

송산리 고분의 전곽은 진남포 서북 약 2리에 있는 매산리(梅山里) 사신총(四神塚)의 양식과 매우 흡사하다.('옛 비류백제의 고지' 저자 주)

또 부여 고분의 현실이 장방형인데 반하여 공주고분의 현실은 정방형에 가깝다.

송산리 일대에서 여덟 꽃잎(八葉瓣)의 소용돌이 무늬 기와(巴瓦)가 출토되었는데, 팔엽판은 부여에서도 출토되고 있어, 그 문양이 유사한 점이 있기는 하나, 구워진 색과 질이 전혀 다르다.

부여의 기와는 회색을 띠고, 담회색(淡灰色)이며, 그 질이 조잡하여 부서지기 쉬운 반면 공주의 그것은 대청회색(帶靑灰色), 대갈회색(帶褐灰色)이 많고 정교하며 견고하게 구워져 있다. 일본 아스카(飛鳥) 시대의 기와(瓦當)와 관계가 있다.

또 공주지방의 정교하게 양각된 팔엽연화(八葉蓮花)의 벽돌(塼)은 중국 육조의 문양이 백제에 들어온 것으로 보이며, 또 연꽃 무늬의 좌우에 우아한 인동당초문(忍冬唐草文) 역시 육조의 영향이라고 한다.

백제 초기에는 육조시대 북위의 석굴수도(石窟修道)의 영향을 받아 공주에도 서혈사(西穴寺), 남혈사(南穴寺), 주미사(舟尾寺) 등 동굴에 세워진 사원이 있었다.

공주 제민천(濟民川) 동측의 제방에서 석불이 발견되었는데 대부분의 머리 부분이 파손되었으나 석불의 광배(光背)는 비교적 온전한 형태로 남아 있었다.

중국 운강(雲岡), 용문(龍門), 막고굴(莫高窟)에서 볼 수 있는 남북조 시대의 석불광배로 일본 아스카의 유물과 공통점을 가지며 부여 출토의 석가삼존불(釋迦三尊佛)과는 전혀 다른 양식이다.

가루베의 논문에서 알 수 있는 것은 전통적인 한성백제, 부여백제의 문화는 고구려, 낙랑의 대륙계 문화의 영향이 크며 공주의 비류백제 문화는 육조(南朝) 해양문화의 영향을 받고 있어, 두 문화는 본질적으로 서로 다른 문화라는 사실이다.

그러므로 비류백제의 해양문화는 자연스럽게 바다로 진출하여 일본 열도와 탐라로 전파되는 것이다.

웅진의 터줏대감들

우리나라의 봉건제(담로제)는 4세기 말 비류백제가 일본으로 이동하면서 담로제도가 소멸되고, 일본에 건너가 새로운 봉건제 국가로 거듭난 것으로 알려지고 있다.

또 어떤 사람은 조선 반도에 봉건제 국가라는 것이 존재한 사실조차 없다고 주장하기도 한다.

물론 봉건제 국가가 성립하기 위해서는 여러 개의 봉건 국가군 위에 군림하는 통합적 기능을 가진 황제나 천자의 존재를 필요 요건으로 한다.

『일본서기』는 이 때에 비류백제 고지를 한성백제에게 이양한[18] 것처럼 쓰고 있으나, 한성의 백제가 이 곳을 통치하기에는 거리상의 난점 외에도 국력 또한 미치지 못하였다.

비류백제의 일본 망명으로 차령 이남, 소백산맥 이서의 비류백제 고지에 최고통치기관의 공백이 생기자 이 지역의 잔존 담로세력들은 불완전하나마 소규모 지역 단위로 자치정권 체제를 영위하고 있었다. 우리나라의 마지막 봉건국가 체제였다.

바다와 강과 평야에서 배(舟)를 부리고 논농사를 짓는 문화집단이 모여 사는 곳이었으므로 분권적 자치능력이 탁월하였다.

이에 반하여 한성백제는 북방식 기마 민족적 성격이 강하여 중앙집권적 통제체제를 선호하였다.

475년 한성백제가 웅진으로 남천한 후 겨우 64년 만에 다시 사비(泗沘)로 남천하게 된 것은, 다른 시각에서 보면 서로 다른 두 문명 간의 충돌이라고 볼 수 있을 것이다.

한성백제는 이들 봉건 국가적 담로세력을 영합·결집시키지 못함으로써 결국에는 멸망한 것이다.

문주왕이 웅진으로 천도하였을 때, 이 곳에 남아 있던 옛 비류백제의 담로세력들은 심한 거부반응을 보인다.

문주왕은 천도 2년 후에 병관좌평(兵官佐平) 해구(解仇)에게 살해되고, 문주왕의 아들 삼근왕(三斤王)이 13세의 나이로 왕위에 올랐으나 그 또한 2년 만인 479년에 죽고, 그 뒤를 이은 모대(牟大, 東城王) 역시 휘하 장수인 백가(苩家)에게 살해되고 있다. (501년)

동성왕도 생전에 웅진을 버리고 남쪽으로 천도하려 했던 흔적이 보인

---

18) "百濟記云, 阿花王立, 无禮於貴國, 故奪我枕彌多禮, 及峴南, 支侵, 谷那, 東韓之地, 是以遣王子直支于朝, 以修先王之好也",『日本書紀』, 應神天皇 8年 3月 條.

다. 이들 삼대의 무덤이 공주지방 어느 곳에 있는지는 알지 못하나 송산리가 아닌 것은 틀림이 없을 것이다.

그런데 송산리 제6호분, 즉 무녕왕능(武寧王陵) 왕비의 지석(誌石) 뒷면에서 능지(陵地)의 대금지불에 관한 매지권(買地券)이 발견되었다.[19]

이것을 필자 나름대로 요즈음 말로 옮기면 다음과 같다.

금 일만문정

525년 8월 12일 영동대장군 백제 사마왕의 묘지 대금 소송사건에 관하여 토왕(土王), 토백(土伯), 토부모(土父母), 상하중관(上下衆官)에게 곡식 2,000석을 추가로 지급하고, 묘지로 하기 위하여 이 땅을 산다. 이로써 종래의 법령(비류왕가에만 허용되던 송산리 묘지법-저자 註)에 관계없이(不從律令) 이 증권(立券)으로 명백히 하는 바이다.

김원룡은 이 매지권이 중국 육조의 묘제에 따라 무덤의 터를 지신(地神)으로부터 산 계약서라고 주장하고 있으나, 이 매지권은 지신과의 계약서가 아니라 살아 있는 웅진의 터줏대감들과의 매매계약서인 것이다.

한마디로 웅진의 토왕(土王), 토백(土伯), 토부모(土父母), 상하중관(上下衆官) 등 토착 세력들은 웅진으로 남천(南遷)한 한성백제의 왕실을 인정하지 않고, 피난 온 무령왕가(武寧王家)가 무령왕능의 묘지대금으로 제시한 일만문(一萬文)을 적다고 소송을 제기하여, 추가로 곡식 2,000석을 더 받아낸 다음에야 이 곳에 무령왕을 묻도록 승낙하고 있는 것이다.

영특한 무령왕의 아들 명농(明襛 聖王)도 왕위에 오른 후에 남조(南朝)의

---

19) 金元龍, '熊津時代', 전게서, p.184.

양(梁)에 사신을 보내고, 웅진성을 수리하는 등 웅진의 문화에 적응하고 이 곳 사람들의 환심을 사려고 노력하였으나 결국 이기지 못하여, 왕 16년(538년)에 웅진성을 버리고 남쪽 사비(扶餘)로 천도하고 만다.

고사부리(古沙夫里), 거발성(居拔城) 또는 곰나루(熊津)라고 불리우는 이 곳 공주를 일본 사람들은 구마나리(久麻那利, クマナリ)라고 부른다.

한일 사학계가 무엇이라고 하든 간에 일본사람들은 이 곳이 그들의 선조가 묻힌 구묘지소(丘墓之所)라는 사실을 잘 알고 있으며 해마다 일본인 참배객들이 줄을 잇는다.[20]

영산강 유역의 탐라 유적

탐라의 고분군

옹관묘군은 나주시 반남면 덕산리·신촌리·대안리, 다시면 복암리·동곡리·영동리, 영암군 시종면, 함평군 월야면 외에도 무안, 영광, 광주, 강진, 화순, 담양 등 영산강 유역과 남서 해안 일대에 분포한다.

이들 고분의 구조를 보면, 맨 아래 기저층에 여러 기의 옹관묘와 석곽묘가 있고, 그 위에 흙을 덮어 하나의 봉분으로 만든 다음, 다시 그 위에 여러 기의 새로운 봉분을 조성하여 흙을 덮는 식을 반복하여 하나의 무덤(墳丘) 안에 각기 다른 시대와 다른 형식의 무덤들이 층층이 모여 마치 제주도의 작은 오름(峰)과 같은 하나의 대형 분묘를 이룬다.

---

[20] "百濟之名 絶于今日 丘墓之所 豈能復往", 『日本書紀』, 天智天皇 2年 9月條.

신촌리 제9호분(위), 복암리 제3호분(아래)

그리고 이들 고분군의 분포지역을 따라 나주의 자미산성(紫微山城), 회진토성(會津土城), 영산창 성지토성(榮山倉 城址土城), 해남읍 남송리의 옥녀봉토성, 해남 현산면 일평리의 죽금성 토성 등 계단식 토성이 같이한다.

옹관묘의 시기(始期)는 지석묘의 종기(終期)와 맞물려 대략 기원 전후로 본다.

이 시기에 나주의 옹관이 제주도로 옮겨지고 제주도의 석곽묘가 나주로 옮겨졌을 것이다. 석곽묘와 옹관묘가 혼재하는 이유이다.

을나국이 비류백제에 복속되어 고후왕(高厚王)이 탐라국을 건국하던 3세기 중엽에 탐라의 수도는 죽금성, 옥녀봉토성을 거쳐 영산강을 소급하여 영암군 시종면 내동리에 있는 성틀토성으로 이동하였을 것이다.

이 지역 일대에는 내동리 쌍무덤을 비롯하여 많은 옹관묘들이 있으며 분묘의 형식은 곰나루식 전방 후원형의 묘제를 따르고 있다.

자미산 성터 나주시 제공

자미산성(紫微山城)

4세기 말~5세기 초 비류백제가 일본으로 이동하게 되자, 이 지역 통치권은 탐라왕국으로 환원되고 탐라의 전성시대를 맞게 된다.

탐라는 더 넓은 평야를 찾아 광주, 영광 함평, 담양, 곡성 쪽으로 영토를 확장하고 치소(治所)를 영산강을 소급하여 나주시 반남면에 있는 자미산성으로 옮긴 것으로 보인다.

나주 지역의 고대사를 연구하고 있는 목포대학의 강봉룡도 시종면 일대의 옹관 고분들은 3~4세기의 것이 중심을 이루고, 반남면 일대의 옹관 고분들은 5세기 중반 이후의 것이 중심을 이루고 있는 점을 근거로 시종면 일대의 옹관묘 사회가 5세기 중반 이후 영산강을 소급하여 반남면 일대로 이동하였다고 보고 있다.[21]

자미성은 동쪽으로 신촌리, 덕산리 고분군과 서쪽으로 대안리 고분군, 남쪽으로 흥덕리 고분군으로 둘러싸여 있다. 대부분이 전방 후원형 고분이며 산성은 이들 고분군의 중심에 위치한다.

계단식으로 축조된 산성의 내부에는 지금도 건물터가 남아 있고, 용왕샘이라는 샘터가 있다고 한다. 탐라의 용신과 관계가 있을 것이다. 자미산성이 위치한 반남면 신촌리 백양골 주민들은 지금도 이 곳을 성안(城內)라고 부른다.

발라(發羅, 星羅)는 별님(星主)의 정복지를 뜻하므로 이 곳이 탐라국왕인 별님의 도읍지일 것이다.

신촌리 9호분에서 출토된 꽃무늬를 장식한 금동관, 금동 모자, 금동 신발, 귀걸이, 금반지, 금으로 장식한 환두대도(環頭大刀) 등이 발굴되고 있다.

대략 5세기 중반에서 6세기 초반에 조성된 옹관이 주를 이루며, 묘역의 주체(탐라)는 신라나 백제(한성백제)와 정치적으로 대립하는 자주적인 특성을 지닌 세력으로 본다.[22]

회진성(會津城)

이 지역에는 또 하나의 세력권이 있었다.

---

21) 강봉룡, '영산강 유역의 고대사회와 나주', '나주지역 고대사회의 성격' 국제학술대회, 목포대박물관, 1998. 3. 18.

22) 이종선, '나주 반남면 금동관의 성격과 배경', '나주지역 고대사회의 성격' 국제학술대회, 목포대박물관, 1998. 3. 18.

회진성터

　다시면 중심을 흘러 영산강으로 들어가는 문평천변에 복암리 고분군과 동곡리 고분군이 밀집한다.
　그리고 복암리 3호분 동쪽 영산강변에 회진성(會津城)이 위치한다.
　복암리 고분군과 동곡리 고분군을 아우르는 세력이 다시면 신풍리의 회진성 세력이었을 것이다. 이 곳은 백제 시대의 두힐현(豆肹縣)으로 일본서기 천지기(天智紀)의 도부기성(枕服岐城)으로 비정된다. ('탐라가 당에 항복하였다?' p.215 참조)
　강봉룡은 다시면 일대의 고분과 토성으로 볼 때 6세기를 전후한 시기에 반남면 자미산성의 세력에 버금가는 또 하나의 세력 집단이 회진성을 중심으로 웅거하였으며 이 세력은 반남면 자미산성의 세력이 백제와 대립했던 것과는 달리 친백제적 성격을 띠고 있다고 보고 있다.23)
　회진 토성의 남쪽 가까운 영산강 본류에 구진포가 있다. 지금도 많은

구진포(회진, 동음진)

배들이 정박하고 있는 것으로 보아 아마도 이 곳이 본래의 동음진(會津)이 아닌가 한다.

　복암리 3호분에서는 한 분구 내에 옹관묘, 석곽묘, 부여백제의 횡혈식 석실묘 등 모든 형태의 묘제와 다장성(多葬性)이 나타난다.

　그리고 96석실묘에서는 금동신발, 금동귀걸이, 금은으로 장식한 삼엽환대도(三葉環大刀), 철제대도 등이 출토되고 있다.[24] 특히 횡혈식 석실묘 7호에서 출토된 관모에 장식하는 부여백제식 금제, 은제 관식 등으로 보아 백제 군령제를 실시하던 위덕왕(554~598년)에게 조공하여 좌평의 관직을 받았던 탐라국 동음진 왕자(徒 冬音津)의 세력으로 추정된다. 다시면

---

23) 강봉룡, 전게서.
24) 국립문화재연구소 · 전남대 박물관 · 나주시, 『나주복암리 3호분 발굴조사보고서』, 2001.

탐라의 전성 시대 253

에 있는 회진 역시 탐라국의 나루였으므로 『신라본기』는 회진(會津)을 동음진(冬音津)이라고 표기하였을 것이다.25)

영산강 유역의 옹관문화는 웅진백제 동성왕의 탐라 정벌(498년) 이후 백제의 영향으로 쇠퇴하기 시작하여 부여백제 위덕왕의 군령제 실시 이후에 횡혈식 석실분으로 바뀌었을 것이다. 분명한 사실은 반남면 고분문화는 내륙을 통하여 남하한 것이 아니라, 탐라인에 의하여 바다와 강을 통하여 내륙으로 퍼져 나갔으며, 그 북방 한계선은 노령을 넘어서지 않았다는 사실이다.

제주도에서는 용담동 고분에서 출토된 옹관묘 이후 아직까지는 옹관묘나 전방후원형의 고분이 발견되지 않고 있다. 민족학자 김인호(金仁顥)는 제주도에 고분이 없는 것은 화장, 수장, 조장(鳥葬), 풍장 등 장법에 의하여 처리되었기 때문이라고 주장하고 있으나26) 필자의 견해는 다르다. 용담동 고분 북쪽 묘역을 『영주지』의 고을나 왕의 무덤으로 비정하고, 그의 15세손 고후(高厚) 등

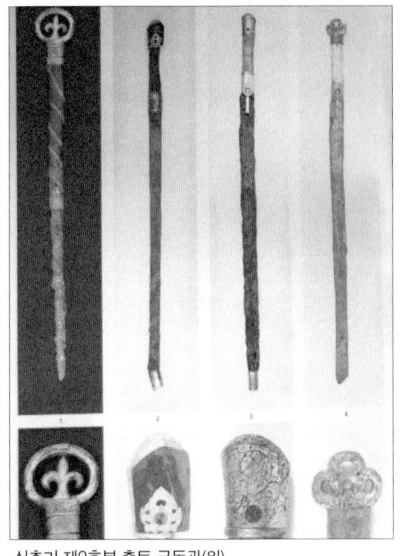

신촌리 제9호분 출토 금동관(위)
삼엽환두대도(아래) 나주시 제공

---

25) 『三國史記』, 新羅本紀 文武王 元年條
26) 金仁顥, '제주도 고분에 대한 일견해', 『제주도사 연구』제4집, 1995. 12.

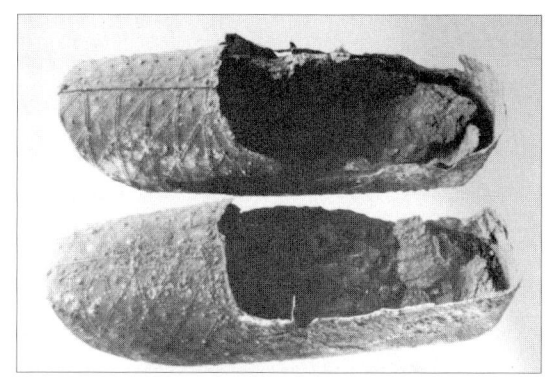

금동신발(위), 옹관(아래) 나주시 제공

이 탐진을 거쳐 나주 방면으로 진출하여 탐라국을 세웠으므로 고을나 몰기(沒期)를 A.D. 100년경, 고후 등의 이도(離島) 시기를 A.D. 250년경으로 볼 때에 제주도의 고분 공백기간은 약 150년으로 볼 수 있다.

"지석묘군은 기원 전후기의 시기에 소멸되어 토광묘나 토광을 파서 주위에 돌로 둘러 구획하는 위석식(圍石式)으로 발전하고, 또 지석묘 말기에 옹관묘도 병행하였다."라고 보는 견해[27])에 따르면, 이 시기의 묘제는 용담동 북쪽 묘역에서 보는 것처럼 석곽을 만들어 돌을 쌓은 적석묘(積石墓)의 형식을 취하고 있었다고 보아야 할 것이다.

이들 돌무덤은 용담동 고분과 인접한 지역에 분포해 존속되어 오다가 1940년대 제주도 비행장 공사와 60년대 이후의 난개발로 사라져 버린 것이 아닌가 생각된다. 그러나 아직 확실한 증거가 없으므로 이 문제는 다음 과제로 남겨둘 수밖에 없는 것이다.

---

27) 최몽룡, '전남 지방 소재 지석묘의 형식과 분류', 『역사학보』 제78호, 1978.

동지나해의 파도

탐라와 신라

무진주(武珍州) **도독부**(都督府)

 백제 멸망 후 황해와 동지나 해역은 일본의 견당선이 가끔 운항할 뿐 탐라 해민의 독무대가 된다. 탐라는 북로의 요서, 요동, 산동과 동로인 일본의 하카다(博多), 나니와(難波)와 남로인 주산, 광동에 이르는 광활한 해역에서 주도권을 잡고 네크워크의 중심이 되고 있었다.
 모든 정보는 바다를 달려 신속하게 탐라로 전달되었으므로 주변국의 정세 변화에 따라 언제나 한 발 앞서 대처해 나갈 수 있었다.
 670년 신라 문무왕은 멸망한 고구려 보장왕의 서자 안승(安勝)을 고구려 왕으로 봉하여 금마저(金馬渚, 益山)에 살게 하였는데 4년 후인 674년에는 안승을 봉하여 보덕국(報德國)의 왕으로 삼고 있다.
 그런데 후고구려(報德國)는 671년부터 독자적으로 일본에 사신을 파견하고 있다. 이들 익산의 고구려 사람들을 바다 건너 일본으로 실어 나른 해상 세력은 탐진 발라의 탐라 해민일 수밖에 없다.

675년 8월 탐라의 왕자 구마기(久麻伎)가 일본을 방문하고, 이어 같은 해 9월에 탐라왕 고여(故如, 高如?)가 일본을 방문하여 이듬해 7월까지 일본에 머물면서 덴무(天武 天皇)와 만나고 있다.

전승국인 당과 신라에 대한 대처 방안과 탐라와 일본과의 관계 개선, 그리고 일본의 임신난(壬申亂)에 가담했던 탐라인들의 논공행상 문제가 논의되었을 것이다.

이 때에 덴무는 고여왕에게 큰 배(大船) 한 척을 선물하고 있다.

임신난의 성공으로 탐라의 대일무역은 가속도가 붙어 하카다와 나니와의 포구에는 탐라의 상선들이 진귀한 물건들을 실어 나른다.

탐라에 있어 일본의 덴무조(天武朝)는 대일무역의 절정기였다.

이 시대 당의 관리들이 제주도에 이르러 직접 견문하여 기록한 『당회요』(唐會要)에 의하면 다음과 같다.

> 탐라는 신라의 무주(武州) 해상에 있다. 바다로 둘러싸인 섬 위 산에 살며 북으로 백제와는 5일이 걸리는 거리이며, 그 나라의 왕은 유리도라(儒李都羅)이다. 왕성(城隍)이 없고 다섯 마을로 나누어져 있다. 그들은 집을 둥근 담장으로 눌러 쓿도 넓는다. 호구는 8천이고 활과 칼, 그리고 창이 있으나 문기(文記)는 없고, 오직 귀신을 섬기며 항상 백제에 복속한다. 용삭(龍朔) 원년(661년) 8월 당에 사신을 보내어 조공하고 있다.[1]

탐라에 왕성(城隍)과 문기(文記)가 없다고 한 것은 당나라 관리들이 나주의 자미산성과 회진성을 보지 못하였기 때문이다. 패전국인 탐라인들

---

1) 『唐會要』, 卷100 耽羅國.

은 탐라의 실체를 하잘것없는 작은 나라로 위장하여 제주도의 거로성만 보여줌으로써 패전국의 부담을 최소화하려 한 것이다.

675년 2월 당나라는 백제의 땅에 설치하였던 웅진도독부(熊津都督府)를 폐지하고 유인궤(劉仁軌)는 당군을 철수한다.[2] 한편 일본의 쓰쿠시(筑紫)에 설치하였던 명목상의 도독부도 동시에 폐지한 것으로 보인다. 이어 신라는 백제의 땅에 웅천, 전주, 무주의 3개 주를 설치하고 678년 4월에는 아찬(阿湌) 천훈(天訓)을 무진주 도독(武珍州 都督)으로 임명하고 있다.

이 해역은 후일 임진난 때에 이순신의 좌우수영의 수군해역이 되어 일본의 수군을 몰살했던 곳이기도 하다.

굴곡이 심한 해안선과 섬과 섬 사이를 돌아 남쪽에 있는 탐라(제주도)로 해로가 연결되어 있어서 이 해역에 능통하지 않은 내륙 세력인 신라가 설사 수만의 군사를 동원한다 할지라도 이들을 제압하기란 거의 불가능하였을 것이다.

신라는 군사행동을 포기하고 679년 사신을 탐라에 보내어 탐진, 발라의 통치권을 형식상 접수하고 있다.[3]

이병도는 서남해역의 큰 섬(大島)인 탐라가 문무왕 2년(662년)에 신라에 투항하였는데, 동왕 19년(679년)에 다시 탐라국을 경략하고 있음은 무엇을 의미하는 것인지 알 수 없다고 말하고 있다. 이병도는 탐진, 발라가 본래부터 탐라의 영역이었다는 사실을 알지 못하였기 때문이다.[4]

이후 신라는 경덕왕 16년(757년)에 새로운 군현제를 실시하여 무진주

---

2) 『三國史記』, 新羅本紀 文武王 15年條.
3) "發使略耽羅國", 『三國史記』, 新羅本紀 文武王 19年條.
4) 李丙燾, '統一에 隨伴된 再組織 再編成', 『韓國史』古代篇, 震檀學會, 1973. 6, p.634.

(武珍州)를 무주(武州)로 고치고, 발라(나주)를 금산군(錦山郡)으로 바꿔 무주에 편입시키고 있다.

684년 10월 일본의 덴무(天武 天皇)는 아다카노 이누카이(縣犬養連手繦)를 대사로 하는 사절단을 탐라에 보내고 있다. 그들 일행은 지금의 조천읍 신흥리(朝天邑 新興里) 포구로 입항하였으므로 이 곳을 왜포(倭浦)라고 부른다.

일본사절 일행은 이듬해 8월까지 제주도에 머물면서 일본 견당선(遣唐船)의 안전 항해를 위한 조사와 협의를 했던 것으로 보인다.

덴무(天武)의 배신

임신난(壬申亂)의 성공으로 일본 천황이 된 덴무(天武)는 탐라인이 아니고 처음부터 일본인이었다는 쪽으로 스스로의 위상을 정립해 나간다.

첫째로 그는 전조(天智天皇)의 과업이었던 대화개신(大和改新)을 적극적으로 추진하면서 호족의 사유(私有)로 되어 있던 민부(民部), 가부(家部) 등 소위 가기배(部曲)를 폐지하여 국가에 귀속시켰다. 한편 주민에 대하여 공민권을 보장하게 힘으로써 지금까지 탐라의 번국(藩國)이었던 담로(淡路)의 아야베(漢部)가 폐지되고 탐라는 영토와 주민을 동시에 상실하게 되었다.

둘째로 그는 『일본서기』의 편찬을 시작하고 있다.

그의 지시에 의하여 편찬된 『일본서기』 신대(神代) 상(上)에 "양신(陽神)과 음신(陰神)이 교합하여 먼저 담로(淡路)가 포(胞)가 되어 일본의 여러 나라를 낳았다."라고 기술하면서 "담로(タムロ)라는 말이 기분이 나쁘므로 아와지(アワジ)라고 고쳐 부른다.(先以淡路州爲胞, 意所不快, 故名曰 淡路)"라고 하여 탐라(耽羅)와의 연결고리를 단절하고 있다.

셋째로 신라계인 후지와라가(藤原家)의 전횡을 들 수 있다.

일본의 황족 사회에서는 근친혼(近親婚)이 많았다. 뿐만 아니라 남자가 여자의 집에 다니는 모처혼(母處婚) 또는 초서혼(招婿婚)이라는 형태의 혼인 관계가 많았다. 자식은 어미의 실가에서 출생하여 성인이 될 때까지 외가에서 성장하므로 아비가 같아도 어미가 다르면(異母兄弟) 형제지간이라는 감각이 없었을 뿐만 아니라 형제지간이라는 사실조차도 모르는 경우가 허다하였다.5) 반면에 아비가 다르고 어미가 같을 경우(同母兄弟)에는 도리어 형제지간이라는 친근감이 강하였다. 이와 같은 모계중심의 혼인 양식은 근친혼을 수반하며, 특히 신라계인 후지와라가(藤原家)에서 두드러지게 나타나고 있는 것으로 보아 신라의 골품제가 후지와라가에 의하여 일본 황실에 전파된 것으로 보인다.

천무조의 일본 황실은 후지와라가에 의하여 외척이 독점되었으며 따라서 후지와라가의 전횡은 날이 갈수록 굳어졌다.6) 그러므로 덴무(天武)를 신라계로 보는 사람도 있다.

686년 9월 덴무는 병들어 죽고 황권은 황후인 지토여제(持統女帝)가 승계한다.

그러나 일설에는 그보다 4년 전인 682년에 덴무의 친신라적 행태를 보다 못한 덴무 본처의 아들 다케치(高市) 황자에게 암살되었다고도 한다.

688년 탐라의 좌평(佐平) 가라(加羅)가 문상하고 있다.

지토오(持統) 7년(693년) 11월 탐라의 왕자, 좌평 등(이름이 없음)이 일본을 방문하였을 때 지통여제의 반응은 지극히 냉담하였으며 이후 탐라 왕실

---

5) 直木孝次郞, '天皇家の近親婚', 『日本の歷史2 古代國家の成立』, 中公文庫, 1991. 2, p.55.
6) 文定昌, 전게서, pp.200~209.

과 일본 황실의 교통은 단절된다.

지토여제(持統女帝)는 덴무능(天武陵)의 정맥상(正脈上)에 후지와라궁(藤原宮)을 짓고 694년 12월 후지와라궁으로 천도한다.

여제가 온갖 음탕한 짓을 하면서 세월을 보내자, 미와(三輪)의 조신(朝臣) 다케치마로(高市麻呂, 탐라 왕자 久麻藝로 추정되는 인물)가 크게 반발하였으나 여제는 이를 무시하고 있다.

산동 반도

탐라의 북로는 요동반도의 동쪽에 위치한 장산군도의 해랑도(海浪島)가 그 본거지이다. 탐라인들은 이 곳을 근거지로 하여 요동의 발해국과 요서, 산동과 교역하고 있었으며, 산동으로 들어가는 포구는 산동반도의 등주(登州, 蓬萊)가 그 곳이었다. 일본의 견당선도 7세기까지는 북로인 이 곳 산동의 등주항을 이용하여 당나라를 왕래하고 있었다. 당에서는 이 항로를 고려, 발해도(高麗, 渤海道)라고 하였다.[7]

707년 이후 신라는 경기만에 있는 당은포(唐恩浦)에서 출발하여 한반도 서북해안을 돌아 등주에 이르는 등주 항로를 개설하게 된다. 당나라에 대한 신라의 조공 루트가 된 것이다. 탐라와 일본 북로의 해역에 긴장이 감돈다. 일본은 이 항로를 신라도(新羅道)라고 불렀으며, 신라와의 충돌을 피하기 위하여 견당선 북로를 버리고 남로인 항주만(抗州灣)쪽으로 경로를 변경하고 있다.

그러나 이 해역에 능통한 탐라인들은 산동 북안(北岸)의 등주항 대신에

---

7) 『新唐書』, 卷43 下, 嶺南道, 登州.

동남해안에 위치한 적산포(赤山浦, 文登)를 취한다. 탐라의 해민들은 위험하기로 유명한 산동 연안의 암초와 강회(江淮)의 모래톱 사이를 지나 교주(膠州, 靑島)를 경유, 해주(海州) 연운항(連雲港)으로 진입하여 비주(邳州), 서주(徐州)의 대운하로 들어가는 수로를 이용할 수 있었다. 이 항로를 이용할 수 있었던 것은 수심이 낮은 곳에서도 항해할 수 있는 사선(沙船), 즉 평저선(平底船)이 있었기에 가능한 것이었다.

733년 발해·말갈 연합군이 바다를 건너 당나라의 등주를 침공하자, 당은 신라에게 구원군을 요청한다. 신라의 성덕왕은 다시 탐라에게 탐라 수군의 출병을 요구하였으나 탐라는 이를 거절하고 있다.[8] 탐라로서는 발해에 대하여 적대행위를 할 수가 없었다. 왜냐하면 등주를 공격한 발해의 수군은 다름 아닌 해랑도(海浪島)의 옛 고구려 수군인 탐라 해민이었기 때문이다.

760년 신라는 해역을 봉쇄하여 외국 선박의 입출항은 물론 통과마저도 금지한다.[9]

778년 11월 13일 일본의 견당선(遣唐船) 한 척이 탐라에 도착한다.

이 배는 그 전해인 777년 6월 일본을 떠나 당나라에서 일을 마치고, 778년 11월 5일 중국 소주(蘇州)를 출발하여 일본으로 귀환하던 4척 중 제4선으로, 판관(判官) 우나카미(海上三狩) 등 40여 명이 탄 배였다. 탐라는 이들 견당사 일행을 잘 보호하여 직접 일본에 송환하는 선례를 깨고 이들을 체포하여 신라의 조정에 인도하고 있다.[10]

---

8) '新羅와의 關係', 『耽羅星主遺事』, 高氏宗門會總本部, 1979. 9, pp.93~94.
9) "新羅梗海道", 『新唐書』, 日本傳.
10) 『續日本紀』, 寶龜 9年條.

주술적 신라명신

『삼국유사』 명랑신인(明朗神印)조에 의하면 신라 선덕여왕 때에 자장의 누이동생 남간부인(南澗夫人)이 낳은 명랑(明朗) 법사가 당나라에 가서 도를 배우고 돌아오는 길에(631~635년) 용궁에 들려 용왕에게 비법을 전하고, 그 대가로 포시(布施)한 황금을 가지고 불탑과 불상을 장식하여 금광사(金光寺)를 세웠다고 한다. 명랑은 비법으로 당나라를 동원하여 고구려를 멸망시키고 당고종이 신라를 멸하려 하자 또 비법을 써서 재난을 물리쳐 신인종(神印宗)의 시조가 되었다고 한다.[11] 이것이 주술적 신라명신의 유래이다. 그 후 신라명신은 일본의 신라계인 후지와라가에 전수되고 있다.

653년 일본의 학문승(學文僧) 도쇼화상(道照和尙, 一名 道昭)이 두 번째의 견당선을 타고 당나라에 건너가 현장법사(玄奘法師)에게 사수(師受)하여 돌아올 때에 현장은 화상에게 불사리(佛舍利), 경전(經典)과 함께 냄비(鐺子) 한 개를 주면서 말하기를 "내가 서역(西域)을 여행할 때 이 냄비로 음식을 끓여먹고 병을 예방하였는데 장차 쓸모가 있을 것이다."라고 하였다. 노쇼화상이 귀로 등주에 들렸을 때에 많은 사인(使人)들이 역질에 걸려 있음을 알고, 냄비를 꺼내어 죽을 끓여 먹이니 병이 나았다고 한다. 그 날 배의 닻을 풀고 대해(大海)에 나가 칠일칠야(七日七夜)를 표류하였다. 사람들이 배가 나아가지 못함을 이상하게 여겼는데, 한 점쟁이(卜人)가 말하기를 용왕이 냄비를 달라고 한다고 하였다. 화상이 화를 내어 이 냄비는 삼장(三藏)이 내게 준 것인데 용왕이 어찌 감히 뺏으려 하느냐고

---

11) 『三國遺事』, 卷5 神呪 第6 明朗神印條.

호통하였다. 그러자 사람들이 그까짓 냄비 하나 아끼다가 우리는 고깃밥이 되고 말 것이라 하여 냄비를 바다에 던져 버렸다. 냄비가 바다에 뜨자 배가 움직여 돌아올 수 있었다는 고사가 『속일본기』(續日本記) 문무(文武) 4년조에 기록되어 있다.

 일본에서는 724년 쇼무(聖武 天皇)의 시대가 된다. 그러나 천황은 이름 뿐으로 실질적으로는 후지와라가의 전횡 시대였다. 황후는 후지와라 후히토(藤原不比等)의 제3녀 김광명(金光明)이다. 당시 일본 사회는 흉작으로 인한 기아와 질병이 창궐하고 반란이 일어났다. 이들 재난, 액운을 막기 위하여 광명 황후는 737년부터 일본 내 62개국에 국분사(國分寺)를 짓고 7중탑(七重塔), 장육석가상(丈六釋迦像), 협시보살상(挾侍菩薩像)을 세우게 한다. 이어 전국의 국분사를 둘로 나누어 남승들의 불사(佛寺)를 '금광명사천왕호국사'(金光明四天王護國寺)로 여자들의 니사(尼寺)를 '법화멸죄사'(法華滅罪寺)로 명명하여12) 금광명최승왕경(金光明最勝王經), 법화경(法華經)을 사(寫)하여 배포하고 강론케 하고 있다. 이렇게 하여 신라계인 후지와라가(藤原家)의 주술적 신라명신(呪術的 新羅明神)과 일본불교가 영합한다.

 법화 사상은 7세기에 후지와라가(藤原家)에서 파견한 견당학문승(遣唐學問僧)에 의하여 이미 일본에 전파되고, 같은 시기에 산동의 법화원은 견당선의 안전 항해를 기원하는 사찰로서 후지와라가의 신라명신과 함께 산동의 등주(登州, 蓬萊)에 세워지고 있었다. 653년 일본 승 도쇼화상이 머문 사찰이 이 곳이다. 그러나 8세기 일본의 견당선 항로가 남로로 바뀌면서 등주의 법화원은 찾는 사람이 없는 사찰로 명맥만 남게 된다.

---

12) 青木和夫, '國分寺創建', 『日本の歷史』 3, 中央公論社, 1991. 7, p.339.

장보고의 교관선 무역

대일 무역과 신라 번인(新羅 蕃人)

 당은 안사의 난(安史의 亂, 755~763년)을 겪으면서 국가의 통제력을 잃고 조정에 복종하지 않는 절도사(節度使)가 사병을 두어 지배·세습하는 번진체제(藩鎭體制)의 시대에 접어든다.
 본고 '주산과 해랑도'에서 인용한 한창려집(韓昌黎集)의 영남절도사(嶺南節度使) 정권(鄭權)에 관한 기사는 이와 같은 시대적 배경을 깔고 있다.
 당은 광동(廣東)에 시박사(市舶司, 세관)를 두어 외국상선이 입항하여 부두에 정박하면 정박세(藩船之至泊步 有下碇之稅)를 물리고, 팔려고 하는 물건 가액의 약 3/10을 세금으로 징수하고 있었다.
 광동 앞바다에는 사자국(獅子國, 스리랑카), 대식국(大食國, 아라비아) 상인을 비롯하여 해외 잡국(海外 雜國)의 무리, 즉 탐부라(耽浮羅), 유구(琉球), 모인(毛人), 이주(夷州), 단주(亶州), 임읍(林邑, 베트남), 부남(扶南, 타이), 진납(眞臘, 캄보디아), 우타리(于陀利)의 족속들이 동남천지에 모여들어 그 수가 만(萬)을 헤아린다고 하였는데, 이들 나라 중에 왜인(倭人)이나 신라인들은 보이지 않는다. 그리고 이들 해외 잡국의 중심에는 언제나 탐라가 자리하고 있었다. 이 해역에서 활동하는 탐라, 단주, 이주의 상인들의 본거지는 두말할 것도 없이 회계(會稽, 明州) 앞바다의 주산(舟山)이다.
 당 대종(代宗) 연간(763~779년)에 탐라의 남번(舟山)인들이 병법을 배우기 위하여 화완포(火浣布) 2단(段)을 가지고 탐라에 왔다는 기록이 있다.[13]

---

13) 陳祝三, '蒙元과 濟州馬', 『탐라문화』 제8호, 제주대학교 탐라문화연구소, 1989.

819년 절동관찰사(浙東觀察使) 설융(薛戎)이 망해진(望海鎭, 지금의 鎭海區) 앞바다에 있는 주산 군도를 당나라의 명주(明州)에 편입시키려고 하자 이 곳 주민들이 들고 일어나 신라일본제번(新羅日本諸藩)임을 주장하면서 명주불속(明州不屬)을 문서에 근거하여 명백히 하여줄 것을 청원하자 관찰사는 하는 수 없이 황제에게 주청하여 황제가 칙령으로 이를 허락하고 있다.14)

위와 같이 명주에서 70리 떨어진 곳에 있는 망해진 앞바다를 경계로 신라일본제번과 접한다고 하였으므로 300여 개의 섬으로 된 주산 군도는 당나라에 속하지 않는 신라일본제번의 땅임을 분명히 하고 있다.

이 해역에 군림하던 비류백제는 일본으로 건너가 왜가 되고 백제, 탐라의 고지(故地)인 한반도에는 신라만이 존속하고 있었으므로 주산 20여 개의 나라들을 혹 일본이라 칭하고 혹 신라로 칭하게 된 것이다. 그러므로 당이 주산(舟山)을 가리켜 '신라일본제번'(新羅日本諸藩)이라 하고, 일본이 이를 '신라번'(新羅藩)이라고 부르고 있으나 역사상 신라나 일본이 이곳에 번국(藩國)을 설치한 일이 없을 뿐만 아니라, 점유한 사실조차 없다.

회계 앞바다의 동제학 이십여국(東鯷壑 二十餘國, 舟山)은 주권을 가진 탐라의 영토였으며 탐라의 남번(南藩)이었다.

탐라인들은 스스로 탐라국을 자칭할 수 없었으므로 교역상의 필요에 따라 때로는 당인(송대에는 송상)으로, 혹은 왜인으로, 그리고 신라상인(고려시대에는 고려상인)으로 자처하였다. 이러한 사례는 명 초기에 일어났던 왜구 소동 때에도 "혹은 왜인을 사칭하고 혹은 제주인을 칭하기도 한

---

14) "今當道望海鎭 去明州七十餘里 俯臨大海 東與新羅日本諸藩接界 請據文不屬明州 許之",『唐會要』, 卷78 諸事雜錄 上 元和 14年(819년) 8月條.

다."15)라고 하여 위와 같은 사실을 뒷받침하고 있다.

그런데 이들 상인 중 일부는 아예 일본에 귀화하는 사례가 속출하고 있었다.

일본정부에서는 이들을 신라번인이라 하여 처음에는 매우 관대하게 대해 주었다.

"요즈음 신라의 귀화(歸化)선박이 부절(不絶)하다. 그들은 멀리 고향에 있는 선조의 분묘를 버리고 온 사람들이니 그들에게 부과하는 세금을 감면하고 돌아가려는 사람들에게는 양식을 주어 돌려보내라."16)라고 하였으나, 도가 지나쳐 일본 귀족 사회에 사치가 넘쳐 나자 일본의 태재부(太宰府)가 나서 무거운 관세를 매기게 된다.

"해마다 신라번인(新羅藩人)이 빈번하게 들어오고 있다. 그들 대부분은 일본에 투화(投化, 歸化)하려는 것이 아니라 바람 타고 홀연히 떠나고 있으므로, 이들을 붙잡아 우리의 백성으로 머물게 할 이유가 없다. 이런 자들은 모두 돌려보내어 우리 나라의 관대함을 보여주어라. 다만 파손된 선박이나 절량자(絶糧者)에게는 헤아려 그들이 돌아갈 수 있도록 태재부(太宰府)에서 조처토록 하라."17)라고 하여 일본 정부의 태도가 달라지기 시작한다.

일본 태재부(太宰府)의 규제가 차츰 강화될 조짐을 보이기 시작하자 탐라는 801년 신라에 조공하여18) 신라의 문호개방을 유도하였으나 신라

---

15) "或詐爲倭人, 或爲濟州人",『朝鮮王朝實錄』成宗 3年 2月 甲午.
16)『續日本記』, 天平寶字 3年(759년) 9月條.
17)『續日本記』, 寶龜 5年(774년) 5月條.
18)『三國史記』, 新羅本紀 哀莊王 2年條.

는 좀처럼 문을 열려 하지 않았다.

결국 강대국인 대당(大唐)의 힘을 빌려 물건을 교역하는 대당매물사(大唐賣物使)에 의한 교관선(交關船) 무역을 통하여, 일본과 신라를 동시에 공략하려는 전략이 생겨난다.

9세기가 되어 당상(唐商) 장우신(張友信), 이연효(李延孝) 등이 당과 일본을 왕래하고 장보고(張保皐)가 완도를 근거지로 하여 일본과 신라를 상대로 당나라 교관선 무역을 시작하자, 일본은 지금까지 외국 사신의 접대처였던 태재부의 기능을 외국 무역의 관리소로 바꾸어, 당의 상선이 규슈(九州)에 도착하면 태재부는 외항인 하카다(博多)에 유도하여 정박하게 한 다음 교오토(京都)의 조정(平安京)에 보고하고, 조정은 당의 매물사들을 태재부 홍려관(鴻臚館)에 초치한다.

일본 조정은 교역당물사(交易唐物使)를 보내어 조정에 필요한 물건을 사고 나머지는 민간이 사도록 하였다. 설령 당나라 매물사들이 위험한 일을 저질러도 대륙 문화를 수입한다는 욕구에 밀려 별로 문제시하지 않았으며 귀족들의 욕망을 충족시킬 수 있었다.[19]

여기에 등장하는 당상 장우신, 이연효 등은 당인(唐人)을 자칭하여 일본을 왕래하던 신라번인(新羅藩人), 즉 주산의 탐라인이다.

장보고(張保皐)

장보고에 관하여 지금까지 알려진 바는 그가 당인(唐人)이 아닌 조선인이라는 것이며, 그의 출신은 불분명하나 주산의 탐라인임에 틀림없다.

---

19) 坂本太郎, '貴族文化の成立',『日本史』, 山川出版社, 1989. 5, p.131.

그는 강소(江蘇)의 대운하와 회수(淮水)가 교차하는 수로(水路)의 요충인 서주(徐州)와 양주(揚州)에서 당나라 군중소장(軍中少將)을 역임한 것으로 되어 있다. 서주와 양주는 옛 오나라의 땅이다. 일찍이 자장법사가 신라에 대하여 매우 적대적인 한인(韓人) 집단으로 지적하였던 황룡사 제3층에 해당하는 구한지일(九韓之一)인 오월인(吳越人)의 집결지였음을 알 수 있다.

828년 장보고가 청해진 대사가 되어 그의 딸을 신라 문성왕의 차비로 삼으려 할 때에 신라의 정신(廷臣)들이 "섬놈(海島人)인 주제에" 라고 폄하하고 있으며, 장보고와 행동을 함께 했던 정년(鄭年)은 바다 속에 들어가 단숨에 50리를 헤엄쳐 나간다 하였고[20], 장보고 역시 정년에게는 못 미치나 막상막하의 잠수 실력을 가졌다고 한 것으로 보아[21] 그러한 기(技)의 소유자는 회계(會稽) 앞바다 주산(舟山)의 탐라 해민이 아니고서는 할 수 있는 일이 아니다.

장보고가 신라 흥덕왕을 배알하여 "중국을 널리 돌아 다녀보니 신라인을 노비로 삼고 있는 바, 원컨대 청해진(淸海鎭)을 만들어 사람들을 납치하여 서쪽으로 가지 못하게 하소서." 라고 하여 흥덕왕 3년(828년)에 청해진을 설치, 장보고를 대사(大使)로 임명하고 군사 1만 명을 거느리고 해상을 방비하도록 하였는데 이후 인신매매가 단절되었다고 한다.[22]

일단은 이 기사의 내용을 분석할 필요가 있다.

첫째, 신라인들을 납치하여 당나라에 노비로 팔아먹는 사람들이 누구

---

20) 唐代의 1里는 360步, 약 560m이므로 50里는 28km이다.
21) 『新唐書』, 卷 220, 新羅傳.
22) 『三國史記』, 列傳 '張保皐 鄭年傳'.

냐 하는 것이다. 사건이 주로 조선반도의 서해안에서 일어나고 있는 것으로 보아 당나라 동부 연안의 해적의 소행임이 명백해진다. 다시 말하면 장보고가 속한 해상 세력이 바로 납치의 주범인 셈이다. 그러므로 장보고가 청해진 대사로 부임함과 동시에 납치사건은 종식되고 있음을 알 수 있다.

둘째로 장보고가 왜 완도에 청해진을 설치하였는가 하는 문제이다.

이 해역은 거의 배타적으로 탐라 해민의 세력권이었다.

비록 탐라가 신라에 복속되었다고는 하나 신라의 군사 행동에 의하여 탐라가 패하여 복속된 것이 아니라 단지 행정상의 절차에 의한 것으로, 탐라 왕실은 여전히 나주 지역에 건재하여 해상활동을 하고 있었으므로 장보고는 탐라의 세력에 의지하여 이 곳 완도에 청해진을 설치한 것이다. 청해진이 설치되었던 곳은 지금의 완도항이 아니라 고금도와 가까운 완도 장좌리 바로 앞에 있는 작은섬 장도(將島)였다.

완도 청해진 오른쪽이 장도

탐라인들이 별도나루(星梁浦)에서 탐진(耽津)으로 진입하는 두 개의 해로 중 신지도, 완도 사이로 진입하는 해로에 장보고의 청해진이 설치된 것이다. 청해진의 위치는 유사시에 진퇴가 용이하다는 전략상의 이점도 갖고 있다.

내륙으로 향할 때에는 강진, 해남, 장흥 어느 쪽으로도 진입이 용이한 반면, 반대로 적이 내륙의 어느 지점에서 공격하든 퇴로가 사방으로 트여 있어서 상당한 시간과 병력이 필요하게 되어 있는 곳이다. 그리고 흥덕왕이 장보고에게 주었다는 1만의 군사는 신라의 정규군에서 떼어 내어 준 것이 아니라, 대사가 임의로 모병(募兵)할 수 있는 범위를 정한 것이므로 장보고의 군사 1만은 결국 이 해역에서 해상활동을 하고 있는 탐라 해민 세력일 수밖에 없다. 이 곳은 본래 탐라 수군의 본거지였기 때문이다.

신라에 접근하는 또 하나의 방법은 불교였다. 장보고의 계획은 치밀하였다. 장보고야말로 덴무(天武 天皇)와 마찬가지로 탐라상인의 음양둔갑법(陰陽遁甲法), 중사(重詐)의 귀재였다. 그는 먼저 탐라 해민들에 의하여 개설된 산동의 동남 해안에 있는 무명의 적산포에 새로운 법화원을 창건하여 불상과 함께 신라명신을 봉안함으로써 신라와 일본인들의 호감을 사고 이어 완도에 법화사를 세운다.

김성호는 장보고가 주산의 보타도(普陀島)를 모델로 하여 828년 청해진을 창설하고 그 곳에 법화사(法華寺)를 세워 당나라의 교관선(交關船) 무역을 시작하였다고 보고 있다.[23]

---

[23] 김성호, '중국해운을 주도한 재당신라인들', 『중국진출 백제인의 해상활동 1500년』, 맑은소리사, 1996. 3, p.93.

최근 장보고의 해상활동을 근거로 신라가 마치 해양국가라도 되는 양 요란하게 매스컴을 타고 있으나 알고 보면 신라는 760년 이래 모든 뱃길을 봉쇄한 폐쇄국가였다.24)

장보고의 해상 세력은 신라에 대하여 전통적으로 적대적인 장회(長淮)의 무족(茂族), 창해(漲海)의 웅번(雄藩)인 옛 비류백제와 탐라의 해상 세력이었으며 한반도의 신라인이 아니다. 항주와 광동의 앞바다를 누비던 탐라의 상인들은 대당매물사(大唐賣物使)라는 당나라의 교관선을 업고 일본에 이어 이번은 신라를 덮치는 것이다.

그러나 신라는 작은 나라이다. 이로 인하여 귀족 사회에 삽시간에 사치가 넘쳐나고 나라의 운세가 기울기 시작하자 신라는 다시 문을 닫고 금수 조치(禁輸 措置)를 취한다.25)

이후 장보고는 흥덕왕 이후의 왕권 쟁탈전에 참여하여 무주 도독(武州 都督)이던 김양(金陽)과 함께 김우징(金祐徵, 神武王)을 옹립하여 완도에 망명 정부를 세우고 군사를 일으켜 민애왕(閔哀王)을 살해하여 신라의 정권을 장악하는 듯하였으나 841년 11월 자신의 부하이며 김양의 하수인인 염장(閻長)에게 암살된다.

탐라의 전략은 마지막 단계에서 차질을 빚게 되고 완도 청해진은 끝난다.

그러나 자장법사가 우려했던 대로 개방적인 해상세력에 의하여 신라는 파국을 맞이하게 된다.

---

24) "新羅梗海道",『新唐書』, 日本傳.
25)『三國史記』卷33, 雜誌2 色服.

제주의 법화사(法華寺)

중문 해수욕장으로부터 서귀포 방면으로 동북 약 5km 지점, 서귀포시 중문면 하원리(현 서귀포시 하원동)에 2만 평이 넘는 법화사지(法華寺址)가 있다.

하원리 법화사가 문제가 된 것은 조선 태종 6년(1406년)에 명의 사자 황엄(黃儼), 한첩목아(韓帖木兒) 등이 "제주에 있는 법화사 동불상(銅佛像) 3구는 원조(元朝)시 양공(良工)이 주조(鑄造)한 것이므로 의당 우리가 가져가겠다."라고 왕을 협박하여 동불상 3구를 배에 싣고 해남을 경유하여 명나라로 가져가 버렸기 때문이다.[26]

그러나 명나라 사신이 주장하는 원조 시 양공이 주조하였다는 근거는 고사하고 법화사가 언제 창건되었는지에 관한 기록이 전혀 없다.

1992년 서귀포시와 제주대학교 박물관이 조사한 발굴보고서에 의하면 "하원리 법화사의 창건 연대를 알 수 있는 사적기나 문헌 기록이 전하지 않고", "발굴된 기와에서 '시중창 십육년 기묘필'(始重創 十六年 己卯畢)이라는 명문(銘文)이 나온 것으로 보아 원세조(元世祖) 지원(至元) 16년 기묘(1279년)에 중창(重創)된 것으로 보고, 처음 창건된 시기는 원의 탐라총관부(耽羅總官府)가 설치되던 고려 충렬왕 원년(1275년) 직후로 추정된다."라고 쓰고 있다.[27]

제주도의 법화사는 적산의 법화원, 주산의 보타도와 관계가 있다. 보타원(普陀院)의 불상에 관한 기록은 두 가지가 전한다.

---

26) 『朝鮮王朝實錄』, 太宗 6年條.
27) 서귀포시 · 제주대학교 박물관, 『法華寺址』, 1992.

첫째는 "옛날 신라상인(新羅賈人)이 오대산(五臺山)에서 불상을 새겨 가지고 귀국하려고 보타도에 이르자, 섬 앞바다에 암초가 나타나서 배가 나갈 수가 없었다. 이 때에 보타원의 중 종악(宗岳)이 불상을 보타원에 봉안한 후에야 선박이 왕래가 이루어졌다. 그 후 오월국의 전씨(錢氏)가 이 불상을 성안 개원사(開元寺)로 옮겼다."라고 한 북송 시대(1124년) 서긍(徐兢)이 지은 『고려도경』(高麗圖經)의 기사이다.

둘째는 "당 선종 대중(大中) 13년(859년)에 일본 승 혜악(惠萼)이 오대산을 참배할 때에 관음상이 단아함을 보고 간곡히 부탁하여 일본으로 모셔 가는 도중 보타도에 이르자, 노도풍비하여 배가 더 이상 가려 하지 않으므로 관음상을 섬에 봉안한 후에야 배가 움직였다고 하여 불긍관음원(不肯觀音院)이 되었다."라는 남송 시대의 『보경사명지』(寶慶四明志, 1225~1227년), 『불조통기』(佛組統紀) 등의 기사가 그것이다.

지금까지는 이 두 개의 기사를 하나의 사건을 서로 다른 각도에서 기록한 것으로 보았다. 즉, 『보경사명지』와 『불조통기』의 기록은 『고려도경』의 기록과 서로 유사하여 상호 보완적이라고 본 것이다.[28]

그런데 당시 보타도의 매잠항(梅岑港)에는 탐라, 일본을 왕래하는 선박들이 무수히 드나들고 있었으므로 이들 두 개의 기록은 시간적으로 약 20년의 시차를 두고 같은 장소인 보타도에서 일어난 서로 다른 두 개의 사건으로 보아야 할 것이다. 이들 불상은 소유자가 각기 다르며, 신라상인(新羅賈人, 耽羅商人)들의 불상은 그들이 자기 나라로 가져가기 위하여 (欲載歸其國) 배에 싣고 가던 중 보타도에 들른 것에 지나지 않는다.

---

28) 조영록, '9세기의 韓·中 海上交涉과 佛敎交流- 중국 赤山 寶陀山과 洛山의 觀音道場을 중심으로-', 『법화사상과 동아시아 불교 교류』, 2001. 11. 27.

신라상인을 자처하는 탐라인들은 애초부터 불교와는 관계가 없는 장사꾼들이다. 그들의 신은 부처가 아니라 바다를 지배하는 용신(龍神)이며, 불상은 하나의 상품일 뿐이다. 이 당시 당에서는 경조윤(京兆尹) 한유(韓愈)의 배불 정책이 강력하게 시행되고 있었으므로 탐라상인들이 오대산에서 불상을 새겼다는 사실이나 불상을 가지고 장안을 거쳐 주산까지 운반하였다는 사실은 믿기 어렵다.

이에 반하여 일본 승 혜악에 관한 『보경사명지』와 『불조통기』의 기사는 혜악이 승려라는 사실로 보아 신빙성이 있다고 보인다.

보기에도 단아한 혜악의 관음상은 보타원에 모셔져 있다가 오월국의 전씨에 의하여 개원사로 옮겨졌다고 보는 것이 타당할 것이다.

탐라상인들의 불상은 처음 일본 견당학문승(遣唐學問僧)들에 의하여 등주(登州, 蓬萊)에 설치되어 있었는데, 8세기 초 견당선의 남로 취항으로 인하여 백여 년 동안이나 방치된 것을 탐라상인들이 가로채어 자기 나라로 실어가기 위하여 주산의 보타도에 이른 것이 아닌가 한다.

그리고 탐라상인들이 가지고 가던 불상을 보타도에 그냥 둘 리가 만무하므로 이 사건은 장보고의 치밀한 계획 하에 자기 나라로 불상을 옮긴 것이다.

현재 그 불상이 어디에 있는지 알지 못하여 확인할 수는 없으나, 주산 보타도, 제주도의 동불상(銅佛像), 오대산(五臺山), 적산 법화원, 청해진, 신라상인(濟州商人), 그리고 종악, 장보고라는 인물이 시공적으로 맞물려 있음을 알 수 있다.

당초 이 불상은 완도 청해진으로 갈 예정이었으나 841년 장보고의 실각으로 불상은 제주도 하원리의 산 속 작은 암자에 숨겨 봉안되어 오다가 원세조 지원(至元) 16년 기묘(1279년) (발굴된 기와의 명문)에 처음으로 세상에 알려져 원에 의하여 대대적으로 중창된 것이다.

탐라의 어떤 기록에도 장보고와 법화사에 관한 기사가 없는 것은 신라의 왕을 죽이고 신라의 왕권을 찬탈하려 했던 장보고의 행적을 제주도에서 특히 금기시했기 때문이다.

불상이 400여 년 동안이나 숨겨져 있던 또 하나의 이유는 탐라가 본시 불교를 신봉하는 나라가 아니었기 때문이다. 한라산 북록(北麓)의 광양당(廣壤堂)을 중심으로 서쪽의 산방당(山房堂, 일명 廣精堂), 동쪽의 토산당(土山堂) 등 3당이 있었으며, 중요 항·포구에는 따로 용신을 모시는 해신당(海神堂)이 있어서 해민들의 안전을 담보하고 있었다. 탐라의 해역에서는 용신(龍神)의 위력이 삼장(三藏)의 법력을 압도하였던 것이다. 법화사지는 산방당과 토산당을 피하여 그 중간 지점인 중산간에 위치한다.

견당선의 폐지

일본 헤이안조(平安朝)의 귀족들은 역사상 유례가 없는 물질적 풍요 속에서 높은 수준의 교양, 취미, 사치와 남녀 간의 불의밀통(不義密通)을 미화하는 시대, 즉 일본이 자랑하는 세계 최초, 최대의 장편소설 『겐지 이야기』(源氏物語)의 시대에 살고 있었다.

그러나 당시 일본의 사회상을 들여다보면 후지와라가(藤原家)가 주축이 된 불교 사원의 광대한 토지 점유, 지방 토호(受領)들의 가렴주구가 전횡하여 각 처에서 민란이 일어나자 궁여지책으로 소위 관평의 치(寬平の治, 889~897년)로서 민생을 무마하려 했으나 무위로 끝나고 드디어 천경의 대란(天慶の大亂, 938~946년)에 이어 일본 천황의 친정 시대가 막을 내리고, 약육강식하는 전국시대로 돌입하고 있었다.

일본의 후지와라 정부는 태재부에 의한 공무역이 관리들의 부패로 인하여 사무역으로 변하고 율령 제도가 무너지자 태재부의 기능을 외국의 무역선을 감시하는 기구로 바꾸어 신라번인(탐라상인)에 대하여 가혹한 통제와 탄압을 가하기 시작한다.

그러나 장보고의 교관선 무역으로 맛을 들인 일본 귀족들은 보다 많은 외국의 귀중품(舶來品)을 갈망하여 수요가 급증하자 자연스럽게 밀무역이 성행하여 물건을 팔려는 탐라 상인과 이를 막으려는 일본 정부 사이에 충돌이 일어난다.

일본 정부는 이들을 신라 해적이라고 불렀다. 신라 해적들은 대마도, 북구주에 이어 893년 5월에는 히고국(肥後國, 熊本)을 침범하고 있다. 이들의 최후의 거점은 히센국(肥前國, 佐賀縣)의 마쓰라(松浦)였다.29)

일본 정부는 894년 견당선의 파견을 폐지한다.

일본의 견당선을 운항하기 위해서는 선박의 항해사, 수부, 그 밖에 당나라 말과 신라어, 그리고 일본어를 자유롭게 구사할 수 있는 통역(譯語)이 있어야 했는데, 지금까지 이 역할은 주로 신라 번인(탐라인)들이 담당하였다. 그러나 해민의 반란으로 더 이상 견당선 파견을 할 수 없게 되어 결국 일본은 스스로 고립을 자초하게 된 것이다.

이들 신라 해적들은 일본 관군에게 쫓기고, 신라 관군에게도 쫓기는 바 되어 1223~1227년 어간에는 경남 남부 해안선을 약탈하고 있다. 이것이 소위 송포왜구(松浦倭寇)의 실상이다.30) 그러나 그 후 1272~1281년 어간에 일어난 몽고의 일본 정벌 때에는 규슈(九州)의 수호(守護), 쇼니(少

---

29) 北山茂夫, '遣唐使の廢止', 『日本の歷史4 平安京』, 中央公論社, 1991. 3, pp.342~343.
30) 『高麗史』, 高宗 10年 5月, 12年 4月, 13年 6月, 14年 4, 5月條.

貳) 휘하의 수군이 되어 하가다만(博多灣)의 전투에 참가하여 큰 공을 세우고 있다.

오월국과 주산(舟山)

오월국(吳越國)

9세기 말에서 10세기에 이르는 시기에 동아시아의 해역에는 대변화가 일어나고 있었다. 300년 가까이 군림하던 대당(大唐)은 왕선지(王仙芝), 황소(黃巢)의 난으로 명맥만 유지되던 번진제도마저 무너지고(藩鎭不能制), 대운하와 황하가 교차하는 변주(汴州, 지금의 開封縣)를 장악하여 활약하던 절도사 주전충(朱全忠)이 907년 당의 애제(哀帝)를 폐하여 스스로 양(梁)의 태조(太祖)가 되는 것을 계기로 각지의 절도사들이 다투어 칭제 칭왕(稱帝稱王)하는 오대십국(五代十國)의 시대가 된다.

당건부연간(唐乾符年間, 874~879년)에 진장(鎭將) 동창(董昌)의 휘하장수였던 전류(錢鏐)는 894년 황소의 난을 평정하는 데 공을 세운 바 있다.

이어 동창(董昌)이 난을 일으켜 항주(抗州)에 자칭 나평국(羅平國)을 세우고, 전류를 양절절도사(兩浙節度使)로 임명하려 하자 류(鏐)가 이를 거절한다.

이 소식을 들은 당 소종(昭宗)은 류로 하여금 진해·진동 양절도사(鎭海·鎭東 兩節度使)로 임명하고 동창을 토벌할 것을 명한다. 류는 896년 동창의 난을 평정하고 있다.

당을 승계한 후량(後梁)은 907년 류를 천하병마도원수(天下兵馬都元帥),

오월국왕(吳越國王)으로 임명하여 옥책(玉册)과 금인(金印)을 하사한다.

후량이 건국 후 16년 만인 923년 후당(後唐)에게 멸망하자, 류는 후당의 장왕(莊王)에게 봉공(奉公)하고 후량에서와 마찬가지로 오월국왕의 책봉과 옥책을 하사할 것을 청하였으나 거절당한다. 류는 후당에 불복하여 그의 아들 원관(元瓘)에게 진해(鎭海), 진동(鎭東), 양절도사의 지위를 수여하고 스스로 오월국왕을 자칭한다.

류는 본시 항주 임안현(臨安縣) 사람이다. 그의 아비 관(寬)이 "우리 집안은 대대로 밭농사와 고기잡이로 생계를 유지하여 왔는데 네가 지금 13주의 주인이 되어 삼면의 적과 싸우게 되니, 그 화가 우리 집안에 미칠까 두렵다."라고 말하고 있는 것으로 보아 주산군도의 어느 섬 출신으로 보인다.31)

항주, 소주, 영파는 본시 월주백제의 고지(故地)이다. 이들이야말로 남중국해의 번우(番禺)를 중심으로 광동, 복건의 앞 바다를 주름잡던 창해(漲海)의 웅번(雄藩)이며, 장강과 회수가 연결되는 대운하를 무대로 활약하던 장회(長淮)의 무족(茂族)으로32) 주산의 탐라인과 그 맥을 같이한다.

비류백제 멸망 후 동지나해에 있어서 해민 네트워크의 중심이 이미 주산으로 옮겨졌음은 앞서 언급한 바 있다. 오월국의 건국에는 주산의 탐라인들의 공이 컸을 것이므로 탐라인들은 기꺼이 전류의 세력권에 들어가게 된다. 전류는 신라, 발해, 그 밖의 해중(海中) 여러 섬나라의 왕들을 봉작, 봉책하고 있다.33) 전류는 아무리 어려워도 해가 그믈면 배에 돛을

---

31) 『舊五代史』, 錢鏐傳.

32) 『高麗史』, 券2 太祖 16年(933年) 3月條 및 卷3 成宗 4年(985年) 5月條.

33) "加封爵於 新羅, 渤海, 海中夷落亦皆遣使 行封册焉", 『舊五代史』, 卷133 世襲列傳 錢鏐.

달고 항주를 출발하여 종주국인 중원의 오대(五代) 나라들에게 조공하고 아울러 활발한 교역을 하였다.

오월국의 2대왕 원관(元瓘) 때에는 이웃 나라인 민(閩, 東越 지금의 복건성)과 통혼에 의한 우호 관계를 맺고 통상관계가 이루어지고 있었다. 931년 민국(閩國)의 내란에 개입하였다가 한때 자기 나라가 위험할 뻔한 일도 있었으나, 결국 민은 남당(南唐)에게 항복하고, 복주(福州)는 오월국에 속하게 된다.34) 송대에는 다수의 민인(閩人)들이 상선을 타고 고려에 들어 왔다는 기록이 있다.35) 이들 고려에 귀화한 민인들이 초기 신라의 석씨 집단의 후예일 것이다.

고려 청자

오월국은 후백제와 고려에도 사신을 파견하고 있다.

10세기경에는 절강(浙江) 지방에서 생산된 월주요청자(越州窯青磁)가 조선, 일본, 동남 아시아의 여러 나라와 이란, 이집트까지 수출되고 있었다. 고려 청자는 오월국에서 도래한 도공에 의하여 만들어진 것으로 보고 있다.36)

제주말을 실어 나르던 강진의 마량포(馬良浦)에서 북쪽으로 6km남짓 떨어진.대구면(大口面)을 동서로 가로지르는 용문천(龍門川)변에 고려 청자를 굽던 도요지가 집결되어 있다. 요지(窯址)의 표면 채집에 의한 조사

---

34) 田中整治, '吳越と閩との關係', 『東洋史研究』第28卷 第1號, 1969年 6月號.
35) 『宋史』, 高麗傳.
36) 三上次男, '高麗青磁の起源と歴史的 背景', 『朝鮮學報』第99, 100輯, 1981.

고려청자요지 강진고려청자박물관

   결과 당대(唐代) 월주요자의 특징인 사목고대(蛇目高臺)의 기형을 지닌 초기의 청자 도요지가 대구면 용흥리 사당리, 계율리, 그리고 칠량면 삼홍리에만 30여 개소가 있는 것으로 나타났다.37)

   지금까지 발견된 강진의 도요지는 용문천을 사이에 두고 183기가 넘으며, 현재 사적 제68호로 지정된 고려청자 도요지인 사당리, 계율리, 용흥리 등지에서 출토된 청자의 파편을 수집 분석하고, 점토 원료를 채집 시험하여 청자재현사업을 추진하고 있다.38)

   강진은 만리의 바다 건너 월주에 진출하여 월주요청자를 굽던 탐라인

---

37) 吉岡完祐, '高麗靑磁의 發生에 관한 硏究', 『陶藝硏究』 Vol1~No2, 1980.
38) 鄭昌柱・白龍赫・李泰浩, '全南 康津郡 大口面 史蹟 68號 高麗靑磁 陶窯址에서 出土된 靑磁破片에 관하여', 『호남문화연구』 Vol. 12, 1982.

도공들이 신라가 멸망하여 쇄국이 풀리자 고국으로 가는 길이 자유롭게 되므로, 꿈에 그리던 고국 탐라의 나루(耽津)로 돌아와서 그들이 닦은 기술과 고향의 흙과 물을 가지고 세계 최고의 고려 청자를 구워내던 곳이다.

지금도 이 곳에서는 새로운 예술가들이 옛 사람들의 전통을 이어받아 신비의 도자기를 만들어내는 데 여념이 없다.

제주말(濟州馬)

몽고인에 의하여 제주 목마장이 개설되기 이전인 고려 고종 45년(1258년)에 탐라는 고려에 제주말을 바치고 있다.[39] 그렇다면 제주도에는 언제부터 말을 기르게 되었는가?

『삼국지』위서 동이전에 주호(州胡)의 섬에 소와 돼지가 있다는 기록이 보이나, 말이 있다는 기록은 없다.

제주말은 오월국에 사는 탐라인들이 아득히 먼 북방의 거란(契丹) 제국과의 교역에서 수입된 것을 제주도로 실어왔음이 히노(日野開三郞)의 논문에서 확인된다.

오월국은 중원오조(中原五朝)와 친선 제휴책을 씀으로써 숙적인 북쪽의 오(吳), 남당(南唐)을 견제하여 자국의 안전을 도모하는 한편, 자국의 물산(비단, 종이, 칠기, 약초, 도자기 등)과 아라비아 상인들에 의하여 수입되는 물건(물소뿔, 상아, 향료 등)을 팔아 큰 이익을 남기고 있었다.

오월은 거란과도 친선관계를 맺고 동지나해와 황해를 북상하여 산동의 여러 항구와 거란의 진동관 해구(鎭東關 海口, 遼河의 海口)를 통하여 사

---

39) 『高麗史』, 高宗 45年 5月條.

282 바다에서 본 耽羅의 歷史

신과 상선을 보내고 있었으며, 거란을 비롯한 중원의 사신, 상선들도 오월의 명주, 항주 등에 입항하고 있었다. 이 때에 오월이 북방에서 수입하는 품목 중에 말이 있었다고 한다. 말은 번진(藩鎭)간의 전쟁으로 전마(戰馬)가 필요하였기 때문이라고 한다. 오월국이 거란으로부터 말과 양을 수입하였다는 기록은 거의 없다. 오월국의 역사를 기록한 오월비사(吳越備史)에 거란관계 기사를 일부러 모두 삭제하였기 때문이라고 한다.

그러나 일본에 오는 오월인들이 그들의 배에 양(羊)을 실었다는 기록이 있으며, 자치통감 권382, 후진기(後晉記), 천복(天福) 5년 정월조의 고이(考異)에는 낙중이기(洛中異記)를 인용하여 민왕 창(昶)이 사자를 거란에 보내어 말을 구했다는 기록과, 구오대사 권118, 주서9 세종기(世宗記) 제5, 현덕(顯德) 5년 9월 갑자(甲子)조에는 후주(後周)의 세종(世宗)이 오월왕 전숙(錢俶)에게 양 500구, 말 200필, 낙타 20두를 하사하였다는 기록이 있는 것으로 보아 오월국이 말과 양을 수입하였음은 의심할 여지가 없다고 한다.[40]

대만 대학의 진축삼(陳祝三)이 "원대(元代)의 제주마는 화류준종(驊騮駿種), 용종(龍種), 천마(天馬)라고 부를 만큼 우수한 품종이었다."라고 주장하고 있는 것으로 보아도[41] 이 시대 거란에서 수입한 북방마는 호마였음이 틀림없다. 오월국이 바다를 건너 거란에서 말과 양을 수입하여 월주, 일본으로 향하는 뱃길의 한복판에 제주도가 있다. 황해와 동지나해의 파도를 넘어 주산의 탐라인들이 그들의 고국인 탐라에 거란말을 들여온 것이다.

---

40) 日野開三郎, '五代の馬政と當時の馬貿易', 『東洋學報』第29~30卷, 1942~1944.
41) 陳祝三, '蒙元과 濟州馬', 吳富尹 역, 『탐라문화』 제8호, 제주대학교 탐라문화연구소, 1989.

주산(舟山)의 창국(昌國)

전류가 세운 오월국은 오대십국 중 가장 오랜 기간(80년간) 항주, 월주를 지배하다가 그의 손자, 숙(俶)에 이르러 후주(後周)의 조광윤(趙光胤)이 세운 북송(北宋)에게 합병된다.

주산의 탐라인들은 비록 짧은 기간이기는 하였으나 오월국 시대에 가장 안정되고 자주적으로 해상활동을 하였으므로 탐라인들은 그 여세를 몰아 오월국이 북송에 합병된 후에도 주산군도의 독립을 주장하여 북송 영희(寧熙) 6년(1073년)에 이르러 드디어 창국(昌國)이라는 독립국가를 세우고 있다.[42]

주산을 가리켜 신라의 중 자장은 『삼국유사』 황룡사 9층탑조에서 응유(鷹遊)라고 부르고 있다. '매(鷹)를 기르는 곳' 또는 '매가 노는 곳'이라는 뜻일 것이다.

916년 아부 제이드(Abu Zeit)라는 아라비아 사람이 쓴 지리서에는 "이 곳 중국의 뒷편에 있는 신라 제도(Sila)에는 적은 인구가 산다. 이들은 중국의 왕에게 조공하면서 지극히 평화롭게 살아간다. 섬에는 흰색 매(白色 鷹)가 인가에 서식하며 중국과 일본에 매 사냥용으로 수출한다."라고 하였다.

아불훼다(Abulfeda)와 노와이리(Nowairi) 등 아라비아 저술가의 지리서에는 "중국 동쪽 극단에 신라(Sila)라고 부르는 여섯 개의 섬이 있다. 이 곳에 일단 발을 들여놓으면 다시 섬을 떠나려 하지 않을 만큼 기후 온화하고 공기와 물이 맑고 인민은 모두 풍요롭게 산다."라고 하였다.

---

42) 김성호, '창국 출현', 전게서 2, pp.155~157.

10세기 중엽 아라비아의 이븐 코르닷드베(Ibn Khordadbeh)가 쓴 지리서에는 "신라(Sila)는 황해에 면한 칸두(Kantu, 抗州)와 대치하며, 많은 산이 있고 금을 산출한다. 개의 목줄은 물론 원숭이의 목줄까지도 금으로 장식하고 그들은 금으로 짠 의류를 시장에 내다 팔기도 한다. 이 곳을 방문하는 모슬림(회교도)들이 이 곳의 쾌적함에 이끌려 영주하는 사람들이 있다. 여기에는 많은 왕(Muluk)들이 있으며 이 섬을 와크 와크(wak, wak)라고도 부른다."라고 하였다.

이븐 라키스(Ibn Lakis)는 "949년에 이들 와크 와크 주민들이 수척의 배를 이끌고 아프리카의 마다가스카르 서북 해안에 있는 칸발로(Kanbalo)까지 진출하여 상아, 해구갑, 구피(狗皮) 등을 교역하고 있다."라고 하였다.[43]

알 이드리시(Edrisi)가 제작한 신라 제도 5개의 섬들은 바로 주산 군도의 섬들과 일치하며, 당회요(唐會要)가 이 곳을 '신라일본제번' 이라고 부르고 있음은 본고 '장보고의 교관선 무역' 에서 언급한 바 있다. 이 곳은 탐라해민이 축척한 부의 저장고이며 본거지이다.

이 시대에 탐라 상인들은 이 곳을 근거지로 하여 남지나해와 인도양을 건너 아프리카 동부 연안까지 진출하여 교역을 하고 있었던 것이다.

북송 선화(宣和) 4년(1122년) 황제의 조명(詔命)을 받고 명주(寧波)의 진해를 출발하여 고려를 여행한 바 있는 서긍(徐兢)의 고려도경(高麗圖經)에 근거하여 그가 항해한 주산 군도의 뱃길을 따라 탐라인들의 항로를 추적해보기로 한다.

---

43) Geoje氏原述, 遠藤佐佐喜 補考, '日本に關する亞刺比亞人の知識', 『東洋學報』 第5卷 第1號, 1915年 1月.

처음 명주에서 호두산(虎頭山), 교문(蛟門)을 지나 주산 군도로 들어가는 곳에 심가문(沈家門)이 있다. "이 곳은 사방이 산으로 둘러싸여 있어서 마치 양쪽에 두 개의 문이 마주 열리고 있는 듯하다 하여 문산(門山)이라고도 부른다. 이 곳은 창국현(昌國縣)에 속한다."(沈家門)

이어 매잠(梅岑)이라는 섬에 이르고 있다. 매잠은 보타원이 있는 보타도를 말한다.

주산군도(창국)

서긍이 탄 배가 주산도와 보타도 사이를 지나 북상하다가 본 봉래산(蓬萊山)이라는 곳이 대산(岱山)일 것이다. 섬 북쪽에 노응산(老鷹山)이 솟아있고 섬 전체가 하나의 산으로 되어 있다.

"봉래산을 바라보면 심히 먼 곳에 있다. 앞부분은 높고 뒷부분은 낮다. 뾰족하게 솟아 있는 산봉우리가 매우 아름답다. 이 섬은 아직도 창국의 봉경(封境)에 속해 있다. 이 산을 지나면 다시는 산이 나오지 않고 높은 파도가 있을 뿐이다."(蓬萊山)

대산(岱山)이라는 말은 시황제가 봉선(封禪)하던 태산(泰山)과 같은 의미이다. 신성한 산이라는 뜻이며, 제주 해민이 꿈에 그리던 이어도 산이다.

서긍이 탄 배는 황해의 서남 1,000여 리에 가로놓인 모래톱 황수양(黃水洋)을 비켜 가면서 대만 연해에서 북상하는 먹처럼 검푸른 흑수양(黑水洋), 즉 구로시오를 타고 고려로 향한다. 만으로 헤아리는 성난 파도가 산같이 치솟아 올랐다가 파도 밑으로 내려갈 때에는 하늘을 가리고, 위장이 뒤집혀 헐떡이는 숨만 겨우 남아 쓰러져 토악질을 하면서 죽음의 바다를 건너고 있다. (黑水洋)

서긍은 주산에 사는 사람들을 가리켜 고려인이라고 부르고 있다.

"고려인들은 바람을 타고 물 위를 달려 못 가는 데가 없이 하루에 천리를 간다. 황하와 양자강을 마치 땅 위를 걸어가듯 횡절(橫絶)한다. 그들은 해외에서 낳고 자라서 그런지 고래등같은 파도를 가르므로 배를 소중하게 여기는 것은 당연한 일이다. 그들의 배의 구조를 살펴보니 별로 치밀한 것 같지는 않고 간명한 구조로 되어 있다. 그들은 천성으로 물에서 편안함을 얻고 배 안의 누추함에도 불구하고 그다지 신경을 쓰지 않는다."
(舟楫)

무함마드 깐수(정수일)는 이븐 코르다지바(그는 Ibn Khordbeh를 Ibn Khurdadhibah로 수정하고 있다.)의 저서 『제도로 및 제왕국지』에 기록된 황해에 면한 칸투(Kantu, Quantu)를 경남 진주시와 단양군 일원, 즉 신라 시대의 강주(康州)로 비정하고, 12세기 중엽 알 이드리시(Al-Idrisi)의 저서 『천애 횡단갈망자의 산책』에 수록된 제1구역도 제10부분의 신라(Sila)의 섬들을 한반도와 남해안 일대의 제주도, 흑산도 등으로 비정하고 있다.[44]

그러나 알 이드리시의 신라 제도의 지도에서 반도 부분을 항주만을 둘러싸고 있는 절강성 영파 반도에 겹치면 섬들의 크기가 다를 뿐, 주산군

---

44) 무함마드 깐수, 『신라, 서역 교류사』, 단국대학교 출판부, 1992. 9.

도의 섬들과 거의 완벽하게 일치함을 알 수 있다.

12세기 알 이드리시가 배를 타고 지구의 동쪽 끝 중국의 동해상에 있는 항주만 앞바다의 주산군도를 답사하여 신라일본제번의 섬들을 지도상에 정확히 그려 넣은 것이다. 아라비아인들의 동방에 대한 인식은 주산을 지구의 끝으로 보았으며 일부 사람들이 주장하듯 아라비아 상인들이 신라나 일본을 직접 왕래한 것이 아니라 당나라의 제도를 기록한 『당회요』의 신라일본제번인 주산군도까지가 그들의 한계였던 것이다. 일본의 엔도우(遠藤佐佐喜)는 더 후여(M. J. D Goeje)의 저서 『일본에 관한 아라비아인의 지식』에 기록된 중국 동쪽에 있는 와크 와크(Wak wak)는 왜국을 지칭한다는 일본비정설[45])에 집착하고, 한국의 정수일은 신라에 집착한 나머지 주산군도를 일본 열도와 한반도에 끌어다 놓는 해프닝을 벌인 것이다.

아라비아 상인들이 본 것처럼 금의 산지가 아님에도 주산에 금이 많았던 것은 주산의 역사가 시작된 이래 탐라인들이 삼강오호의 부를 거둬들여[46]) 1300여 년 동안이나 있게 했던 힘의 원천, 즉 탐라인들의 부의 저장고가 여기에 있었기 때문이다.

이븐 코르닷드베가 본 주산군도는 많은 산들이 있는 신라(Sila)이고, 왜국, 즉 와크 와크(Wak Wak)이며 지구의 끝이다. 아라비아 사람들은 검은 파도가 넘실대는 죽음의 바다, 구로시오를 항해한 사실이 없다.

북송은 오월국의 영향으로 통상 국가를 지향하게 된다. 그리고 한반도에는 폐쇄적인 신라가 멸망하고 장강과 회수에서 탄생한 고려는 해양 국

---

45) 遠藤佐佐喜, 'ド, フーユ氏 の日本に關する亞剌比亞人の知識に就いての私考', 『東洋學報』 第5卷 第2號, 1915. 5.
46) 『漢書地理志』, 吳地, 越地.

가적 성격이 강했으므로 오월지역의 교민들은 지금까지의 재당신라인, 신라번인이라는 명칭을 벗어 던지고 재송고려인, 또는 송상이라는 이름으로 탈바꿈하여 세계를 향하여 바다를 누비게 되는 것이다.

탐라의 생존 전략

견훤과 왕건

탐라가 해양국가로 살아남기 위해서는 본거지인 탐라국의 국토안전이 우선되어야 했으며 자국의 영토 내에 식량이 자급되어야만 했다.

그러나 탐라는 뛰어난 항해술과 천재적인 상술에도 불구하고 지정학적으로 항상 북방 강대세력의 침략 위협에 노출되어 있었으며 바람과 돌이 많아 인민이 농사짓고 살 만한 비옥한 농토가 없었다.

반도의 서남쪽 한 귀퉁이, 노령 이남의 땅은 탐라인에게 있어서 생명줄이나 다름이 없었으므로 이 지역을 장악하려 했던 백제, 신라의 세력에 맞서 싸우기도 했고 때로는 외교력을 발휘하여 화친하기도 했으며, 복속하여 조공하면서 그나마 자유스러운 생존권을 확보할 수 있었다.

이 지역의 통치권을 신라에 빼앗긴 후에 탐라는 실지회복을 위하여 싸웠다. 장보고의 청해진도 이와 같은 노력의 일환으로 이해된다.

892년 견훤이 완주(전주)에 웅거하여 무주 일대를 장악하자 탐라가 재빠르게 견훤에게 항복하고 있다. 견훤이 탐라를 공격하여 항복한 것이 아니라 그가 나주평야 일대를 지배하게 되므로 나주평야를 회복하기 위하여 자진하여 견훤의 세력에 합류한 것이다.

탐라는 중국 남조의 새로운 강자로 부상한 오월국 왕 전류(錢鏐)와 협력하도록 견훤을 끈질기게 설득하여 견훤으로 하여금 사신을 오월국에 파견하게 하고 오월국 또한 후백제에 사신을 보내어 답례하고 있다.[47] 그러나 견훤의 야심은 달랐다. 그는 신라에 대한 적개심에 불타고 있었으며 신라만 제거하면 천하가 자기의 것이라는 과대망상에 빠졌던 듯하다.

한편 왕건은 강력한 견훤 군사의 정면대결은 불리하다고 판단하여 멸망 직전에 있던 신라에 접근하여 우호적인 제스처를 보내어 안도시키는 한편, 견훤의 배후세력인 나주의 탐라세를 제압함으로써 후백제와 해상세력 간의 연대를 차단하려는 전략을 구사한다.

왕건은 잘 훈련된 수군을 동원하여 영산강 하구로 침입, 탐라의 해역을 유린하고 있다. 탐라왕실은 왕건에 관하여 많은 정보를 가지고 있었으나 형제지간이나 다름없는 오월 출신 해민인 왕건과는 직접 대결할 의도가 없었을 뿐만 아니라, 그가 탐라를 직접 공격할 것이라고는 생각조차 할 수 없었던 것으로 보인다.

탐라는 왕건을 믿다가 허를 찔려 무너진 것이다. 동시에 후백제도 패한다.

918년 왕건이 송악에 도읍하여 고려가 서자, 탐라는 태조 8년(925년) 11월에 사자를 보내어 항복하고 있다.

태조 16년(933년) 후당(後唐)의 명종(明宗)이 사자를 고려에 보내어 고려왕을 책봉하고, '장회(長淮)의 무족(茂族)'이며 '창해(漲海)의 웅번(雄藩)'인 백제인의 후예가 고려왕이 되었음을 축하하고 있다.[48]

---

47) 『三國史記』, 列傳 甄萱傳.
48) 『高麗史』, 太祖 16年 3月條.

장강(양자강)과 회수(淮水)가 만나는 대운하 일대는 오월의 땅이며 창해는 동지나해와 남지나해로 이어지는 바다를 말한다. 그 중심 세력이 주산의 탐라인이었음은 이미 살펴본 바와 같다.

938년 탐라는 태자 말로(末老)를 고려에 보내어 입조한다. 태조 왕건은 탐라에 대하여 지금까지처럼 탐라국의 지위와 제도를 그대로 인정하는 듯 보였다.[49] 그러나 왕건은 백제 탐라의 적대국이던 신라인들을 중용하여 신라의 관제(官制)를 도입하고 태조 자신은 신라왕실의 딸을 취하여 왕후로 삼고 있다. (神成王后)

고려의 개경(開京)은 신라인으로 넘쳐나고 고려는 점차 신라화되어 가고 있었다. 지금까지 신라의 압제에 시달리다가 모처럼의 해양국가 출현이라는 기대에 부풀었던 옛 담로 세력들의 격렬한 저항이 일어나는 것은 당연한 일이다.

왕건 말년 그가 남긴 훈요십조에서 차령 이남 공주강 밖의 산형지세는 배역의 땅이라 하여 이 곳 사람들을 등용하지 말라고 유언하고 있음이 이를 뒷받침한다.

탐라의 분할

현종 2년(1011년) 정월 거란군이 개경(開京)을 침공하므로 왕은 노령을 넘어 탐라의 발라(나주)에 피난하고 있다. 탐라가 비록 고려에 항복하여 고려의 속국이 되었다고는 하나 이 시대까지 나주는 엄연히 탐라국의 영토였다.

---

49) 『高麗史』, 太祖 21年 12月 條.

국왕의 외국 도피로 충격을 받은 고려 조정은 거란군이 물러가자 개경으로 돌아온 후 그해 9월에는 서둘러 탐라에 주군제(州郡制)를 실시하고 있다. 주군제라 함은 옛 탐라의 고지(故地)였던 노령 이남의 땅을 제주도와 분리하여 정식으로 고려의 주군에 편입시키고 제주도를 떼어내어 여진(女眞)처럼 고려의 국경 밖에 두어 간접통치하는 정책이다. 고려사에 의하면 이 제도가 탐라의 요청에 의하여 시행된 것으로 되어 있으나 자세한 내용은 알 수 없다.[50]

신라인들은 거의 본능적으로 바다에 대하여 알레르기적 거부반응을 일으키는 족속들이다. 고려 태조 왕건의 혼인 양식이 신라의 모처혼(母處婚)을 따랐으므로 신라계의 피를 물려받고 태어나서 신라계의 집안에서 성장한 제8대 현종은 건국 초기의 해양적 기본질서를 뒤엎고, 동성혁명(同姓革命)하여 삼한을 재조(三韓 再造)함으로써[51] 고려 초기의 해양국가적 체제는 무너지고 신라화되어 폐쇄적 통제국가를 지향하게 된다.

김부식은 『삼국사기』 신라본기 마지막 절에서 "우리 태조(왕건)는 비빈(妃嬪)이 많고 그 자손들이 번성하였는데 현종(顯宗)은 신라의 외손으로서 보위에 올라 고려의 왕통을 승계한 사람들이 모두 현종의 자손이므로 어찌 그 음덕의 보답이 아니겠는가."라고 하여 고려가 신라의 왕통을 계승하였다고 자랑하고 있다.

발라의 탐라왕실은 나주의 왕성을 버리고 제주로 향한다. 이로써 3세기 중엽 고후(高厚)왕이 이 곳에 해민의 나라를 세워 800년 가까이 통치

---

50) "耽羅乞依州郡例 賜朱記, 許之", 『高麗史』, 顯宗 2年 9月條.
51) 김성호, '삼한재조', '동성혁명', 전게서 1, pp.242~256.

하던 나주의 탐라국 시대가 막을 내리는 것이다.

　탐라국을 지탱하던 많은 사람들이 왕을 따라 제주도로 떠나고, 또 많은 사람들이 씨족 단위로 각처에 분산한다. 전남 장흥의 고씨 집단, 전북 남원의 양씨 집단들이 이 때에 형성되었을 것이다.

　이 시대에 탐라는 거로고성(巨老古城)에서 지금의 제주시 관아지로 수도를 옮겼을 것이다.

　1024년에는 탐라에 무산계(武散階)를 실시하고[52], 이어 1043년에는 제주도를 떼어내어 탁라국(乇羅國)이라고 명명하고 있다.[53]

　고려는 탐라의 반발을 무마하기 위하여 탐라왕실의 자제들을 고려에 입사(入仕)시키고 있다. 이리하여 탐라왕실은 분열된다.

　탁라국으로 국호가 바뀐 제주도의 탐라는 비록 북쪽의 영토를 빼앗겼지만 섬나라의 독립적 지위만이라도 온전히 보전하기 위하여 주산의 송상(宋商)들과 힘을 합하여 고려 조정에 공부(貢賦)한다.

　1012년 큰 배(大船) 2척을 바치는 것을 시작으로 중양절(重陽節) 팔관회(八關會) 등의 행사에는 송상들과 함께 진귀한 보물을 들고 고려 조정을 방문하고 있다.

　고려 시대의 송상이라 함은 주로 오월지역과 주산의 상인들을 말한다.

　송상들의 사무역은 물물교환으로 이루어져 개경에는 수일 간격으로 허시(墟市)가 열렸으며 송상들이 거둬들이는 이익 또한 막대하였다.

　고려는 1079년에 구당사를 제주에 파견하고 있다. 구당사(勾當使)라 함은 당나라의 시박사(市舶司)와 비슷한 제도로서 국경의 수출입항에 배치

---

52) "耽羅酋長周物 子高沒幷爲 雲麾大將軍, 上護軍", 『高麗史』, 顯宗 15年 7月條.
53) 『高麗史』, 靖宗 9年 12月條.

하여 시역무(市易務)를 관할하는 북송의 구당시박사(勾當市舶司)처럼 화물의 임검과 관세를 징수하는 징세관을 말한다.

탐라에 들어오는 송상들의 물건에 대하여 고려가 무거운 세금을 부과하기 시작한 것이다.[54] 탐라인들의 반발에도 불구하고 고려는 한 걸음 더 나가 1105년에는 탁라국(乇羅國)을 탐라군(耽羅郡)으로 개편하고 있다.[55]

1153년에는 군을 현으로 격하시켜 영위(令尉)를 파견하여 안무하였다고 기록하고 있다.[56] 탐라가 반발하자 영위를 파견하여 진압하였다는 것이다. 드디어 탐라의 대고려항쟁이 시작된 것이다. 그리고 이 항쟁은 고려가 멸망할 때까지 숨 돌릴 틈도 없이 계속된다.

탐라인들의 항전

1168년 탐라인 양수(良守)가 반란을 일으키고 있다.

『고려사』에 의하면 안무사 조동희(趙東曦)를 보내어 양수 등 주모자 2인과 일당 5인을 참하고 수습한 것으로 기록되어 있으나[57] 18년 후인 1186년 탐라의 반란 소식에 왕이 놀라 양부(兩俯, 중서문하성과 추밀원)를 긴급 소집하고 있다. 조사 결과 반란이 허위임이 밝혀져 전 현령과 현위를 파면하고 장윤문(張允文)을 새로운 현령으로 임명하고 있다.[58]

---

54) 『高麗史』, 文宗 33年 11月條.
55) 金錫翼, 『耽羅紀年』, 高麗 肅宗 10年條.
56) 金錫翼, 『耽羅紀年』, 高麗 毅宗 7年條.
57) 『高麗史』, 毅宗 22年 11月條.

반란의 주체는 양수(良守)이다. 양씨는 영주 태초 고양부가 도읍하던 시대 제2도(第二徒, 지금의 대정읍 일대)를 다스리던 소별왕 세력의 하나이다.

이 사건은 몇 사람의 불평분자에 의하여 일어난 단순한 소요가 아니라 1168년~1186년까지의 18년간에 걸쳐 탐라인들에 의하여 일어난 조직적인 대 고려항전의 성격을 띠고 있으며, 대정의 양수세력에 의하여 그 서막이 오른 것이다.

1202년에는 번석(煩石), 번수(煩守)의 난이 일어나고 있다.[59] 1220년 탐라왕(星主)과 각국에서 모인 100여 명의 탐라 수장들이 광양당에 모여 나라의 장래에 관하여 논의한다.

탐라(제주도)는 더 이상 가망이 없으므로 다른 곳(舟山)으로 천도하여야 한다는 주장과 이 섬에 버티어 사수하여야 한다는 의견이 첨예하게 맞서 격렬한 논쟁 끝에 결국 섬에 남기로 국론이 수렴된 것으로 보인다.

『고려사』 오행지(五行志)에는 이와 같은 사실을 완곡한 은유법(隱喩法)을 이용하여 다음과 같이 기록하고 있다.

> 고종 7년(1220년) 3월 탐라군(耽羅郡)의 돌 백여 개가 스스로 어디론가 가다가 그 중 가장 큰 돌이 돌아오고자 하여 멈추자, 나머지 돌들도 모두 멈추어 가지 아니하였다.[60]

---

58) 『高麗史』, 明宗 16年 7月 條
59) 『高麗史』, 神宗 5年 10月 條.
60) "耽羅郡有石百餘自行 中有最石欲還來而止 餘石皆止不行", 『高麗史』, 五行志 2, 高宗 7年 3月 條.

1267년에는 문행노(文幸奴)의 난이 일어나고 있다.[61]

문씨는 나주 다시면 복암리에 있던 회진성(會津城) 탐라 왕자계의 호족 출신으로 탐라 말기에 탐라 왕자를 지낸 바 있는 문창우(文昌祐), 문신보(文臣輔), 문충세(文忠世) 등의 가계이다.

탐라의 항전은 1270년의 삼별초의 난으로 이어진다.

삼별초군을 강화도에서 진도로, 진도에서 제주로 실어 나를 수 있는 해상 세력은 이 시대에 탐라국 말고는 있을 수가 없었다.[62]

삼별초군이 성산(城山) 고성에서 애월(涯月) 고성으로 이동하면서 제주성을 통과할 때에 당시 탐라 성주 고인단(高仁旦)에게 사전에 예를 갖추어 승낙을 받았다고 하며, 민가에서 말을 취할 때에는 반드시 그 대가를 지불하였다고 전한다.

삼별초는 탐라를 침략한 것이 아니라 탐라가 고려와 싸우기 위하여 삼별초를 초치한 것이다. 이것이 군사력이 없는 탐라의 전쟁 수행 방식이다. 탐라는 예로부터 비류백제의 횡포에 대해서는 고구려의 군단을 초치하여 맞섰으며, 나당연합군의 공격에는 백제, 일본과 합동으로 백제부흥전쟁에 가담하고, 신라의 침략에 대해서는 장보고를 동원하고, 결국 후백제의 견훤과 제휴하여 신라를 멸하였다.

고려를 타도하기 위하여 삼별초를 끌어 들이고, 다시 왜구라고 불리는 주산의 귀환 동포들까지 동원하여 고려에 항전하고 있다. 이것이 1,300여년 동안 버텨온 탐라인의 외교능력이며 저력이다. 그리고 그 저력은 탐라인들이 1,000년을 두고 해외 교역으로 축적한 부에서 나온 것이다.

---

61) 金錫翼, 『耽羅紀年』, 高麗 元宗 8年條.
62) 高橋公明, '中世東亞細亞 海域에서의 海民과 交流', 『탐라문화』 제8호, 1989.

동지나해의 교역

송(宋)과의 교역

　북송은 북방 세력의 도발에 대응하기 위하여 막대한 군사비가 지출되었으므로 그 비용을 대외 무역에 의존하지 않을 수 없었다.

　송조(宋朝)는 971년 광주(廣州)에 시박사(市舶司)를 설치하는 것을 시작으로 항주(杭州), 명주(明州)에도 설치하여(후에는 천주(泉州), 온주(溫州), 수주(秀州), 강음(江陰), 밀주(密州), 감포(澉浦) 등 9개 포구로 확대됨) 정부가 특정한 물품을 매수 전매하여 그 이익을 독점하는 금각(禁榷)과, 박화(舶貨)에 부과하는 관세, 즉 추해(抽解) 제도를 가지고 국가의 재정을 충당하고 있었다. 시박 업무는 중앙 정부가 파견하는 환관(宦官, 內侍) 또는 지방 로재부(路財賦)의 전운사(轉運使), 지방지주(地方知州) 및 통판(通判) 등이 담당하였다.

　페르시아, 아랍 상인들과 자바, 캄파(占城), 부루나이, 수마트라(三佛齊) 등 남번(南蕃)의 상선들은 주로 광주, 항주, 명주의 시박사로 통관하였다. 특히 고려, 일본의 박화는 명수로 한정되어 있었으나 원풍(元豊) 8년(1085년) 이후 이 규정이 완화되어 고려(탐라)의 상선도 광주, 항주, 명주 어느 곳으로나 통관할 수 있게 되어 있었다.[63]

　북송은 철전, 동전 등 화폐를 발행하고 있다.[64]

　북송은 오대 10국을 거치는 동안 각 나라별로 무질서하게 유통되던 화

---

[63] 藤田豊八, '宋代の市舶司 及び 市舶條例', 『東洋學報』第7卷 第2號 大正 6年(1917年) 5月.
[64] 『宋史』, 卷180 食貨 下二, 錢幣.

폐제도를 통합하여 중앙정부가 철전, 동전의 주조권을 독점하고 이들 통화의 유통지역을 특정하고 있었다. 그러나 송나라의 화폐는 외국의 상인들에 의하여 어느새 송나라가 정한 제한구역을 벗어나 세계 각국에 유통되고 있었다(錢本中國寶貨, 今乃與四夷共用).

북송은 건국 후 1세기가 지나는 동안에 사대부들의 횡포와 관리들의 부패로 사회기강이 무너지고 사회적 모순이 표출되기 시작했다. 제6대 신종(神宗, 1068~1085년)은 전통적인 농본주의적 국가 경영 방식으로는 대규모의 국제교역이라는 변화하는 시대에 국가 존립이 어렵다고 보고 새로운 시대에 걸맞은 정책을 구현하기 위하여 혁신적인 왕안석(王安石, 1021~1086년)을 등용하여 농업과 생산, 교역을 증대시키고 국가 방위의 강화, 그리고 증세에 따르는 공정한 과세를 기조로 하는 청묘법(靑苗法), 균수법(均輸法), 보갑법(保甲法), 시역법(市易法), 보마법(保馬法), 방전법(方田法) 등 이른바 왕안석의 신법을 공포 시행한다. (變風俗 立法度 最方今之所急也) 이에 대하여 구양수(歐陽脩), 사마광(司馬光), 소동파(蘇東波) 등 당대의 사대부 집단이 한고제(漢高帝) 이래의 조종(祖宗)의 법을 파괴한다는 이유를 들어 거세게 반발하였으나 (祖宗之法 不可變也) 왕안석의 신법은 강행된다.[65]

일본의 헤이안조(平安朝)에서도 소위 황조 십이전(十二錢)이라는 주화가 주조되었으나 정부의 강제에도 불구하고 유통이 원활하지 못하여 결국 중단되고 말았는데 그 틈새에 송전(宋錢)이 들어와 유통되고 있었다.

일본에는 송상들이 몰려와 쓰루가(敦賀), 하카다(博多), 가마쿠라(鎌倉) 등지에 거류하면서 송, 고려 등을 왕래하며 대규모의 국제 무역을 하고 있었

---

65) 『宋史』, 卷327, 王安石傳.

다. 이들 송상 중에는 사국명(謝國明)이라는 호상(豪商)이 있었는데,[66] 그는 일송(日宋) 무역뿐만 아니라 후에 대원제국과도 거래하게 된다.

일본의 쿄토(京都) 상인들은 지방의 물자를 수집하여 송상에게 팔고, 송상들이 수입하는 물건을 시장에 내다 팔아 국내에서 안전한 폭리가 보장되어 있었으므로 위험한 대양의 항해를 기피하게 되었다. 따라서 이 시대에 일본 상인들이 해외에 진출하여 무역을 한 흔적은 찾아 볼 수 없다.

남송 시대에 들어와서는 정부의 수입 지출에 본격적으로 은이 사용되었다. 정부 수입에는 일반 농민으로부터 거둬들이는 조세와 지방관이 상공(上供)하는 은이 있었다. 그러나 대부분의 수입은 상인들이 내는 일종의 물품세로서 금각(禁権), 즉 전매품의 독점 판매권에 부과하는 초인산청(鈔引算淸)이라는 은납(銀納)으로 충당되었다.[67]

이 시대에 송에서는 교자(交子), 회자(會子)라 불리는 지폐(有價證券)가 통용되고 있었으며[68] 일본에서는 무쓰(陸奧, 靑森, 岩手)의 사금과 대마도의 은, 그리고 진주 유황, 목재 등이 수출되고 있었다. 이 시대 금과 은의 비가(比價)는 대륙에서는 금1 대비 은13인 데 비하여 일본에서는 금1 대 은5로 거래되고 있었으므로 송으로 수출되는 금은 연간 수천 량을 넘었다고 한다. 한편 일본이 대륙에서 수입하는 품목 중에는 화폐, 낭식불, 도자기, 벼루, 먹, 종이, 서화, 대나무(竹木類) 등이 있었으며 특히 감죽(甘竹)

---

66) 森克己, '日宋交通に於ける我が能動的貿易の展開 二',『史學雜誌』第45編 第3號, 1934. 2.
67) 加藤 繁, '南宋時代に於ける銀の流通竝に銀と會子との關係について',『東洋學報』第29卷 3・4號, 昭和 19年(1944年) 1月.
68)『宋史』卷181, 食貨 下三, 會子 鹽 上.

오죽(吳竹) 등은 피리를 만드는 재료로서 만금을 던져 사들이는 사람도 있었다고 한다.[69]

고려 상인

고려는 현종 초기 여러 차례 송에 대하여 조공 무역을 하여 오다가 1030년 이후 43년 동안 국교가 단절되고 있다.[70]

현종 이래의 신라적 쇄국주의가 국제적 고립을 자초한 것이다.

고려는 996년 송의 철전(鐵錢)을 모방하여 철전을 주조하였으나, 일반에게 통용되지도 못한 채 사장되고[71], 그 후 다시 숙종 7년(1102년) 12월에 해동통보(海東通寶), 중보(重寶), 삼한통보(三韓通寶) 등 고려 화폐를 주조하여 시행하려 하자, 화폐 경제에 익숙하지 못한 국내에서는 실제의 통용이 불편하다 하여 폐전되고 만다.

북송과의 국교단절 후 처음으로 1071년 민관시랑(民官侍郞) 김제(金悌)가 이끄는 조공선이 금은보화를 배에 가득 싣고 옛날 신라도(新羅道)라고 불리던 등주(登州) 항로를 이용하여 북송의 변주(汴州)에 이르고 있다.

그럼에도 불구하고 이 시대에 엄밀한 의미에서 고려 상인이라고 하는 것은 존재하지 아니하였다. 등주 항로는 고려 정부가 행하는 조공 루트 일망정 시박사가 설치된 상인의 무역로가 아니다. 북송은 희령(熙寧) 7년(1074년) 고려의 사신 김양감(金良鑑)이 와서 등주 항로가 거란의 창궐로

---

69) 黑田俊雄, '金, 眞珠と香, 綾錦と', 『日本の歷史』8, 中公文庫, 1991. 7, pp.26~30.
70) 『宋史』, 高麗傳.
71) 『高麗史』, 成宗 15年 4月條.

인하여 위험하므로 명주를 통하여 입궐하게 하여 달라는 청을 받아들여 명주 항로의 이용을 허락하고 있으나 고려 정부가 행하는 조공 무역에만 한정하고 있다.72)

장성의 동쪽에 접한 열하(熱河) 초원에서부터 동쪽의 만주 전역을 지배하던 강력한 거란 제국(Khitai)이 1125년 여진족이 세운 금나라에 무너진다. 금이 남쪽으로 세력을 뻗어 1127년에는 북송의 수도인 변량(汴梁, 지금의 開封)을 접수하여 회수(淮水) 이북의 광활한 지역을 지배하게 되자 북송은 개봉을 버리고 남하하여 남경을 거쳐 오월국의 고지인 임안(臨安, 杭州)으로 천도하여 남송이 된다.

북송이 무너진 것은 여진족의 침입이라는 외적인 요인보다는 신종(神宗) 사후에 수구 세력인 사대부 집단이 신법을 폐지하여 전통적인 조종의 법으로 환원시켜 선화문화(宣和文化, 1119~1125년)를 즐기고 있는 사이 사회 내부에서 사치풍조가 만연하고 관리들의 부정부패로 인한 서민들의 생활고가 심해졌으며 이 시대상을 반영한 소설 '수호지'(水湖志)에서 보는 것처럼 도적떼의 발호로 사회적 갈등이 심화되었기 때문이다.

1123년 북송이 선화봉사(宣和奉仕)의 답빙을 계기로 남송 시대인 1132년에는 고려의 예부원외랑(禮部員外郞) 최유청(崔惟淸) 등이 금 100량, 능라 200필, 인삼 500근 등을 가지고 조공하고 있다.

송은 탐라 상인을 고려 상인이라고 불렀으며, 고려에서는 송상 또는 일본 상인을 자처하였다. 한 예로 주산의 탐라인 서덕영(徐德榮)은 송의 도강(都綱, 선단의 우두머리) 자격으로 무리를 이끌고 고려에 행상하면서 송

---

72) 『宋史』, 高麗傳.

제(宋帝)의 대리인임을 자처하고73), 한편 송의 명주(明州, 영파)에 이르러서는 고려의 강수(綱首)의 자격으로 고려 조정의 대리인 역할을 자처하고 있음을 본다.74) 또한 고려를 왕래한 일본의 도강 황중문(黃仲文) 역시 주산의 탐라인일 가능성이 높다.75)

그들은 두무악의 시대부터 동지나해를 횡단하여 주산도와 보타도 사이의 좁은 해로를 따라 교문(蛟門), 호두산(虎頭山), 심가문(沈家門)을 통하여 명주를 출입하고 있었으므로 이 해로를 이용하는 상선은 탐라의 상선일 수밖에 없다.

송은 북방의 여진족에 송나라의 동전이 유출되는 것을 막기 위하여 경원(慶元) 년간(1195~1200년)에 송의 동전을 가지고 고려에 들어가는 것을 금하고 있었지만,76) 탐라 상인들은 억척같이 고려와 통상하고 있다. 최근 전남 신안 앞바다에서 발굴 인양되는 유물들은 거의 이 시대 탐라상인들에 의하여 들여온 물건이며 선박일 수밖에 없는 것이다.

탐라의 부

송대는 이미 화폐경제의 시대였으며 중상주의적 사회의 초기 단계에 진입하고 있었다. 동지나해에는 금은보화를 실어 나르는 송상과 탐라 상인, 그리고 멀리 아라비아에서 온 상인들이 몰려들어 항주, 명주, 광주,

---

73) 『高麗史』, 毅宗 5年 7月, 同王 16年 6月, 同王 17年 7月條.

74) 『宋史』, 高麗傳.

75) 『高麗史』, 毅宗 元年 8月 甲辰.

76) 『宋史』, 高麗傳.

천주, 온주 등의 제(諸)시박사에는 엄청난 박화(舶貨)가 쌓이고 시박사의 횡포 또한 극심하였다.

이 시대 주산의 송상들과 탐라 상인들의 활동은 가히 필사적이었다.

고려의 현종(顯宗) 이후 삼별초 난이 일어나는(1151~1270년) 약 100년 동안에 주산의 송상들이 고려 조정에 공물을 바치고 행상하는 횟수는 기록에 있는 것만도 100회 이상, 연인원 4,000여 명을 헤아리고 있음을 본다.

특히 주목을 끄는 것은 고려 조정이 "제주는 해외의 큰 진(鎭)으로 왜상과 송상의 왕래가 심한 곳이므로 특별히 방호사(防護使)를 파견하여 사태에 대처하라."라고 하여 방호사를 설치하고 있다는 점이다. 일본에서는 견당선 폐지 후 원양 항해를 중단하고 있었는데 일본 해역에서 빈발하는 탐라 표류민 송환을 구실로 일본 서부의 중소 상인들이 무시로 탐라를 출입하게 되자 고려 정부가 탐라를 특별 관리하기 위하여 트집을 잡고 있는 것에 불과한 것이다.[77]

『고려사』에는 탐라가 고려에 조공하는 기록이 있을 뿐, 탐라 상인들의 해외에서의 활동에 관한 기록은 보이지 않는다.

그렇다고 기록이 전혀 없는 것은 아니다. 송대에 탐라 상인들이 외국의 바다에 표류하여 구조 송환되는 기록들이 『고려사』와 『제주도지』[78]에 집계되고 있다.

우리는 그것을 가지고 그들의 활동 상황을 추정할 수 있는 것이다. 다만 이 기록은 구조된 표류자의 기록이므로 실제 해외에서 활동하는 전체

---

77) 『高麗史』, 元宗 元年 2月條
78) 제주도, '탐라인의 해외 표류', 『제주도지』 제1권, 1993. 2, pp.728~729.

탐라상인 수의 1/100도 안 되는 숫자일 것이다.

　1029년에는 탐라인 정일(貞一) 등 21인이 일본 남쪽 섬에 표류하였다가 일본에 구조, 송환되고 있으며

　1032년에는 탐라인 8인이 일본에 표류하였다가 구조 송환

　1036년 7월에는 겸준(謙俊) 등 11인이 일본에 표류 구조 송환

　1049년 11월에는 김효(金孝) 등 20인이 대마도주에 의하여 구조 송환

　1051년 7월에는 양한(良漢) 등 3인이 일본에 표류 구조 송환

　1078년 9월에는 탐라인 고여(高礪) 등 18인이 일본에 표류 구조 송환

　1079년 9월에는 안광 등 44인이 일본에 표류 송환

　1088년 5월에는 양복 등 23인 송의 명주에서 구조 송환

　1088년 7월에는 탐라인 용협(用叶) 등 10인이 송의 명주에서 구조 송환

　1089년 8월에는 이근보(李勤甫) 등 24인이 송의 명주에 표류 구조 송환

　1097년 6월에는 탐라인 자신(子信) 등 20인이 표류되어 그 중 3인만이 송에 의하여 구조 송환

　1099년 7월에는 조섬(趙暹) 등 6인이 송에서 송환

　1113년 6월에는 한백(漢白) 등이 명주에서, 1155년 8월에는 지리선(知里先) 등 5인이 명주에서, 같은 해 12월에는 송에서 30여 인이, 1174년 8월에는 장화(張和) 등 5인이 송에서, 1229년 2월에는 제주인 양용재(梁用才) 등 28인이 송에서 구조 송환되고 있다.

　그렇다면 탐라인들이 벌어들인 막대한 부는 어떻게 되었을까?

　그 첫 번째의 실마리를 10세기 아라비아 사람 이븐 코르닷드베(Ibn Khordadbeh)의 지리서에서 찾을 수 있을 것이다.

　"중국의 동쪽에 있는 주산 군도에는 많은 금이 생산되어, 개와 원숭이

의 목줄기까지도 금으로 장식하고, 금으로 짠 의류를 시장에 내다 판다."

1368년 주산의 난수산 해민 반란 시 명군에 패하여 제주도를 거쳐 고려에 망명한 진군상(陳君祥) 휘하의 세력이 많은 금은을 가지고 있었음이 확인된다. 주산은 금의 산지가 아니다. 그 곳에 금이 많은 것은 탐라인들이 세계 각국에서 벌어들인 금을 축척하는 저장고의 구실을 하고 있었기 때문이다.

두 번째의 실마리는 제주도에서 발견된다. 1168년 탐라 문행노(文幸奴)의 난을 진압한 바 있는 안무사 조동희(趙東曦)의 보고서를 주목할 필요가 있다.

"탐라는 멀고 길이 험하여 공격하기가 어려운 곳이기는 하나 토지가 비옥하고 도민의 생활이 풍요로워 경비가 나오는 곳이다."[79] 라고 하였는데, 제주도 사람들이 풍요롭게 살고 있는 것은 토지가 비옥하여서가 아니라 그들이 오랫동안 축적한 부에 의한 생활의 윤택함이며, 경비가 나온다는 말은 그들의 부를 탈취하면 전쟁의 비용을 충당하고도 남는다는 뜻이 된다.

또 하나의 기록이 있다. 조선 태종 18년(1418년) 제주도의 어느 민가에 금은보화가 많이 숨겨져 있다는 공조(工曹)의 계장(啓狀)에 의하여 세종 즉위년(1419년) 10월에 제주 경차관 고득종(高得宗)을 보내어 은 1,771냥을 조미(糙米) 600석, 목면(木棉) 150필, 여복(女服) 8건을 주고 바꾸어 왔다는 기록이 보인다.[80]

1168년 양수(良守)의 난 이후 250년 동안의 동난(動亂)을 거치는 동안에

---

79) "耽羅遠險, 攻戰所不及, 壤地膏腴, 經費所出",『高麗史』, 毅宗 22年 11月條.
80)『朝鮮王朝實錄』, 太宗 18年 5月 丙子, 6月 乙巳 및 世宗 卽位年 10月 戊戌.

쓸 만한 물건이라고는 모두 도둑맞은 이 시대까지도 이만큼의 보화가 한 민가에 숨겨져 있었다는 사실은 놀라운 일이 아닐 수 없다.

탐라인들은 지중해의 도시국가와 같은 나라를 제주도와 주산에 건설하려는 꿈을 가지고 있었으므로 탐라의 부가 주산과 제주에 분산 관리되고 있었던 것이다.

대륙과 해양세력의 충돌

쿠빌라이 칸의 동정(東征)

마르코 폴로가 본 동아시아

　1206년 몽골 초원에서는 태무친(鐵木眞)이 일어나 퉁구스족, 터키족, 티베트족을 정복하여 스스로 칭기스 칸이라 칭하여 대몽골 제국이 탄생한다.
　몽골 제국은 열하 지방의 거란족을 합병하고 중앙아시아의 위구르족을 정복하여 알타이 산맥을 넘어 중가리아 초원까지 그 세를 확장하고 있었다.
　1232년 몽골의 제2세 황제 오고타이(太宗)는 고려를 침략 복속시키고, 이어 1234년에는 화북 지방의 금(金) 제국을 침략하여 멸망시키고 있다.
　고려 왕실은 강화도로 피난하여 천도한다.
　몽골인들은 저항하거나 도망하는 자들을 가차없이 죽이고 무엇이건 닥치는 대로 파괴하였으므로 몽골인 앞에서는 살아 있는 것만으로도 요행이었다. 하북 지방에 살던 민중, 관리할 것 없이 피난길에 올랐다.

몽골인들은 더 많은 양과 말을 기르기 위하여 가족의 장막을 북중국으로 이동하여 군사 기지화해 나간다. 몽골인들에게 있어서 한인들이란 걸 핏하면 도망이나 가는 별 볼일 없는 존재이므로 차라리 이 땅(中原)에 풀을 길러 목야지로 만드는 것이 낫겠다는 것이 그들의 생각이었으며 바다 한 가운데 있는 제주도를 목장 후보지로 선정해 둔 것도 이 때였을 것이다.[1)]

몽골인들이 화북 지방을 취하여 농경에 뿌리를 둔 한족의 수준 높은 문명을 접하면서 그들의 사고방식에 일대 변화가 일어난다.

"중국은 결코 무용한 땅이 아니라 경영 여하에 따라서는 조세로 매년 은 50만 냥, 비단(絹) 8만 필, 곡식 40만 석을 거둬들일 수 있다."라는 금국(金國)의 고관을 지낸 바 있는 야율초재(耶律楚材)의 권고를 받아들여 오고타이는 화북 지방에 몽골식 행정조직인 다루가치(達魯花赤) 제도를 접어두고 지방 10로(路)에 과세소를 설치하여 그 장관인 과세 징수사, 부사 등을 모두 현지의 유학자 출신으로 임명한다.[2)]

마르코 폴로(Marco Polo)는 1271년 베네치아를 떠나 뱃길로 바라스, 호루무즈 등 서아시아의 연안도시를 거쳐 중앙아시아의 실크로드를 따라 1275년 내몽골의 상도(上都)에서 쿠빌라이 칸을 만나 그의 신하가 된다.

그가 17년 동안 중국에 체류하면서 중국 북부(키타이)와 운남(雲南)~버마에 이르는 지역을 왕래하고, 하북(河北), 강소(江蘇), 절강(浙江), 복건(福建)을 거쳐 천주항(泉州港)을 출발, 인도양을 건너 1295년 베네치아로 돌아간다. 귀국 후 옥중에서 구술하여 기록된 세계의 서술, 즉 『동방견문록』에 의하면 "지팡구(Chipang)는 만지(Manzi)의 동쪽 1,500마일 떨어진

---

1) 『新元史』, 卷100 兵志 3 馬政.
2) 安部建夫, 'モンゴル人の漢地支配',『元代史の研究』, 創文社, 1981. 7. 20, pp.3~5.

대양의 한가운데 있다. 헤아릴 수 없을 만큼 많은 금이 생산되나 그 나라의 왕이 금의 수출을 허가하지 않으므로 엄청난 금이 있는 나라이다."라고 기록하고 있다.

"쿠빌라이 칸이 이 나라의 놀라운 부를 취하기 위하여 군대를 보내었으나 폭풍을 만나 실패하였다.", "만지의 땅에는 엄청난 물화가 거래되며 종이로 된 화폐가 통용된다."

마르코 폴로는 중국의 동남 연안, 즉 강소, 절강, 복건성 일대를 '만지'라고 부르고 있는데 이는 남송의 강역을 말한다.[3]

쿠빌라이 칸은 동아시아 세계의 문명적 가치를 알게 됨으로써 이를 취하기 위하여 일본과 남송을 정복할 구체적인 계획에 착수하게 되는 것이다.

쿠빌라이는 고려인 조이(趙彝)와 탐라인 양호(梁浩)를 몽골로 불러들여 고려와 일본, 그리고 탐라와 일본에 관한 광범위하고도 상세한 정보를 수집하고[4] 조양필(趙良弼)을 일본에 보내어 원에 복속할 것을 권유하였으나 불응하므로 일본정벌을 결행한다.

1268년 10월 명위장군 도통령 탈타아(脫朶兒), 무덕장군 통령 왕국창(王國昌) 등을 고려에 보내어 고려가 보유 중인 병력과 선박 등을 점검하고 일본정벌을 위한 함선 1,000척, 병력 10,000명을 확보하도록 지시하는 한편, 탐라에 대하여서는 별도로 병선 100척을 건조하도록 명한다.[5]

이어 제주도와 흑산도의 해로를 시찰하여 탐라를 중심으로 고려의 합

---

3) 마르코 폴로, '중국의 동남부', 『동방견문록』, 金浩東 譯註, 사계절출판사, 2004. 8. 15. pp.343~409.
4) 『高麗史』, 元宗 7年 11月條, 元史 至元 4年 正月 乙巳.
5) 『元史』, 世祖 至元 5年 7月條.

포(合浦, 馬山), 일본의 하카다(博多), 남송의 명주(明州)를 연결하는 삼각항로의 작전해도가 완성된다.[6]

쿠빌라이가 막 작전을 전개하려 할 때에 뜻밖에도 고려의 삼별초 난이 일어난다.

탐라와 삼별초

고려는 강화도로 천도한 지 38년 만인 1270년 5월 개경으로 천도할 것을 결의하고 장군 김지저(金之氐)를 강화에 보내어 삼별초를 해산한다고 통고한다. 6월 1일 장군 배중손(裵仲孫)과 지유(指諭) 노영희(盧永禧) 등 삼별초의 지도부가 승화후(承化侯) 온(溫)을 국왕으로 추대하고 관부를 설치하는 등 새로운 정부를 세워 고려에 반란한다.

반군은 섬 안의 대혼란 속에서도 강도(江都)의 무기고를 열어 병사들에게 나누어주고 재물과 자녀들을 배에 싣고 신속하게 섬을 빠져나와 남하하여 8월에는 탐라 고지(故地)인 진도에 입거한다.

삼별초는 진도를 중심으로 옛 탐라의 수로를 따라 나주, 해남, 강진, 영암, 장흥 등의 창고에서 곡미 800여 석을 모으고, 경상도의 남해, 거제, 합포(마산), 금주(김해), 동래까지 진출하여 군량과 병선 등을 거둬들이고 있다.

한편 나주를 거점으로 전주 지방을 공격할 때에 나주 사람들이 전주 사람들에게 삼별초에 항복할 것을 종용하였다는 기록이 있다.[7] 나주는

---

6) 『元高麗紀事』 耽羅傳.
7) 『高麗史節要』, 元宗 11年 9月 條.

탐라의 영토였으므로 이 지역 주민들이 삼별초에 대하여 상당히 호응하였던 것으로 보인다. 또한 삼별초 난 평정 후에 상주(尙州), 청주(淸州), 해양(海陽), 진도 등이 반군에게 적극적으로 가담하였다 하여 적향(敵鄕)으로 몰아 주군(州郡)을 강하하려는 움직임이 있었던 것으로 보아[8] 삼별초 난은 탐라를 위시하여 남한 전역에서 일어난 고려 왕실 타도를 위한 대저항 운동이었다고 보인다.

삼별초 군은 사전계획에 따라 선발대 1진이 먼저 제주로 향발한다.

1270년 9월 삼별초 군은 일본 정부에 구원을 요청하는 소위 고려 첩장(牒狀)을 보내고 있다.[9] 이에 대하여 일본 정부는 첩장의 발신자가 고려 국왕이 아닌 자의 명의로 되어 있어 논의를 거듭하였으나 또 하나의 고려가 무엇을 뜻하는지 알지 못하여 결국 무시하고 말았는데 이 때까지도 일본에서는 삼별초에 관하여 아는 것이 없었던 것이다.

고려의 장군 고여림(高汝霖)과 영암부사 김수(金須)가 이끄는 관군이 제주도까지 추적하여 싸웠으나 장군 고여림과 부사 김수는 전사하고 관군은 패한다.

제주도에 도착한 반군 선발대는 지체없이 내성과 외성을 축조하여 장기전에 대비한다. 이 때에 탐라에서는 온 나라 사람들이 나서서 삼별초 군을 지원하고 있다.[10]

원종 12년(1271년) 5월 고려 정부는 추밀부사 김방경(金方慶)을 전라도 추토사로 명하고 몽장 흔도(忻都), 홍다구(洪茶丘) 등과 더불어 여·몽 연

---

[8] 『高麗史』, 忠烈王 2年 8月條.

[9] 黑田俊雄, '文永の役', 『日本の歷史 8』, 中央公論社, 1991, pp.65~96.

[10] 제주도, '삼별초와 제주도', 『제주도지』 제1권, 1993년 2월, pp.734~737.

합군 1,000명으로 진도를 공격한다. 이 싸움에서 왕으로 추대된 승화후 온과 배중손은 전사하고 김통정(金通精)은 반군의 본진을 거느리고 제주도로 피한다.

1272년 5월 쿠빌라이는 탐라와 제주를 취할 것을 논의하도록 지시하고 있다.[11]

이 시대까지도 탐라의 영토는 노령 이남의 탐라 고지(故地)를 포함하는 것으로 알려지고 있었으나 그 후 전라도와 제주로 수정하고 있다.

이에 따라 몽골인, 한인, 여진인으로 구성된 한몽군과 고려군을 합하여 10,000명의 관군이 김방경, 흔도, 홍다구 등의 지휘 아래 진도의 잔류 반군을 소탕하고 제주도에 상륙하여 반군을 진압한다.

김통정이 이끄는 삼별초 군은 끝까지 선전하였으나 패하고, 새로운 해양국가 건설을 염원하던 탐라인들의 노력도 수포로 돌아가고 만다.

일본과 남송

1274년 3월 쿠빌라이 칸은 드디어 일본 정벌의 조(詔)를 내린다. 10월 원정군의 도원수 흔도, 우부원수 홍다구, 좌부원수 유복형(劉復亨), 고려의 도독사 김방경 등이 지휘하는 몽한군(蒙漢軍) 20,000명과 고려군 6,000명, 기타 조수(漕手), 수부(水夫), 잡역(雜役) 등 고려 민간인 6,700명, 도합 약 30,000명의 정동군 군사가 전함 900척에 나누어 타고 합포를 출발하여 일본으로 향한다.

원정군은 10월 5일 대마도에, 그리고 14일에는 이키섬(壹岐島)을 유린

---

11) "詔議 取耽羅及濟州", 『元史』, 世祖 至元 9年 5月條.

하고 있다.

10월 19일 원정군은 하카다 만에 쇄도하여 홍다구가 이끄는 20,000명의 몽골군이 상륙하여 우세한 전투를 벌이고 있었다. 그런데 승전을 막 눈앞에 두고 웬일인지 원군은 달아나는 일본군을 추격하지 아니하고 그 자리에 서서 바라보고만 있다가 날이 저물자 싸움을 그만두고 포구에 정박 중인 함선으로 돌아오는 것이었다.[12]

정박 중인 함선에는 비전투원인 탐라의 선원들이 대기하고 있었다. 이 전쟁에 탐라의 해민들이 몇 명이나 동원되었는지는 알 수가 없으나 대부분 조수, 수부, 잡역들로서 배를 운항하고 관리하는 것이 그들의 임무였다.

바다에서 상륙작전에 경험이 없는 몽골인들은 자기들만을 적지에 남겨둔 채 배를 몰고 도망가는 것이 아닌가 의심한 나머지 모두 배에 돌아와 만선이 된 채로 바다에 떠 있다가 10월 20일 밤에 폭풍우를 만나 13,500명이 목숨을 잃었다. 몽골의 장군들은 변덕스러운 바다의 마법을 알지 못하여 참패한 것이다.

쿠빌라이 칸은 고려군만으로는 일본 정벌이 어렵다고 보고 당초의 계획을 변경하여 남송 공략을 감행한다.

1274년 7월 장군 사천택(史天澤), 바이안(伯顔) 등에게 명하여 수륙양면으로 남송을 공격하여 영파와 주산을 손에 넣고 있다. 남송은 5년 후인 1279년 애산(厓山)의 해전에서 패하여 멸망한다. 쿠빌라이는 1279년 강남(江南) 4성(省)에 전함 600척의 건조를 명하여 도합 3,500척의 전함과 만지(蠻子)의 수군 100,000으로 장군 아라칸(阿剌罕)을 주장으로 하는 강남군을 편성한다. 강남군이 주력부대가 된 것이다.

---

12) 黑田俊雄, 前揭書.

한편 고려에 대해서도 다시 전함 900척의 건조를 명하고 흔도, 홍다구 등을 주축으로 몽한군(蒙漢軍) 약 20,000, 고려군 10,000의 군사로 동로군을 편성하고, 1280년 8월 정동행성(征東行省)을 설치, 범문호(范文虎), 흔도, 홍다구 등을 그 수뇌로 하여 1281년 1월 두 번째의 일본 원정군 발진을 명한다.

1281년 5월 3일 동로군 40,000의 병력은 합포를 출발하여 5월 21일에는 대마도에 상륙하고 이어 이끼시마로 향한다.

강남군은 출발 직전에 사령관인 아라칸이 병사하므로 아타해(阿塔海)로 주장이 바뀌어 6월 18일에야 영파를 출발할 수 있었다.

양군은 6월 중순경에 이키시마에서 합류할 예정이었으나 강남군이 늦는 바람에 동로군 단독으로 하카다 만에 이르러 이키시마를 공격하였다.

6월 말이 되어서 강남군이 도착하여 히라도 섬(平戶島)에서 회동하였는데, 양군은 고토(五島) 열도 쪽에 떠 있다가 주력 부대인 강남군이 히젠(肥前)의 다코섬(鷹島)쪽으로 이동하고 있다. 4일 후인 윤7월 1일 강력한 북서풍이 불어 모든 것을 쓸어갔다.[13]

"100,000의 군사 중 2, 3만은 포로가 되고, 살아 돌아온 자 3인"[14]

"범문호 또한 전함 3,500척과 만군 100,000으로 싸우다가 태풍을 만나 모두 익사하였다."[15]

마르코 폴로의 기록에 의하면,

"섬(鷹島)에 표류하여 살아남은 자 중 장군 범문호와 아타해가 난파를

---

13) 黑田俊雄, '弘安の役', 前揭書, pp.108~122.

14) 『元史』, 日本傳.

15) 『高麗史』, 忠烈王 7年(1281年) 6月 壬申.

모면한 배들을 수습하여 지위가 높은 사람 순으로 태워 돌아가고 나머지 30,000여 명은 항복하여 그 섬에 살게 되었다."16)라고 한다.

고려군의 피해는 후에 각도 안염사(按廉使)들의 조사에 의하여 밝혀지고 있는데, 고려군 총 27,000여 명 중 생환자 19,397명, 희생자 수는 약 7,600여 명으로 추산하고 있다. 17)

탐라해민들의 재치 덕으로 고려군의 희생을 극소화한 것이다.

일본의 니치렌(日蓮)은 그의 저서 『팔번우동기』(八幡愚童記)에 여·몽 연합군이 대마도, 일기도에 침공하여 자행한 잔혹 행위를 적나라하게 기록하고 있다.

일본 사람들은 몽고습래(蒙古襲來)를 항상 가슴에 새겨두고 대륙의 정세가 바뀔 때마다 두고두고 정한론(征韓論)의 근거로서 정당성을 부여하고 있다. 즉, 조선인들은 스스로 그들의 나라를 지킬 능력이 없으므로 대륙의 강대국이 조선인을 동원하여 일본을 공격할 것이니 일본이 나서서 조선을 선공하여야 한다는 것이 정한론의 이론적 근거가 된 것이다.

고려와 탐라

고려는 원종 14년(1273년) 이후 제주도민의 출항은 물론 물자의 반입과 반출마저 금하고 있다.18) 탐라에는 고려군 1000, 몽고군 500, 합하여

---

16) 마르코 폴로, 『동방견문록』 159장, 전게서, pp.416~419.
17) 『高麗史』, 忠烈王 7年 10月條 및 李丙燾, '麗元兩國의 日本征伐', 『韓國史』 中世篇 震檀學會, 乙酉文化社, 1973年 6月, p.608.
18) 『高麗史』, 元宗 14年 2月條.

1,500명의 진수군(鎭守軍)이 주둔하고 있었다.

원은 1273년 제주에 탐라국초토사를 설치하고(후에 軍民都達魯花赤摠管府로 변경) 다음 해 6월에는 원의 손탄(孫攤)을 탐라국의 다루가치(達魯花赤, 장관)로 임명하며, 1275년에는 제주를 탐라로 복원하여 원의 직할령으로 하고 있다.

1276년에는 다루가치 탑라적(塔剌赤)이 말 164필을 들여와 방목하고, 이어 1277년에는 동서 아막(阿幕)을 설치하여 목장을 관리하게 한다.

1277년 제주도에는 기근이 들어 가가호호 문을 걸어 닫고 굶어 죽어가고 있었지만 탐라를 진수(鎭守)하기 위하여 파견된 고려의 관리와 군관들은 초기 몽골인들이 그러했던 것처럼 걸핏하면 사람을 죽이고 약탈하였다.[19]

1294년 1월 쿠빌라이 칸이 죽자 고려의 충렬왕이 원제(元帝)에게 탐라를 돌려달라고 청원하자 원의 성종(成宗)은 "그까짓 것 별것 아니므로 고려에 돌려주는 것이 좋겠다.(此小事, 可使還屬高麗)"라고 하여 탐라는 다시 고려에 환속된다.[20]

고려는 탐라 성주 고인단(高仁旦)과 왕자 문창유(文昌裕)에게 "탐라의 고려환속에 공이 많았다."라고 하여 홍정(紅鞓)과 아홀(牙笏) 등을 하사하고 있다.[21]

원은 충렬왕 20년(1294년)에 제주말 400필을 취하는 것을 시작으로 해마다 많은 말들을 취하고 있었다.

---

19) 제주도, '民亂의 再演'『제주도지』제1권, 1993. 2. 20, pp.759~761.
20) 『元史』, 耽羅傳.
21) 『高麗史』, 忠烈王 20年 11月條.

탐라가 고려에 환속된 후 고려의 관리들과 군관들의 가렴주구가 더욱 악랄해지자 충숙왕 5년(1318년) 3월 포렵호(捕獵戶), 사용(使用), 김성(金成) 등이 반란하여 탐라의 성주, 왕자 등을 쫓아내는 사건이 발생한다.

탐라가 고려에 환속할 때에 탐라의 성주, 왕자 등이 고려의 압력에 굴복하여 협력하였기 때문이다.

탐라인들은 고려에 복속할 바에는 차라리 죽거나 몽골인의 속국이 되는 것이 낫겠다고 생각하고 있었던 것이다. '고려백정 놈', '육지 놈'이라는 욕설이 이 시대에 등장하여 지금까지도 파렴치한 자를 매도하는 말로 쓰인다.

탐라 해민들은 바다로 탈출하여 마쓰우라(松浦)의 해민들과 연대하여 해적이 된다.

마쓰우라(松浦)의 해적

일본 마쓰우라(松浦)의 해적은 헤이안(平安) 말기 신라 해적이라 부르던 탐라 해민의 귀화 집단이다. 이들은 히젠(肥前)의 마쓰우라(松浦)와 고토 열도(五島列島)의 중소 무사단에 속하여 선박을 단위로 생활하는 자율적인 공동체 집단으로 특정한 영주 권력에 장악되지 않으면서도 일정한 공사(公事)를 부담하고 권리가 보장되는 특수한 해민집단이다.[22]

가마쿠라(鎌倉) 막부 초기 규슈의 히젱(肥前, 지금의 佐賀, 長崎), 지쿠쟁(筑前, 지금의 福岡), 부생(豊前, 지금의 大分) 삼국과 이끼(壹岐島), 쓰시마(對馬島)

---

22) 高橋公明, '海人の活動と濟州島', 『中世の海域世界と濟州島』, 小學館, 1992. 4, pp.171~184.

의 수호(守護)직에 쇼니 가게스케(少貳 景資)를 임명하여 헤이안 조 이래 태재부(太宰府)를 지배하던 권한을 부여하여 이 지역을 지배하고 있었다.

규슈에는 쇼니의 수군 외에 지쿠고(筑後, 지금의 福岡), 붕고(豊後, 지금의 大分), 히고(肥後, 지금의 熊本) 삼국을 지배하는 오오토모(大友)의 수군과, 휴가(日向, 지금의 宮崎), 오오스미(大隅, 지금의 鹿兒島), 사쓰마(薩摩, 지금의 鹿兒島) 삼국을 지배하는 시마즈(島津) 수호의 수군으로 삼분되어 있었다. 일본에서는 이들을 수군 또는 해적이라고도 불렀다.

1274년과 1281년에 여몽 연합군과 맞서 싸운 일본의 수군은 주로 쇼니와 오오토모의 수군이었으며 만지의 수군 30,000여 명을 수용한 것은 마쓰우라(松浦)와 고토열도(五島列島)를 아우르는 쇼니의 수군 세력이었다.

전후 호오조(北條)씨의 가마쿠라막부가 호오조 히데도키(北條英時)를 진서탐제(鎭西探題)에 임명하여 규슈의 수호들 위에 군림하면서 감독과 통제를 강화하자 탐제와 수호들 간에는 긴장과 대립이 일어난다.

1331년 고다이코(後醍醐) 천황이 친정 쿠데타를 일으켜 막부 타도에 나서자 가마쿠라 막부는 새로이 고오공(光嚴) 천황을 옹립하여 고다이코 토벌에 나선다.

고다이코가 고오공 천황의 재위를 인정하지 않고 도망하여 막부에 항전하자 큐슈의 해민 사회도 이 동란에 휩쓸리게 되고, 하카다(博多)에 있던 가마쿠라 막부의 진서탐제는 습격을 받아 죽는다.

1333년 막부로부터 고다이코 토벌을 명받은 막부의 장수 아시카가 다카우지(足利尊氏)는 막부에 반하여 호오조(北條)씨의 가마쿠라 막부를 멸망시켜 버리고, 고다이코에 반하여 규슈에서 고다이코에 협력했던 히고(肥後, 熊本)의 기구찌(菊池) 일파를 격파하여 아시카가(足利)계의 잇시키(一色 道猷)를 새로운 진서대장군에 임명하여 전 규슈의 군사지휘권을 부여하고 있다. 그러나 1333년의 동난으로 도시는 불타 폐허가 되고 지방 수호들의 분권 요구가 거세어 규슈의 해민 사회는 극도로 혼란스러워진다.

1336년 다카우지(尊氏)는 교오도(京都)에 상경하여 새로운 고오묘(光明) 천황을 받들어 무로마치막부(室町幕府)를 탄생시킨다(북조). 남조의 고다이코는 가네요시(懷良) 왕자를 전서대장군(鎭西大將軍)에 임명하여 규슈에 보내 재기를 노리는 한편, 남쪽인 요시노(吉野)로 도망하여 북조에 대항한다. 이후 57년간 계속된 남과 북의 대립을 남북조의 동란이라 부르고 있다.

1350년 탐라의 해적과 마쓰우라의 해적이 만나 고려에 대한 보복 해란을 일으키는 시기가 바로 이와 같은 대 혼란기였다. 이병도도 고려 충렬왕 때에 고려가 원과 더불어 일본을 정벌하여 서해 제도(西海 諸島)를 공략한 후로부터 대마도, 일기도, 송포의 왜구들의 성질이 매우 악화되었다고 보고 있다.[23]

1358년 다카우지가 죽자 2대 쇼궁 아시카가 요시아키라(足利義銓)는 처가의 친척되는 18세의 시부가와(澁川義行)를 규슈 탐제(九州探題)로 임명한다.

그러나 시부가와는 한 번도 규슈의 땅을 밟지 않아 규슈는 더욱 혼란에 빠지고, 탐라의 보복 해란도 극도로 잔혹해진다.

1370년 무로마치 막부의 3대 쇼궁 아시카가 요시미쓰(足利義滿)는 시부가와를 파면하고 이마가와(今川了俊, 고려사에는 源了浚)를 새로운 규슈탐제로 임명한다.

이마가와는 남조의 가네요시(懷良), 기구치(菊池)의 세력을 몰아내고 규슈 삼호(三豪)를 초대하여 연회를 베푸는 자리에서 남조에 협력하였던 쇼니 후유스케(少貳冬資)를 베어 죽인다.

---

23) 李丙燾, '倭寇와 紅賊의 侵入', 『韓國史』 中世篇, 震檀學會, 1973. 6, p.655.

이 때 사쓰마의 시마즈와 붕고의 쇼니 세력이 반기를 든다. 그러나 이마가와는 무로마치 막부의 아시카가 요시미쓰(足利義滿)의 분신임을 자처하여 이후 25년간 왜구 소탕에 앞장서면서 규슈 통일을 꾀하게 되는 것이다.[24]

만지의 반란

몽골인 지배의 한계

마르코 폴로는 산동성 제녕(濟寧, 濟州라고도 함)의 신주나루(新州馬頭)를 기준으로 동쪽은 만지(Manzi), 서쪽은 키타이(Khitai)라 부르고 있다.

만지의 땅은 강과 운하와 대호수로 연결된 습지가 많은 곳이어서 몽골 기병이 있을 곳이 못 되었으므로 하는 수 없이 키타이와 만지에서 차출된 보병을 가지고 이 지역을 통치하고 있었다.

몽골은 송에 이어 태종 8년(1236년)에 교초(交鈔)라는 이름의 지폐를 발행하고 있다.

그 후 여러 단계를 거쳐 본격적인 지폐는 세조 중통(中統) 원년(1260년)에 통행교초(通行交鈔)가 견사(絹絲)를 본위로 하여(以絲爲本) 발행되고, 뒤이어 은(銀) 본위의 중통원보교초(中統元寶交鈔)가 발행, 통용된다.[25]

마르코 폴로가 본 만지의 지폐가 그것이다.

---

24) 佐藤進一, '九州探題今川了俊',『日本の歷史 9』, 中央公論社, 1991. 12, pp.449~451.
25) 『元史』, 卷93 食貨1 鈔法.

원은 지원(至元) 14년(1277년) 천주(泉州)에 이어 경원(慶元, 寧波), 상해, 감포(澉浦)에 시박사를 설치하고, 다음해에는 동남도서의 번상(蕃商)들의 내조를 환영하는 조칙을[26] 발표하여 외국상인들의 입국을 유도하고 있었다.

원은 같은 해 지방 10로에 선무사(宣撫司)를 설치해 호적, 과차조례(科差條例)를 제정하여 세량(稅糧)이라는 지세(地稅)와 정세(丁稅)를 징수한다.[27]

정확한 구분은 알 수 없으나 논밭이 있는 자, 집(門)이 있는 자에게 부과하는 일종의 호별세(戶別稅)와 사람의 머리수에 부과하는 인두세(人頭稅)의 일종으로 보는 견해가 지배적이다.

세량과 병행하여 과차(科差)라는 제도가 있었다.[28]

원대의 조세 체계는 견사를 납부하는 사료(絲料)와 은납공과(銀納公課)로서의 포은제(包銀制)가 기조를 이룬다.[29] 그 밖에 염세, 다세, 주세 등이 있었다.

원은 남송 평정 후 강남지방에 추세(秋稅)와 하세(夏稅)를 신설하고 있다. 곡물(穀物)에 부과하는 조세를 말한다.

원이 중국 전토에서 한 해에 거둬들이는 추세는 총 1,200만 석, 그 중에서 강절성(江浙省)에서만 전체의 37%에 해당하는 450만 석이 해마다 징수되고, 그 밖에 하세로서는 천력(天曆) 원년(1328년)을 기준으로 강절성에서만 중통초(中統鈔) 58,000정(錠)이 징수되고 있다.[30]

원대의 화폐 단위는 초 10문(文)을 1푼(分), 100문을 1전(錢), 1관(貫)을 1

---

26) 『元史』, 世祖 至元 15年 8月.
27) 『元史』, 食貨1 稅糧.
28) 『元史』, 食貨1 科差.
29) 安部建夫, '元時代の包銀制の考究', 『元代史の硏究』, 創文社, 1981, pp.75~77.
30) 『元史』, 卷93 食貨1 稅糧.

량(兩), 50량을 1정(錠)으로 정하고[31] 있었으므로 1328년에 강절성에서 납부하는 은은 290만 량에 달하고 있었던 것이다.

강남지방에서 거둬들인 엄청난 관량(官糧)은 대운하를 통하여 키타이(華北) 지방으로 운송된다.

강회(江淮)의 바다는 모래톱이고, 산동의 바다는 암초 투성이로 중국 동해안의 해상교통이 어려웠으므로 탐라의 배를 모방한 평저선(平底船) 60척을 만들어, 대운하를 통하여 지원 19년(1282년)에는 관량 46,000석을 거의 반 년이나 걸려 운송하고 있었다.[32]

황하의 범람으로 상류에서 내려오는 토사가 운하를 막는 일이 빈발하자, 원은 지원 26년(1289년)에 제주(濟寧), 동평(東平), 임청(臨淸)을 연결하는 회통(會通)운하를 신설하여 지원 27년(1290년)부터는 해마다 100만 석을 넘는 양곡이 대운하를 통하여 북으로 운송되고 있었다.

그럼에도 불구하고 화북 지방에 있는 원의 병사들을 먹여 살리는 데는 부족하여 1292년 이후에는 강소의 유가항(劉家港)에서 선적하여 숭명(崇明, 상해)에서 바다로 나가 교주(膠州), 등주(登州), 래주(萊州)를 거쳐 발해만의 백하(白河) 하구로 운송하는 대해운의 뱃길이 열리게 되는 것이다. 그러나 이 해로는 앞서 언급한 대로 강회의 모래톱과 산동의 암초가 겹겹이 연결되는 위험한 뱃길이다.[33]

당초 이 해로의 개척자는 8세기 산동의 등주항을 버리고 적산포(赤山浦)를 택한 탐라 해민의 뱃길이었으나 너무 위험하여 특별한 경우가 아

---

31) 前田直典, '元代の貨幣單位', 『元朝史の硏究』, 東京大學出版會, 1973. 3. p.19.
32) 『元史』, 食貨1 海運.
33) 『元史』, 食貨1 海運.

니면 평소에는 운항을 꺼리는 항로였다.

그럼에도 불구하고 원은 1,800여 척의 선박을 동원하여 유가항 부근의 암초 2곳에 토산(土山)을 쌓아 낮에는 깃발을 달고, 밤에는 불을 밝혀 밤낮을 가리지 않고 양곡을 운송하여[34] 지대(至大) 2년(1309년)부터는 한 해에 해운세량이 200만 석을 넘고, 1329년에는 350만 석을 초과하기에 이른다.

그러나 이 해역에는 예측할 수 없는 풍파가 몰아닥쳐 세량을 실은 배가 전복되어 익사자가 속출하고 헤아릴 수 없는 양곡이 바다에 버려진다.[35]

역전과 내분

쿠빌라이 칸의 일본원정 실패가 원제국의 국력 쇠퇴에 영향을 끼치지 않았다고 보는 견해가 많으나 필자는 이에 동의할 수가 없다.

왜냐하면 몽골 초원에서 유목하던 용감무쌍한 몽골리안들이 이 지구상에서 가장 풍요로운 만지의 땅을 지배하면서 그 풍요로움에 흠뻑 빠져 그들 특유의 정체성을 상실하고 현상 유지에 급급한 나머지, 패전 후 만지의 해역에서 불온한 기운이 감돌자, 사회 전반에 걸쳐 불안감이 팽배해지기 시작했기 때문이다.

원의 국력은 이 때부터 하향 곡선으로 접어들기 시작한다.

위기의 실체를 재빨리 감지한 세력은 통상업무를 담당하던 시박사 집단이었다.

원이 설치한 시박사는 민간이 행하는 자유무역이 아니라 국가의 조공

---

34) 有高巖, '元代の海運と大元海運記', 『東洋學報』第7卷 第3號, 大正 6年(1917年) 9月.
35) 『元史』, 卷93 食貨1 海運.

무역이었으므로 해외의 민간 상인이 꺼리게 됨은 당연한 일이다.

서역의 상인들이 빈번히 출입하던 천주, 항주의 시박전운사(市舶轉運司)들과 권세 있는 자들이 한통속이 되어 자기 자본을 투자하여 배를 사들이고, 직접 해외무역에 뛰어들어 사리를 추구하는 일이 공공연히 일어나자, 정부가 나서서 범법자들을 처벌하고 가산을 몰수하는 소동이 벌어진다.36)

원이 거둬들인 은화가 서역 상인들에 의하여 서방으로 흘러나가자, 이에 당황한 원은 지원 23년(1286년) 정월에 금, 은, 동전의 해외 반출을 금지하고 그해 2월에는 한인(漢人)들의 무기 소지를 금하고 있다.37)

이어 1292년 6월에는 일본을 출발하여 중국으로 가던 일본 선박 3척이 폭풍을 만나 그 중 1척만이 영파에 도착하였는데38) 입항 허가를 신청하여 임검한 결과 그 배에는 무기가 은닉되어 있었다고 한다.

이 때의 일본 선박은 일본 거류 송상 사국명(謝國明) 집단의 상선을 말한다. 이들은 이후 지정(支正) 원년(1341년)에도 일본의 천룡사(天龍寺) 창건을 위하여 원에 가서 장경(藏經)을 구하고 있다.39)

1292년 6월에는 양절(兩浙), 광동, 복건에서 상선의 항해를 금하고40) 1298년에는 감포 상해의 시박사를 폐지하여 경원(영파) 시박사에 합병하고 있다. 1303년에는 상인들이 바다로 나가는 일마저 금지하고, 1311년에는 다시 시박사를 폐지하였다가 이후 1322년에 이르러 경원(慶元, 寧波)

---

36) 『元史』, 卷93 食貨2 市舶.
37) 『元史』, 世祖 至元 23年 1, 2月.
38) 『元史』, 世祖 至元 29年 6月.
39) 森克仁, '日宋貿易の旋回 下', 『東洋學報』 第24卷 第1號, 昭和 11年(1936年). 11月.
40) 『元史』, 世祖 至元 29年 6月.

에만 존치하게 된다.

1328년 에센 티무르(泰定帝)가 죽자, 그의 아들 토곤 티무르(順帝)와 생질인 도 티무르(文宗) 사이에 황위 다툼이 일어나 1329년에는 킵차크 한국의 엔 티무르(燕帖木兒)의 후원을 업은 도 티무르(文宗)가 황위에 오른다.

강남의 풍요로움에 도취된 친중국주의에 맞서 몽골리안 본래의 모습으로 복귀하여야 한다는 원리주의자 바이얀(佰顔)이 반란하여 제국은 내분에 휩싸이게 된다.

장사성(張士誠)과 방국진(方國珍)

원 조정이 혼란한 틈을 타서 지금까지 조세미(租稅米)와 염세(鹽稅)의 대부분을 부담하고 세량 해운을 담당하던 만지의 해민들이 해로를 막고 반란하자 북방으로의 식량공급 체제가 무너져 원은 대혼란에 빠지게 된다.

만지의 반란을 주도한 세력은 강소의 장사성(張士誠)과 절강의 방국진(方國珍)의 해민 집단이었다.

장사성은 강소 태주(泰州) 백구장(白駒場)에서 염업과 해운업을 하던 사람이다. 항상 소금 장수를 능욕하던 부호의 집을 습격하여 불을 지르고 이웃마을의 염장에서 일하던 사람들과 젊은이들을 규합하여 강소의 태주(泰州)를 함락하고 고우(高郵)를 접수하여 반란한다.

원의 행성참정(行省參政) 조연(趙璉)을 죽이고 흥화(興化)를 함락하여 고우를 거점으로 수만의 무리를 모아 지정 13년(1353년) 국호를 대주(大周)라 하고 성왕(誠王)을 자칭한다.

이듬해인 1354년 원의 우승상 탈탈(脫脫)이 대군을 이끌고 고우를 포위하여 토벌에 나섰으나 관군은 대패하여 탈탈은 해임되고 만다.

지정 16년(1356년)에 평강(平江), 호주(湖州), 송강(宋江), 상주(常州)를 장악하여 항주에 웅거하니, 원은 하는 수 없이 장사성에게 태위(太尉)를 제수하고 세량 운송을 의뢰하였으나, 지정 23년(1363년) 옛 오월국의 고지(故地)인 소흥(紹興) 이북, 산동의 제녕(濟寧) 서주(徐州) 이남, 하남(河南)의 여녕(汝寧, 지금의 汝南, 信陽 일대)의 동쪽 바다에 이르는 2,000리 땅을 장악하고 수십만의 군사를 거느려 지정 23년(1363년) 9월에는 스스로 오왕(吳王)을 칭한다.[41]

방국진(方國診)은 절강 황암(黃巖)에서 대대로 염상과 해운업을 하던 집안의 사람으로 장신에다 검은 얼굴, 표주박처럼 흰 몸에 달리는 말처럼 강하고 날렵한 몸을 지닌 전형적인 바다의 사나이였다.

지정 8년(1348년) 채난두(蔡亂頭)라는 밀고자를 죽이고 형제들과 함께 바다로 도망하여 무리 수천을 모아 원의 조운선을 탈취하여 해운을 막아버린다.

당황한 원의 강절행정참정(江浙行政參政) 타아지반(朶兒只班)이 군사를 이끌고 토벌에 나섰으나 도리어 타아지반이 반군에게 잡히는 바 되자, 원은 할 수 없이 방국진을 정해현위(定海縣尉)로 임명하여 세량의 원활한 수송을 당부하여 일단 수락한다. 그러나 지정 10년(1350년)에 다시 반(叛)하여 복건의 온주(溫州)를 점령한다. 원은 패라첩목아(孛羅帖木兒)를 행성좌승(行省左丞)으로 하여 토벌에 나섰으나 또다시 잡히고 만다.

대사농(大司農) 달식첩목미(達識帖木彌)가 방국진을 초대하여 간청하므로 일단 수락하였으나 다시 불청(不聽)하여 태주로(台州路)의 다루가치 태불화(泰不華)를 유인 살해하고 태주(台州)를 함락하여 소주(蘇州)의 군량 창

---

41) 『明史』, 太祖本紀 및 列傳 張士誠傳.

고를 불태워버리자 원의 해조세량(海漕歲糧)은 사실상 마비되고 만다.

원은 하는 수 없이 방국진에게 해운조운만호(海運漕運萬戶)를 제수하여 강절행성참정이 되었으나 또다시 반하여 경원(영파), 온주, 태주를 근거지로 그 세력을 확장하여 강절행성좌승상(江浙行省左丞相)이 되고 있다.[42]

1358년 5월에는 방국진이, 그리고 그 해 7월에는 장사성이 고려 왕실에 각각 사자를 보내고 있다.

여기에 주산(舟山)의 실력자 정문빈(丁文彬)도 함께 사자를 보내고 있다. 오월(吳越) 지역의 실력자들이 망라되고 있는 것이다. 기록에는 없으나 이들은 탐라를 경유하고 있음이 확실하다.

특히 주목을 끄는 것은 장사성이 강절행성승상의 자격으로 이문(理問) 실랄불화(實刺不花)를 특사로 하여 고려 조정에 여러 가지 귀한 물건과 함께 서찰을 보내고 있는데 "요사이 중국의 민생이 도탄에 빠져 있음에 회수(淮水)의 동에서 분기하여 오(吳)의 땅을 보존하였으나 아직도 서구(西寇, 紅巾賊)가 함부로 날뛰고 있어 이를 소탕하려 전력을 다하고 있는 바, 고려 국왕이 유도(有道)하여 나라 백성들이 그 삶을 즐긴다는 말을 듣고 감격하여 위로의 말을 드린다."라고 한 것이다. 또한 강절해도만호(江浙海島萬戶, 舟山의 長官) 정문빈(丁文彬)이 "문빈(文彬)이 멀리 해읍(海邑, 舟山)에 있으면서 큰 나라(大邦)를 흠앙(欽仰)하여 전하를 배알하려 하였으나 조그마한 일에 매달리다 보니 이루지 못하였습니다. 이제 옛날과 같이 상인들이 왕래하여 매매를 통하여 서로 교통하면 인민을 은혜롭게 할 것"이라는 요지의 서찰을 보내고 있다.[43]

---

42) 『明史』, 方國珍傳.

43) 『高麗史』, 恭愍王 7年 7月.

장사성과 정문빈의 글에서 나타난 것처럼 이들이 고려왕에 대하여 한결같이 큰 나라(大邦), 국왕유도(國王有道), 전하(殿下) 등 신하가 국왕에게 대하는 예의를 갖추고 있는 것으로 보아 중국인이 아닌 백제·탐라인임을 알 수 있다.

방국진과 장사성 그리고 정문빈 등은 고려가 탐라에 대한 탄압을 중지하여 줄 것을 간청 내지 경고하고 있는 것이다.

이 후 방국진은 1359년 8월, 1364년 6월 그리고 1365년 8월과 10월에는 명주사도(明州司徒)의 자격으로 고려 조정에 사신을 보내고 있으며, 장사성도 그 후 1359년 4월에, 강절해도만호 정문빈과 함께 사자를 보내고 있다.

이어 1360년 4월, 1361년 3월과 7월에, 그리고 1363년 4월, 1364년 4월, 1365년 4월에는 오왕(吳王)의 자격으로 사자를 고려에 보내고 있다.

홍건적(紅巾賊)

또 하나의 반란 세력으로 키타이를 석권한 백련교(白蓮敎)가 있었다. 백련교의 교주 한산동(韓山童)은 스스로 송의 휘종 황제의 7대손임을 자처하였다. 이들 교도들은 머리에 붉은 띠를 둘렀으므로 홍건적(紅巾賊)이라 부른다.

교주 한산동의 뒤를 이은 아들 한임아(韓林兒)는 지정 15년(1355년)에 옛 북송의 수도였던 변량(汴粱)을 근거지로 하여 스스로 소명왕(小明王)이라 칭하고 국호를 송(宋)이라 하여 원의 세력을 산동에서 몰아내고 있다. 한임아의 휘하에 후에 명 태조가 된 주원장(朱元璋)이 있었다.

홍건적은 공민왕 10년(1361년) 10월에 고려의 수도 개경을 함락하여 궁궐에 불을 지르고 원주, 안변 등지를 약탈하고 있다.

동아시아의 해란(海亂)

전진하려는 문화와 역행하는 문화

랑케(Leopold Von Ranke 1795~1886)는 "라틴풍의 게르만 민족에게는 역사의 한 단계에서 다음 단계로 발전하려는 위대한 정신력이 존재하였던 반면, 아시아의 문화는 가장 오래된 시대의 문화가 가장 찬란하였으므로 역사의 발전 방향을 고대를 향하여 거꾸로 돌려버렸다. 그러다가 13세기 몽골인의 침략으로 아시아의 문화는 종말을 고하고 만 것이다."44)라고 말한다. 19세기 유럽의 영광을 구가하던 프로이센인들의 세계관이다.

아시아의 문화는 송대에 이르기까지 여러 단계의 변화를 거치면서 때로는 역사를 역행하기도 하고 때로는 전진하면서 나름대로 상당한 수준에 이르고 있었다. 북송 시대의 왕안석은 정확히 그 실체를 알 수 없었으나 새로운 문명의 파도가 중국 대륙으로 몰려오고 있음을 직감하고 있었던 것으로 보인다. 그의 신법(新法)은 그 방법론에 있어서 다소 허점이 있었다고는 하나 예견되는 대변화를 수용하고 이에 효율적으로 대응하기 위한 국가 체제의 정비 강화에 역점을 두고 있었다. 하지만 100년 후 남송 수구파의 대부격인 주희(朱熹, 1130~1200년)는 왕안석에 대하여 "이는 송조의 불행인 동시에 안석 자신에게도 불행한 일"45)이라고 평하고 있다. 이처럼 중국인들은 조종의 법(祖宗之法), 즉 유교적 중화주의에서 한 발자욱도 전진하지 못한 채 중국인 자신의 손으로 역사의 수레바퀴를

---

44) ランケ, '序說', 『世界史槪觀』, 鈴木成高 相原信作 共譯, 岩波書店, 1941, p.37.
45) 『宋史』, 卷327, 王安石傳.

1,000년이나 거꾸로 돌려버린 것이다.

중국 문화는 수 세기에 걸쳐 북방 민족의 침입을 피하여 남부로 이동하여 정착한 본래의 한족 문화이다. 인류학적으로도 중국 사람(순수한 한족)의 고유한 특징은 남중국 사람들에게서 잘 나타난다고 보고 있듯이 46) 이 시대 중국의 사대부와 부호 집단은 주로 강남 지방에 집중하고 있었다.

몽골족의 침략에 대한 이들 사대부들의 인식은 유별난 데가 있다. 즉 과거 오호십육국(五胡十六國), 수·당 등 북방 미개인들이 중국을 침략하여 왕국을 세우고 군림하였으나 결국 중국 문화에 흡수 통합되고 말았던 것처럼 몽골인들도 결국은 같은 길을 걷게 될 것이라는 역사의 순환과정 정도로 이해하고 있었으므로 중국인들은 서두르지 않고 몽골인들이 중국 문화에 동화되거나 스스로 물러나기를 기다리고 있기만 하면 된다고 생각했던 것이다.

그런데 전통적인 중국 문화를 위협하는 세력은 북방의 몽골인들이 아니라 오월 지역과 주산 군도를 중심으로 활약하는 탐라 백제계의 장회(長淮)의 무족(茂族)이며 창해(漲海)의 웅번(雄藩)이라 불리우는 장사성, 방국진의 해상세력이었다. 이 시대에 있어서 바다라고 하는 것은 오늘날의 관점에서 보면 고속도로나 항공로에 해당하는 시공적 개념이다. 엄청난 물량을 빠른 속도로 이동시키는 마법과 같은 세계가 바로 바다였다.

이 해상 세력은 원제국의 방대한 물자 운송을 담당하면서 전조(前朝, 唐)와는 비교도 할 수 없을 만큼 방대해지고 또 조직화되어 있었으며 중

---

46) 장우진, '조선 사람과 이웃 주민 집단들과의 관계', 『민족문화학술총서 조선사람의 기원』, 사회과학출판사, 1989. 10, p.309.

국 문화와는 전혀 다른 서양의 이질적 문화를 대량으로 그리고 빠르게 중국으로 옮기고 있었던 것이다.

하나의 문명(civilization)이 다른 곳으로 이동하는 패턴을 보면 받아들이는 국가 사회에 유익한 점도 있지만, 반드시 긍정적인 것만은 아니다. 해상 세력은 열려 있는 사회를 지향하기 때문에 한 나라의 체제를 전복할 만한 동인(動因)을 제공하기도 한다. 이들 해상 세력이 궐기하여 대원 제국의 보급로를 차단하고 숨통을 조이기 시작하자 위협을 느낀 세력은 뜻밖에도 중국의 사대부 집단이었다. 왜냐하면 이들 해상 세력의 급격한 부상은 300년 전에 그들 자신의 손으로 매장시켜 버린 왕안석의 망령이 되살아나는 것이나 다름이 없었으므로 지금까지 지켜오던 조종의 법이 무위(無爲)가 될 위협성이 있다고 판단하였기 때문이다. 이것은 북방 야만족의 침략과는 차원이 다른 중국 문화에 대한 혁명을 의미하는 것이었으므로 급기야 그들은 중원의 강자 홍건적의 주원장(朱元璋)을 사주하여 최우선적으로 해상 세력 토멸에 나서는 것이다.

담라의 보목 해란

동지나해의 해민 사회는 탐라를 중심으로 중국의 주산을 비롯한 오월 지역과 일본 규슈의 마쓰우라(松浦) 해민들이 하나의 네트워크로 연결되어 상호 교통하고 있었음은 앞서 고찰한 바 있다.

1273년 제주도의 삼별초 난 평정 후 탐라인에 대한 해금 조치(海禁 措置)는 해민에 대한 죽음을 강요하는 것이나 다름이 없었으므로 문을 걸어 닫고 굶어 죽는 사람도 있었다. 하지만 도리어 해민들을 바다로 내모는 결과가 되어 이웃한 마쓰우라 해민들과 합류한다.

이 해란은 경인년(庚寅年)에 시작되었다고 하여 경인왜구(庚寅倭寇)라 부르며, 해란이 경인지역에 집중되었다 하여 경인왜구(京仁倭寇)라고도 부른다.

이 해란은 강소의 장사성, 절강의 방국진의 해민 집단과도 무관하지 않다. 장사성 정문빈, 방국진의 사자가 고려와 탐라를 방문하는 시기와 맞물려 있으며 또한 원·명(元·明) 교체기 탐라목마장의 목호들과도 관계가 있다.

탐라에 있어서 대고려 항쟁의 가장 효과적인 전략은 일본의 해민들과 연대하는 일이었다. 그렇다고 하여 탐라 왕실의 체계적이고 계획적인 지도 아래 진행되었다고 보기는 어렵다. 왜냐하면 탐라 왕실에 대한 도민의 신뢰는 이미 오래 전에 떠나 있었기 때문이다. 그러나 히고(肥後)의 구마모토(熊本, 菊池)에 웅거하여 무로마찌 막부와 대적했던 남조의 진서대장군(鎭西大將軍) 가네요시(懷良) 왕자가 탐라의 보복 해란(庚寅倭寇)을 배후에서 지원하였다는 설은 신빙성을 갖는다.[47]

탐라인들에게는 어떤 세력과도 연대하여 고려인들을 축출하여야 한다는 절대절명의 공감대가 형성되어 있었으므로 해란은 격렬해질 수밖에 없었다.

충정왕 2년(庚寅, 1350년) 2월 왜구가 경상도의 고성, 죽림, 거제, 합포를 침구함으로써 경인왜구가 시작된다.

같은 해 4월에는 적선 100여 척이 순천부를 침구하여 남원, 구례, 영광, 장흥의 조세미 운송선을 나포하고, 이어 5월에는 적선 66척이 순천부에, 6월에는 20척이 합포에 침구하여 그 영(營)을 불사르고 고성, 화원,

---

47) 佐藤進一, '倭寇の後楯', 『日本の歷史9』南北朝の動亂, 1991, 中公文庫, p.459.

장흥까지 침구하며, 11월에는 동래군에 침구하고 있다.[48]

1351년 8월에는 적선 130척이 자연(紫燕), 삼목(三木), 2섬에 침구하여 군대의 막사를 불태우고, 11월에는 남해를 침구하고 있다.

공민왕 원년(1352년) 3월에는 적선 20척이 풍도, 수원, 태안, 서천, 강화에 침구하여 개경의 코앞에 있는 교동(喬桐)의 갑산창(甲山倉)을 불사르고, 6월에는 전라도의 모두량, 강릉에 침구하며, 9월에는 적선 50척이 합포를 침구하고 있다.

공민왕 4년(1355년) 4월에는 전라도의 조선 200척을 약탈하고 있다.

공민왕 5년(1356년) 10월 제주에서는 목호 가을적(加乙赤), 홀고탁(忽古托) 등이 고려가 파견한 도순문사 윤시우(尹時遇)와 목사, 판관 등을 죽이고 있다.

1357년 5월에는 개경의 관문인 교동도(喬桐島)에 침구하므로 서울에 계엄하고, 7월에는 절강의 장사성의 사자가 고려를 방문한다. 9월에 또 해적이 교동을 침구하고 승천부(昇天府) 홍천사(興天寺)에 들어가 충선왕 및 한국 공주의 진영(眞影)을 취해갔다.

공민왕 7년(1358년) 3월 고성의 각산술(角山戌)에 침구하여 300여 척의 배를 불태우고 5월에는 수원, 당진, 진위에 침구하여 교동을 불태우니 경성에 계엄하고 있다.

이 해에 태주의 방국진이 사자를 고려에 보내고 있다.

공민왕 9년(1360년) 5월 적이 옥구, 평택, 아산 홍천을 침구하고 수원 등 10여 현을 불태우니 경성이 계엄하고 있다. 이어 윤5월에는 강화도에 침구하여 300여 인을 죽이고 쌀 40,000여 석을 노략질한 후 교동현을 불살

---

48) 『高麗史』, 忠定王 2年.

라버렸다. 경성에는 기근이 들어 천도설(遷都說)이 나돌고 있었다.

공민왕 11년(1362년) 8월 탐라성주 고복수(高福壽)가 원의 목호들과 합세하여 고려에 반란하고 있다. 기록에는 마치 목호들이 탐라 성주를 사주하여 고려에 반한 것처럼 되어 있으나[49] 사실은 그 반대이다. 제주가 원에 예속되기를 청하니 원은 탐라를 다시 원에 예속시키고 있다.[50]

공민왕 12년(1363년) 3월 왜국이 고려의 피로인(彼虜人) 30여 명을 돌려보내 주었다. 그해 4월 적선 213척이 교동에 정박하여 김포를 침구하니 경성에 계엄하고 있다.

공민왕 15년(1366년) 9월에 적이 김포에 침구하여 조미운반선을 약탈하고, 10월 전라도 도순문사(道巡問使) 김유(金庚)가 군사를 모집하여 100척의 병선으로 탐라를 공격하였으나, 도민의 저항으로 실패한다.

그해 11월 고려 정부는 검교중랑장(檢校中郞將) 김일(金逸)을 일본에 보내어 해적 금하기를 청하고 있다.[51]

공민왕 16년(1367년) 2월 원은 탐라를 다시 고려에 환속시키고 있다.

공민왕 18년(1369년) 7월에 거제 남해현에 투하(投下)하여 정착하였던 왜가 반하여 그 나라에 돌아갔다. 11월에는 아산, 천안, 온양, 예산, 당진의 운송선을 노략질하고 있다.

공민왕 19년(1370년) 2월 적이 내포에 참구하여 병선 30여 척을 파하고, 여러 고을의 조세미를 약탈하며, 이어 선천을 침구하고 있다.

경인년 이후 약 20년간에 걸쳐 일어난 보복 해란의 진행과정에서 특히

---

49) 제주도, '탐라의 귀속문제', 『제주도지』 1, 1993. 2, pp.766~768.
50) 『高麗史』, 恭愍王 11年 10月.
51) 『高麗史』, 恭愍王 15年 11月.

주목을 끄는 것은 두 가지이다. 첫째로 왜구의 대상 지역이 조선반도의 동남 해역에서 점차 서쪽으로 이동하고 있어서 일본과의 거리가 차츰 멀어지고 있다는 사실이다.

1366년 고려가 일본에 대하여 해적 금지를 요청하고, 이듬해 일본의 무로마지막부(室町幕府)가 규슈탐제 시부가와(澁川義行)를 파면하여 새로이 이마가와(今川)를 규수탐제로 임명하면서 마쓰우라 해적에 대한 단속이 강화된다. 이에 마쓰우라 해적은 차츰 이 해란에서 종적을 감추게 된다.

둘째로, 1369년 해적의 귀화라는 새로운 현상이 나타나고 있다는 사실이다. 다시 말하면 당초 일본 해민과 연대한 보복 해란이라는 패턴이 1369년을 기준으로 해적의 귀화 내지 안착이라는 쪽으로 해란의 행태가 전환하고 있음을 알 수 있다. 이는 다음에 언급할 주산의 반란과 관계가 있다.

주산(舟山)의 반란

명대조 주원장의 적은 처음부터 왜나라가 아니라 중국 내의 해민 집단이었다. 주원장은 대원 항쟁 세력의 뒤통수를 치고 권좌에 오른 인물이다. 그는 송대 이래의 통상주의적 국가체제에 극도의 혐오감을 가지고 전통적인 중화사상에 의한 농본국가 건설이 그의 야심이었다.

그는 밭 한 떼기 없이 식량만 축내는 해민(無田之糧民)의 교역활동을 극도로 경멸하고 증오하여 사회의 악으로 보았다. 그는 강남 사대부 계급의 지원을 얻어 1366년 4월에는 강소의 장사성, 이듬해인 1367에는 절강의 방국진 해민 세력을 무찔러 1368년 금릉(金陵, 지금의 南京)에 도읍하고 국호를 대명(大明), 연호를 홍무(洪武)라 하여 황제에 즉위한다.

이에 대하여 주산군도의 해민들이 거세게 반항한다. 때를 같이하여 산동, 강남, 절강, 복건의 해민들도 일제히 일어나 해민 반란이 일어난다.

주산도(舟山島)와 대산도(岱山島) 사이에 난수산도(蘭秀山島)라는 섬이 있다. 지금은 수산도라 부른다. 홍무 원년(1368년) 5월 방국진의 휘하 장수(元帥)였던 진군상(陳君祥)이 난수산도를 근거지로 하여 일어나 명주부성(明州府城)을 공격하여 명의 장수를 죽이고 반란한다. 그러나 명나라 정해후(靖海侯) 오정(吳禎)의 토벌 작전으로 패하여 진군상 등은 고려 탐라로 도망한다. 명은 이들을 난수산 반적이라 불렀다. 진군상 등은 고려로 망명하여 고부(古阜)에 숨어살고 있었는데, 진군상의 휘하에 있던 포진보(鮑進保)라는 자가 명에 밀고한다. 명 정부가 고려에 자문(咨文)을 보내어 진군상 일당을 검거 송환할 것을 명하자 고려는 진군상을 비롯하여 그 가족과 재산을 아울러 명나라에 강제 송환하고 있는데, 그 수가 무릇 100명이나 되었다고 한다.52)

진군상의 무리 중에는 임보일(林寶一)이라는 사람이 있었다. 그는 제주의 미역(海菜)을 사들여 제주 홍만호(洪萬戶)의 선박으로 고려에 건너가 행상하던 중 전라도 고부에서 진군상 일당인 진괴오(陳魁五)에게 고용되었다. 이 때에 명에서 파견된 백호, 정지 등이 진괴오를 잡는다는 소문을 듣고, 임보일은 진괴팔(陳魁八)과 함께 증산(蒸山)으로 도피하여 고백일(高伯一)의 집에 숨어살고 있었다.

그런데 임보일은 같이 숨어 지내던 진괴팔이 가지고 있던 금과 은이 탐이 나서 그를 죽이고 만다. 이 사건이 세간에 알려지자 명나라는 고려에 대하여 고백일의 송환을 요구53)하여 다 같이 명에 강제 송환되고 있다.

---

52) 『高麗史』, 恭愍王 19年 6月.

나고야 대학의 다카하시(高橋公明)는 주산군도의 해상세력이 싸움에 패하여 제주도에 들어와 전라도를 왕래하면서 교역하고 있는 것으로 보아 절강의 해상세력과 제주도의 해상세력 간에는 깊은 연관성이 있으며, 또한 고백일(高伯一)이라는 사람은 제주 사람일 가능성이 높다고 보고 있다.[54]

진군상과 함께 거사를 도모했던 포진보(鮑進保)의 배신과 임보일(林寶一)의 물욕으로 말미암아 고려와 제주에 숨어 들어온 난수산 반란의 지도자들이 일망타진되고, 그들이 가지고 있던 거사 자금마저 몰수되어 주산 반란 세력의 지도부가 와해됨으로 인하여 주산을 탈출한 해민들은 극도의 혼란에 빠져 결국 바다를 방황하는 난민이 되고 마는 것이다.

왜구와 목호(牧胡)

주산해민 반란 진압 후 명태조는 홍무 4년(1371년) 방국진이 관할하던 절강의 온주, 태주, 명주의 3부와 주산군도의 무전양지민(無田糧之民) 110,000여를 정해후 오정 휘하의 위군(衛軍)에 예속시키고, 해민이 사사로이 바다로 나가는 것을 엄금한다.

안남(베트남)과의 경계인 광동(廣東), 낙회(樂會)로부터 민(閩), 절(浙), 남직예(南直隷), 산동, 요서, 요동을 거쳐 압록강 계(界)에 이르는 총 연장 13,300리의 연해에 방국진과 장사성의 남은 무리가 섬마다 숨어들어가 구왜위구(勾倭爲寇)하므로 이를 막기 위한 조치라는 것이다.[55]

---

53) 末松保和 編纂 吏文,『蘭秀山叛賊于連人高伯一發回咨』.

54) 高橋公明, '蘭秀山の亂', '海域世界の交流と境界人',『周縁から見た中世日本』, 講談社, 2001. 12, p.364.

왜구(倭寇)라고 하는 것은 처음부터 일본과는 아무 관계가 없는 말이었다. 구왜(勾倭)라는 말은 억지로 왜가 되게 한다는 뜻으로 누구든지 배를 타고 바다로 나가는 자는 왜구로 간주하여 엄벌한다는 것이다. 나무로 된 판자 하나도 바다에 띄울 수 없다(片板不許入海)는 명태조 주원장의 해금령(海禁令)이다.

이로 인하여 주산에서만 100,000이 넘는 해민이 이후 300여 년 동안 동아시아 해역을 휩쓸고 일어난 해란을 왜구라고 부르게 되는 것이다. 불행한 일은 고려와 고려를 승계한 조선 정부가 난수산 반란에서 보았듯이 명나라가 시키는 대로 자국의 교민 환국자들을 왜구로 몰아 그들이 고국 땅에 발을 붙이지 못하게 하였으며 오늘날까지도 왜구는 일본 해적을 지칭하는 것으로 인식되고 있다는 점이다.

김성호는 동아시아 해역에서 일어난 왜구 소동을 명 태조 홍무 원년(1368년)의 해금정책으로 인한 해민탈출 사태로 보고, 홍무 2년(1369년)으로부터 가정(嘉靖) 24년(1545년)까지 177년 동안 일어난 전기 해란에는 절강에서 72, 산동에서 20, 광동에서 18, 강남·북에서 9, 복건에서 6, 요동 3건 등 도합 128건의 해란이 중국 동해안에서 일어나고 있다고 집계하고 있다.

그리고 전기 해란과 맞물려 조선반도에서 일어난 경인왜구(京仁倭寇, 1350~1399년) 역시 명태조의 해금정책으로 인한 주산과 오월지역의 교민 환국사태로 보는 것이다.

그가 집계한 경인왜구 50년 동안에 왜구가 출현하지 않은 기간은 단 3개월뿐으로, 총 출현횟수 369회, 출몰지점 609곳, 100척 이상의 대선단이

---

55) 『明史』, 卷91 兵3.

들어온 것만도 11회이고 동원된 선박은 무려 1,613척에 이르고 있다.56)

공민왕 21년(1372년) 3월 왜적이 순천, 장흥, 탐진, 도강군을 침구하고 있다. 3월에는 예부상서 오계남과 비서감 유경원이 제주마를 취하기 위해 제주에 갈 때에 해상의 왜적을 방비하기 위하여 궁병(弓兵) 425인을 대동하고 있었는데, 목호들이 비서감 유경원(劉景元)과 제주목사 이용장(李用藏)을 죽이고 궁병 300여 명을 잡아 죽이니 오계남 등은 도망쳐 나왔다.57)

그해 9월 명제는 고려 사신 장자온(張子溫)과 오계남(吳季南)을 통하여 고려왕에게 다음과 같이 전언하고 있다.

"탐라의 목자는 원조의 달탄인으로 목축을 업으로 하는 자들로서 농사일을 알지 못한다. 그들은 오랜 세월을 두고 탐라에서 생장하여 그 곳을 낙토로 삼아 살아온 무리들이므로 국왕의 호의를 알지 못한다. 그러므로 군마를 동원하여 모조리 토멸하도록 하라. 만약 목자들이 왜구와 서로 합세하게 되면 토멸하기가 매우 어려울 것이다."라고 하여 탐라의 목자와 해적과의 연대를 염려하여 목호의 토벌을 명하고 있다.58)

같은 해 10월 적선 27척이 양천(陽川)에 들어와서 27일간을 머물고 있었는데, 고려 장수들이 군사를 거느리고 출전하였으나, 고려군은 성중애마(成衆愛馬)라 수전을 익히지 못하였으므로 크게 패하였다고 한다.59)

공민왕 23년(1374년) 4월 명은 사자 임밀(林密)과 채빈(蔡斌)을 고려에 보

---

56) 김성호, '명태조의 해금정책과 제1차 해민 탈출', 전게서 2, pp. 189~267.
57) 『高麗史』, 恭愍王 21年 4月 條.
58) 『高麗史』, 恭愍王 21年 9月 條.
59) 『高麗史』, 恭愍王 21年 10月 條.

내 "제주에는 230,000필의 말이 있는 것으로 아는데 그 중 2,000필을 골라 보내라."라는 문서(咨文)을 전하자, 왕은 문하평리(門下評理) 한방언(韓邦彦)을 탐라에 보내 말을 취하도록 하였다.

그런데 탐라의 목호들이 원세조의 말을 명에 바칠 수 없다고 불긍(不肯)하여 겨우 300필만 가지고 돌아오자 명의 사신들은 왕에게 한방언을 처형할 것을 요구한다.

왕은 한방언을 죽이지 않고 장형에 처하는 것으로 대신한다.

임밀 등의 요청에 의하여 왕은 탐라를 칠 것을 명한다. 최영(崔瑩)으로 도통사를 삼고 변안열(邊安烈)를 부원수로 삼아 전함 314척에 25,000여의 대군을 동원하여 탐라를 평정하고 1,700필의 말을 취하고 있다.[60]

그러나 이듬해인 우왕 원년(1375년) 11월 제주인 차현유(車玄有) 등이 관청을 불사르고 안무사 임완(林完)과 목사 박윤청(朴允淸), 마축사 김계생(金桂生) 등을 죽여 반란하고 있다.[61]

우왕 2년(1376년) 7월 왜선 20여 척이 전라도 원수영(元帥營)을 침구하고 영산포에서 전함을 불살랐다.

9월에 고부, 태인, 홍덕, 부안, 김제, 장성 등을 침구하고, 10월에는 서천, 강화, 한산에 침구하였다. 윤9월에는 수로가 막혀 조운(漕運)을 파하고 있다.

10월에 일본에 갔던 판전객사사(判典客寺事) 나홍유(羅興儒)가 돌아와 일본 승 주좌(周佐)의 서찰을 전해왔는데, "일본의 서해도(九州)에는 난신(亂臣)이 할거하여 정부에 공부하지 않은 지가 20년이 넘었다. 서해도의 완

---

60) 『高麗史』, 恭愍王 23年 4月, 7月, 8月.
61) 金錫翼, 『耽羅紀年』, 禑王 元年 11月條.

민(頑民)들이 틈을 봐 해적질을 하는 것이며 정부하고는 관계가 없다. 조정에서는 장수를 보내어 토벌하고 있으므로 구주(九州)가 극복되면 해구(海寇)를 금할 수 있을 것이다."라고 하여[62] 이마가와 탐제의 뜻을 전하고 있다.

우왕 3년(1377년) 정월에는 창원, 2월에는 신평현, 3월에는 강화, 4월에는 울주, 계림, 서강(西江), 밀성, 강화를 침구하고, 그해 6월에는 제주에 왜적 200여 척이 침구하고 있다.

1378년 6월 일본의 구주탐제 이마가와(今川了俊)는 군사를 동원하여 왜적 포획에 나선다.[63], 그해 10월에는 고려의 판도판서(版圖判書) 이자용(李子庸)과 전사제령(前司宰令) 한국주(韓國柱)를 구주에 보내어 이마가와에게 금은주기(金銀酒器), 인삼, 호표피(虎豹皮) 등을 선물하고 해적의 금지를 청하고 있다. 이로 인하여 마쓰라의 해적은 사라지고 대신 주산의 귀향민으로 대치되어 탐라인들의 저항은 계속된다.

남원산성의 싸움

우왕 6년(1380년) 8월 왜적의 배 500척이 진포(鎭浦)에 정박하여 하삼도(충청, 전라, 경상)를 침구하자 고려의 장수 이성계의 군사는 남원으로 향하고 양군은 지리산의 운봉현과 인월령의 중간에 위치한 황산에서 조우한다.

적의 장수 중 나이가 겨우 15, 6세로 보이는 이가 있었는데, 골격과 용모가 단정하고 고우며 사납고 용맹스러움이 비할 데가 없었다. 흰 말을

---

62) 『高麗史』, 禑王 2年 10月.
63) 『高麗史』, 禑王 4年 6月.

타고 창을 마음대로 휘두르면서 달려 부딪치니 그가 가는 곳마다 흔들려 쓰러져 감히 대적하는 자가 없었다. 관군이 그를 아지발도(阿只拔都)라 부르면서 다투어 그를 피하였다. 이성계는 그의 용감하고 날랜 점을 아껴서 생포하도록 명령하였으나 결국 숨어 접근하여 화살로 쏘아 죽였다. 적의 무리가 쓰러져 흔들리며 날랜 군사는 거의 다 죽었다.

냇물이 붉어 6, 7일 동안이나 빛깔이 변하지 아니하므로 물을 마실 수가 없었다.

말 1,600여 필을 얻고 많은 무기를 노획하였다. 처음에 적은 관군보다 그 수가 10배나 많았는데 다만 70여 명만이 지리산으로 도망하였다.

이 때에 적군에게 사로잡혔던 사람이 돌아와 말하기를, 아지발도는 처음에 섬에 있으면서 오지 않으려고 했으나 여러 사람이 그의 용감하고 날랜 것에 복종하여 굳이 청하여 왔다고 하였다.[64]

다카하시는 이 싸움을 남원산성의 싸움이라고 명명하고 있다. 그는 내륙 깊숙한 곳에서 벌어진 이 싸움에 왜인들이 들어가 싸울 이유가 없다고 하여 여기에서의 왜구가 일본 해적이라는 설을 부정한다.

그는 고려사의 아지발도(阿只拔都)의 아지(阿只)를 aki, 즉 어린아기, 발도(拔都)를 batur, 즉 몽고어의 용감무적(勇敢無敵)이라는 말로 보고 있다.

주목되는 것은 아지발도의 백마와 포획한 1,600여 마리의 말과 기마대는 이 시대 원(元)의 직할 목마장이었던 제주도 이외의 곳에서는 공급할 수 있는 것이 아니라는 점이다. 아지발도 역시 제주도 사람일 수밖에 없고 따라서 이 싸움은 탐라인에 의하여 치러진 전쟁이라고 주장한다.[65]

---

64) 『高麗史節要』, 卷31 禑王 6年 8, 9月, 『高麗史』, 卷126 邊安烈傳, 『朝鮮王朝實錄』 太祖 總書.

원의 목자들은 단순히 말을 사육하는 사람들이 아니라 전쟁에 유용하도록 말을 훈련시키는 일을 맡고 있었다. 아지발도의 승마술이나 창 솜씨가 전통적인 몽골 기병의 전투 방식을 취하고 있는 것으로 보아 그는 몽골인 목자와 관계가 있는 제주 사람으로 보인다.

이 시대에 탐라인들과 원의 목자 사이에는 반명·반고려의 정서가 투합되고 있었으므로 사전 정보에 의하여 최영의 군대가 제주도에 들어오기 전에 말 2,000필을 숨겼다가 반군에게 인도하는 데는 별로 어려움이 없었을 것이다.

다만 2,000필이나 되는 말을 어떻게 한꺼번에 운송하느냐 하는 문제가 남는다.

그런데 그보다 3년 전인 우왕 3년(1377년) 6월에 왜선 200척이 제주도를 침구한 것으로 되어 있다. 전라도의 수군만호가 척후를 하다가 발견하여 그중 1척을 섬멸하였다고 하나,[66] 별로 관군의 저지를 받은 것 같지 않다.

왜구가 제주를 공격할 이유는 없다. 선단은 제주도의 서남단에 있는 대평리의 당케(唐浦)에 진입하여 제주말을 선적한 것이다.

지금은 안덕 계곡으로 유명해진 군뫼(軍山), 다레오름(月羅峰)으로 둘러싸인 '이두어시'는 수천 마리의 말을 숨겨놔도 사람의 눈에 띄지 않는 곳이며 박수포는 간만에 관계없이 전천후 물양장임은 앞서 '해랑도의 두무악'에서 언급한 바 있다.

탐라는 대고려 항전에서 일본 해적들을 대신하여 주산의 귀향민을 활용하려 하였으나 수적인 우세에도 불구하고 적극적으로 싸우려 하지 않

---

65) 高橋公明, '南原山城の戰い', 『中世の海域世界と濟州島』, 小學館, 1992. 4, pp.195~197.
66) 『高麗史』, 禑王 3年 6月.

앞으므로 패한 것이다. 그들은 삶의 터전인 바다를 잃고 새로운 삶을 찾아 나선 단순한 경계인이었기 때문이다.

이성계의 남원산성에서의 전투는 전투가 아니라 비전투원에 가한 무자비한 살육으로 보아야 할 것이다.

백마를 탄 아지발도는 훗날 동학 혁명 때에 아기장수로 불리어 미래의 정신적 구세주로서 만인의 입에 회자된다.

탐라의 종언

탐라국과 탐라마

홍무 12년(1379년) 명은 고려에게 세공으로 해마다 공마(貢馬) 1,000필, 금 100근, 은 10,000냥, 양마(良馬) 100필, 세포(細布) 10,000필을 바치라고 요구하고 있다.

고려가 명나라의 요구대로 세공을 이행하지 못하자 우왕 10년(1384년)에는 지금까지 바치지 못한 5년분의 세공마(歲貢馬) 5,000필, 금 500근, 은 50,000냥, 포 50,000필을 한꺼번에 바치라고 강요한다.[67]

그러나 고려에서는 금·은이 생산되지 아니하므로 금·은 대신에 탐라마로 환산하여 충당하는 것이 좋겠다는 요동도사(遼東都司)의 품의(稟議)를 받아들여 금 50냥에 말 1필, 은 300냥에 말 1필로 절준(折準)하여 말 5,000필, 포 50,000필, 금·은에 절준한 말의 수를 정하여 바치기로 하고

---

67) 『高麗史』, 禑王 10年 閏9月.

그 해에 세공마 1,000필과 포 10,000필, 금·은에 절준한 말 66필을 우선 진공(進貢)하고 있다.(68)

그 해(1386년) 7월 명나라에 갔던 정몽주가 돌아와서 명제가 포, 비단, 주단 등의 물건을 가지고 직접 탐라에 가서 탐라마를 구매할 것이니 고려는 이를 방해하지 말라고 통보하고 있다.

당황한 고려가 명나라에 바칠 탐라마를 취하려 하자 탐라가 완강히 거절하므로 우왕 12년(1386년) 7월 전의부정(典醫副正) 이행(李行)과 대호군(大護軍) 진여의(陳汝義) 등이 군사를 이끌고 탐라를 공격하여 탐라마 5,000필을 취하고, 탐라의 세자 고봉례(高鳳禮)를 연행하여 이듬해 개경에 돌아오고 있다.

고려사는 이 때의 상황을 다음과 같이 쓰고 있다.

> 우왕 12년 7월 전의부정 이행과 대호군 진여를 탐라에 보내었다. 조정이 탐라마를 취하려 하였으나 이 섬이 누차 반하므로 하는 수 없이 이행 등을 보내어 자제(子弟)를 초유(招誘)한 것이다.
> 이듬해(우왕 13년)가 되어 이행 등이 드디어 성주 고신걸(高臣傑)의 아들 봉례를 데리고 돌아오니 탐라의 귀순이 이에서 비롯되었다.(69)

이 사건은 공민왕 23년(1374년)에 최영을 선봉장으로 하여 314척의 군선과 25,000의 대군을 동원하여 탐라를 공격하였던 대탐라 토벌전에 비견되는 대규모의 군사 작전으로 보인다. 이 싸움은 1386년 7월부터 1387

---

68) 『高麗史』, 禑王 12年 2月.
69) 『高麗史』, 禑王 12年 7月.

년 4월까지 9개월 동안이나 치열하게 전개된 것이 확실하다. 이 싸움에서 탐라 성주 고신걸은 죽고, 1387년 4월 세자 고봉례는 죽음을 면하여 5,000여 마리의 탐라마와 함께 개경으로 압송되고 있는 것이다.

그 후 고봉례는 고려 정부에 의하여 탐라마를 관리, 차송하는 임무를 직으로 하는 군기소윤(軍器少尹)에 임명되고 있다. 탐라마는 탐라인의 손으로 바치라는 고려 정부의 의지이다. 이성계 일당은 당장 탐라국을 멸하여 고려에 통합하려 하였으나 원의 직할령이던 탐라를 명제의 승인 없이 함부로 처리할 수가 없었다. 따라서 탐라가 견지해오던 반명·반고려의 해양국가적 아이덴티티를 깨고 유교적인 질서에 순응하게 할 새로운 지도부를 구성하여 명태조의 요구에 걸맞는 탐라로 있게 하려는 의도가 있었던 것이다.

한편 탐라국에서는 국왕이 죽고 세자가 고려의 관직을 받았다고는 하나 아직 탐라 왕국의 왕통이 살아 있었으므로 탐라 왕(성주)의 직이 자동적으로 세자인 고봉례에게 승계되었다. 탐라의 명운이 잠시나마 연명하고 있었던 것이다.

이듬해(1387년) 5월 명제는 고려의 사신 설장수(偰長壽)를 통하여 지금까지 모두 6,000필의 말을 받았는데, 명마의 산지로 알려진 곳에서 사육된 고려마(탐라마)가 왜 그토록 허약하냐고 불평하면서 "탐라는 그대들의 나라와 가까우니 그대들이 관리하는 것이 마땅하다. 내가 그것을 차지하여 관리할 생각이 없다."70)라고 선언하였다. 이로써 탐라국은 정식으로 조선에 편입되는 계기가 마련되는 것이다.

우왕 14년(1388년) 5월 이성계가 위화도에서 회군하여 고려왕을 폐하고

---

70) 『高麗史』, 禑王 13年 5月.

정권을 찬탈하던 그 해 9월 군기소윤이던 탐라 성주 고봉례를 제주축마(濟州畜馬) 겸 제주안무별감(濟州安撫別監)으로 승진시켜 탐라에 보내어 탐라마를 공납하도록 명하고 있다.[71]

이 때에 이성계의 오른팔 역할을 하던 밀직부사 정도전이 고봉례를 제주에 보내면서 쓴 오행시가 삼봉(三峰) 시집에 수록되었다.

"고소윤을 보내면서 바삐 붓을 든다."(走筆送高少尹)라는 제하(題下)에 "유교를 흠모하여 분연히 일어나, 유교를 배우려고 북녘 땅 개경에 왔네."(慨然慕儒術, 北學來開京)[72]라는 시구가 보인다.

결국 정도전의 오행시에는 탐라에 대하여 이제 그만 해양국가적인 이념을 버리고 이씨 정권이 지향하는 유교적 정치 이념에 복종하라는 협박과 회유가 담겨 있는 것이다.

한편으로 탐라 성주이기도 한 고봉례에 대한 탐라인들의 눈총은 따갑기만 하였다. 견디다 못한 고봉례는 새로운 조선 왕조가 수립된 후 태종 2년(1402년)에 왕자 문충세(文忠世)와 함께 껍데기만 남은 탐라국의 성주, 왕자의 직을 사(辭)한다.[73] 후한 명제(明帝) 영평(永平) 8년(A.D. 65년) 고양부 삼성이 고구려 신국(臣國)을 건국한 지 1,337년, 그리고 고후(高厚) 왕이 탐라국을 세운 지 1,175년 만에 탐라국은 종지부를 찍게 되는 것이다.

이조는 사대주의와 유교를 정치의 지도 이념으로 삼아 탐라의 해양국가적 자유주의 사상을 뿌리째 뽑아내기 시작한다.

세종 17년(1435년) 안무사(按撫使) 최해산(崔海山)을 제주에 보내어 탐라

---

71) 『高麗史』, 昌王 卽位年 9月.
72) 高昌錫, '鄭道傳과 鳳禮 鳳智公의 交友', 『星主』 제4호, 1990년 4월.
73) 『新增東國輿地勝覽』, 濟州牧 建置沿革.

관부(耽羅官府)의 모든 서고를 불태운다. 또한 정이오(鄭以吾)의 "탐라는 신라시대 이후 오늘에 이르기까지 정성을 다하여 충성하였다."74)라는 테제(These)를 근간으로 탐라의 역사가 의제(擬制)되어 『영주지』를 비롯, 『고려사지리지』는 물론이고 그 밖의 모든 유사 역사물에 이르기까지 철저하게 신라중심주의, 유교주의로 개조되어 오늘에 이르는 것이다.

포로 송환

명 태조 주원장은 1381년 중국의 산동, 온주(溫州), 태주(台州), 명주 등지에서 일어나는 해민 반란을 왜구의 소행이라고 하여 일본 정부가 이를 금지하지 아니하면 일본을 공격하겠다는 협박과 함께 조공 무역을 권장하는 문서를 일본에 보내고 있다. 이에 대하여 남조(南朝)의 가네요시 친왕(懷良親王)은 "천하는 천하의 천하이지, 한 사람의 천하가 아니다. 명이 전쟁을 일으킬 술책이 있다면 일본 역시 방어할 술책을 가지고 있다."75)라고 답하여 명제(明帝)의 요구를 정면으로 거부하고 만다.

그러나 북조(北朝)의 무로마치(室町) 쇼궁(將軍) 아시카가 요시미쓰(足利義滿)의 생각은 달랐다. 그는 자신의 정권 유지를 위하여 명제의 후견이 필요했으므로 친명 정책을 취하게 된다. 구주탐제(九州探題) 이마가와(今川了俊)에게 전권을 부여하여 명 태조가 요구하는 대로 고려와 협력하여 왜구의 소탕에 앞장서도록 한다.76)

---

74) 鄭以吾, "自羅代直至于今徇國赤誠",『東門選』중 高氏家傳.
75) 『明史』, 卷322 日本傳.
76) 佐藤進一, '對明外交と九州情勢',『日本の歷史 9』, 中央文庫, 1991, pp.460~462.

구주탐제 이마가와(今川)는 1370년부터 그가 해임되는 1395년까지 25년간 10여 회에 걸쳐 고려, 조선에 사자를 보내어 공물을 바치고, 2,000여 명의 포로들을 송환하여 고려와 통상하고 있다.

 이마가와가 고려에 송환한 포로가 일본 해적이 조선 땅에 들어와 납치한 조선인이라고 알기 쉬우나 이는 전혀 사실과 다르다.

 이들은 이마가와 자신이 지적하고 있는 것처럼 "배로써 집을 삼아, 바람 부는 대로 일정한 거처없이 바다를 떠돌아 다니는"[77] 주산과 오월지역의 귀환동포였던 것이다.

 1387년 명태조는 고려의 문하평리(門下評理) 설장수(偰長壽)를 통하여 고려왕에게 "그대의 나라 연해 30리, 50리 이내에는 민가에서 연기가 나지 않고 농사짓는 사람도 없다고 한다. 듣건대 왜적들이 어떤 해도(海島)에 여러 해 동안 살면서 돌아가지 않고 머물고 있다고 하는데 그대들은 그 곳에 접근조차 못하고 있다. 당장 군선을 동원하여 그놈들을 쳐 없애라."라고 명령하고 있다.[78]

 명 태조가 지적한 '어떤 해도'라는 것은 대마도(對馬島)와 일기도(一岐島)를 가리키고 있음이 분명하다. 명태조의 이와 같은 유시는 이듬해(1388년) 7월 고려에 온 일본 구주탐제의 사자에 의하여 일본 측에 전달되고, 고려는 1389년 2월 경상도원수(慶尙道元帥) 박위(朴葳)로 하여금 대마도를 공격하여 왜구 소탕에 나서고 있다.[79]

 일본의 무로마치 막부는 일본으로 밀려오는 주산과 오월 지역의 난민

---

77) 『朝鮮王朝實錄』, 太祖 4年 7月 辛丑.
78) 『高麗史』, 禑王 13年 5月.
79) 『高麗史』, 昌王 元年 2月.

들을 고려, 조선의 군사를 이용하여 막음으로써 해민 집단과의 직접적인 충돌을 피하면서 명 태조의 신임을 얻고 대명, 대조선 교역이라는 실리도 추구하는 양수겹장의 술책을 쓰고 있는 것이다.

구주탐제 이마가와는 남조군(南朝軍)을 압박하면서 조선조에 들어와서도 1393년 6월, 1394년 7월, 1395년 7월에 계속하여 사자를 조선에 보내 공물을 바치고 왜구 소탕을 협의하고 있었다.

조선은 태조 5년(1396년) 12월 두 번째로 대마도와 일기도에 출격하여 왜구 소탕전을 벌이고 있다.

이성계의 군사 행동은 어디까지나 명 태조의 명령에 의하여 일본 무로마치 막부의 용인 하에 이루어진 것이다.

이태조의 대마도 공격 며칠 후 왜적의 수장 구육(仄六)이라는 사람이 태조에게 장검과 환도를 바치면서 "전하께서 항복하는 자를 어루만져 지난날의 잘못을 용서하여 주신다기에 토지를 나누어주시면 백성이 되려 합니다."80)라고 하여 토지를 구하여 영주하기를 청하고 있다.

태조 이성계는 창왕 이래의 토지개혁에 박차를 가한다. 태조 7년(1398년) 7월에는 전국 각지의 토지에 대하여 양전(量田)을 실시하여 부호들이 가지고 있던 토지를 몰수하고 그 중 벽지나 해안선에 위치한 토지를 주산과 오월 지역의 귀환동포들에게 분배하여 이들을 정착시키기 시작한다.

일본의 최고 권력자인 아시카가 요시미쓰(足利義滿)는 쇼궁직을 아들인 요시모찌(義持)에게 이양하고 나서, 구주탐재 이마가와를 해임하고 새로운 구주탐재에 시부가와 미쓰노리(澁川滿賴 일명 源道鎭)를 임명하고 있다. 이마가와의 영향력이 너무 커졌기 때문이다. 이어 1403년 2월에는 일본

---

80) 『朝鮮王朝實錄』, 太祖 5年 12月 乙巳.

의 제도에도 없는 '일본 국왕 원도의(源道義)'의 명의로 된 국서와 공물을 명의 영락제(永樂帝)에게 보내어 조공 무역을 청한다. 영락제는 일본 국왕 요시미쓰에게 관복과 금장(金章), 비단 등을 보내어 답례하고 있다. 이렇듯 요시미쓰는 막부와 왕조 위에 군림하는 사실상의 일본국 지배자가 되는 듯하였으나 1408년에 죽고, 쇼궁직을 승계한 요시모찌는 지금까지의 친명 정책을 버리고 명에 대한 조공 무역을 단절하여, 명의 해적 단속 요구를 거부하는 한편 난민들을 수용하는 쪽으로 정책을 바꾼다.

이에 따라 시부가와 구주탐제의 정치적 지위가 약화되자, 시부가와는 이를 만회하기 위하여 1406년 이후 수차에 걸쳐 사자를 조선에 보내어 예물을 바치고 포로를 송환하여 조선과의 교역으로 이윤추구에 나서고 있으나 이미 시부가와는 이름뿐인 구주탐제로 전락하고 만다.[81]

시부가와를 비롯한 구주의 영주들은 조선의 피로민(被虜人)과 표류민(漂流民)들을 조선에 송환함으로써 조선과의 무역의 기회를 구하려 하였다. 표류민 또는 피로인의 송환은 쌍방의 우호 관계의 표명이며 전제이기도 했기 때문에 일본 서국(西國)의 영주들은 조선과의 무역을 희망하는 한 우호 관계를 위하여 포로들을 송환할 필요가 있었던 것이다.[82]

조선도 태종 18년(1418년) 부산포와 염포(울산), 내이포(진해), 즉 삼포를 개방하여 왜인들의 왕래와 교역을 허용하고 항거왜인(恒居倭人)들의 정착을 유도하고 있다. 경인해란(庚寅海亂)의 주역이던 탐라 해민들은 대거 마쓰우라(松浦)의 쇼니(少貳) 세력과 합류하여 왜관(倭館)에 진입하여 조선과 일본

---

81) 秋山謙藏, '室町初期に於ける 九州探題の朝鮮との通交', 『史學雜誌』第42篇 第4號, 1931. 3.
82) 關 周一, '15世紀における朝鮮人漂流人 送還體制の形成', 『歷史學研究』No 617, 青木書店, 1991. 3.

사이의 무역을 담당함으로써 경인 해란은 일단 소강 상태에 들어간다.

최후의 두무악

경인해란이 안정되어 가던 세종 원년(1419년) 6월 왕위에서 물러난 태종 이방원이 삼군도체찰사(三軍都體察使) 이종무(李從茂)로 하여금 227척의 병선과 총 17,285명의 군사를 동원하여 대마도를 공격한다.

이 침공에서 민가 1,939호를 불태우고 114명을 죽이며 21명의 대마도인과 중국인 남녀 131명을 포로로 잡고 20여 척의 선박을 불살랐다.

6일 후 이종무의 군사는 두지포(豆知浦)에 다시 상륙하여 민가 68호, 배 15척을 소각하고 포로 20여 명을 잡았으나, 적의 복병을 만나 100여 명의 군사를 잃고 퇴각한다.[83]

일본 정부는 이 싸움에 별로 관심을 보이지 않았다. 구주탐제 시부가와는 정치적 권력이 배제된 채 오로지 그 직위를 이용하여 조선과의 교역에서 실리를 얻으려는 입장이었으며, 기구찌(菊池), 쇼니(少貳)의 세력 역시 대조선 무역에 열중하고 있었기 때문이다.

일본이 대조선 무역에서 수입하는 품목은 고려판 대장경과 목면 제품이 주종을 이루고 있었다. 대장경은 일본의 새로운 지배층이 된 무사 계급이 갈구하였으며, 조선의 목면은 이 때까지 삼베와 비단밖에 모르던 일본 사회의 의생활을 바꾸어 놓을 만큼 수요가 컸다.[84]

한편 일본이 조선에 수출하는 품목에는 동, 유황, 도검류가 있었다.

---

83) 『朝鮮王朝實錄』, 世宗 元年 6月.
84) 永原慶二, '海賊衆と勘合貿易', 『日本の歷史 10』, 中公文庫, 1991, pp.187~192.

조선의 대마도 침공 후 대마도의 영유권을 둘러싸고 조선과 일본 간에 사소한 마찰이 있었으나 결국 대마도주 종씨(宗氏)의 책임 하에 명나라의 조공 무역을 모방한 세견 무역(歲遣 貿易)을 하게 하여 삼포에 항거왜인을 입주하게 하고 무역을 담당하는 흥리왜인(興利倭人)의 출입을 허가한다. 뿐만 아니라 조선 정부는 흥리왜인에게 조선의 관직을 수여하고 삼포의 항거왜인에게는 식량을 지원하고 있다.

대마도주가 발행하는 서계(書契), 도서(圖書) 로인(路引) 등을 가지고 왜인들이 삼포에 도착하면 조선 관리들이 검색하여 다시 통행증(文引)을 발급하고 조선의 선군(船軍)을 동승시켜 조선의 해역에서 어로행위를 할 수 있게 하였다.[85]

조선은 태종 13년(1413년)부터 제주도의 토지를 측량하여 세종 원년(1419년)에는 양전제(量田制)를 실시하고 있는데, 제주도의 전체 밭 면적은 9,412결(結), 논은 116결, 도합 9,528결로 나타나고 있다.[86]

이에 대하여 세종 17년(1435년)을 기준으로 민호는 9,935호, 인구는 63,093명으로 조사되고 있으나,[87] 당시 바다에 나가 있는 인구 수만을 합치면 제주도의 인구는 10만을 헤아린다고 볼 수 있다.

세종 시대의 양전(量田)은 결부법(結負法)을 적용하여 토지의 면적 단위가 아닌 수확량을 짐바리(卜)를 기준으로 산정하는 방식을 취하여 농토에서 곡식을 거둬들일 때에 한 줌(把)을 기준으로 10줌(把)을 한 뭇(束)으로 하고, 10뭇을 한 짐(負), 100짐(負)을 한 목(結)으로 산정하였다. 세종

---

85) 『朝鮮王朝實錄』, 世宗 7年 10月 甲戌.
86) 제주도, '租稅法과 田制', 『제주도지』 제1권, 1993, pp.801~806.
87) 제주도, 『防禦施設』, 『제주도지』 상권, 1982년도판, p.155.

25년(1443년)에는 이 법을 보완하여 토지의 비옥도에 따라 차별화하는 전분육등법(田分六等法)을 시행하였으나 이는 어디까지나 내륙의 논밭을 기준으로 하였으므로 잡곡을 위주로 하는 제주도의 1결(結)과 내륙 전답의 벼 1결(結)이 같을 수는 없었다.

그러므로 조선왕조의 농업 정책에도 불구하고 섬에서 생산되는 곡식으로 도민이 먹고 살기에는 턱없이 부족하였다.

제주도의 양전에 관여하였던 나주의 교수관 진준(陳遵)은 제주도의 밭을 개간하여 최소한 20,000결은 되어야 도민이 먹고 조세를 부담할 수 있을 것이라고 진단하고 있다.[88] 그럼에도 불구하고 경인 해란 이후 약 50년간은 비교적 평화로운 상태가 유지되고 있었다. 하지만 세종 몰후 세조의 왕위 찬탈과 사화, 그리고 이어지는 무단정치로 나라의 기강이 무너지고, 제주도에는 오랑캐를 다스리는 무관일색으로 목사가 임명되어 폭정과 가렴주구가 성행하였다.[89] 생활고에 시달린 주민들은 하는 수 없이 바다로 나가게 된다.

해민들은 다시 동로의 대마도, 일기도 방면과 남로의 주산, 그리고 북로의 해랑도로 진출한다.

동로로 진출한 집단은 대마도의 종씨 세력과 합류하여 삼포의 무역에 참여하려 하였으나 삼포의 무역권은 이미 초만원이 되어 새로이 진출하려는 후발 제주 해민이 설 자리가 없게 되었다. 그들은 하는 수 없이 전라도의 순천, 홍양, 낙안, 광양 등지에 진출하여 때로는 왜인이라 사칭하고 때로는 제주인을 칭하면서 여러 섬에 머물러 해산물을 채취하였으며,

---

88) 『朝鮮王朝實錄』, 世宗 元年 7月 丙辰.
89) 金尙憲, 『南槎錄』.

때로는 약탈도 서슴지 않고 있었다.[90]

그들이 칼과 활로 중무장하여 단속하려는 관선의 배 밑에 들어가 도끼로 바닥에 구멍을 내는 등 거칠게 대항하자 조정은 선군(船軍) 이잉길(李仍吉)의 모책을 받아들여 버팀쇠(拒鐵), 걸림쇠(拘鐵), 마름쇠(鐵蒺藜)를 만들어 해적에 대응하도록 하고 있다.[91]

제주 해민들은 스스로 자신을 두무악(頭無岳, 頭禿也只)이라 칭하여 경남 사천, 고성, 진주 지방의 강기슭에 집을 짓고 왜인과 같은 옷을 입고 왜어(倭語)도, 한어(漢語)도 아닌 언어를 구사하면서 왜인의 배보다 더 튼튼하고 빠른 배로 섬을 돌아다니면서 고기를 낚고 미역을 따는 등 이른바 포작인(鮑作人)이 되고 있다.[92]

조선의 수역에 두무악이 대거 출현함으로써 누가 왜인인지 누가 조선인인지 구별하기 어려운 상태가 되자 조선 정부는 대마도주 종정국(宗貞國)에게 책임을 추궁한다. 이에 대하여 대마도주는 사자를 조선에 보내어 "이 곳은 백성이 먹고 살 만한 토지가 없고 풍속 또한 안정되지 아니하여 생활이 매우 어렵습니다. 오직 배로서 집을 삼아 살아가고 있는데 한번 이 곳을 떠나면 빨라야 2, 3년 만에 돌아오고, 길면 수 십년 혹은 영영 돌아오지 아니하므로 비록 우리의 백성이라 할지라도 그들을 제지할 수가 없습니다."[93]라고 답하고 있다.

조선 정부는 두무악을 강제 송환하는 한편, 해민의 가족 상황 등을 기

---

90) 『朝鮮王朝實錄』, 成宗 3年 2月 甲午 및 4年 10月 辛巳.
91) 『朝鮮王朝實錄』, 成宗 5年 9月 癸亥.
92) 『朝鮮王朝實錄』, 成宗 8年 8月 己亥.
93) 『朝鮮王朝實錄』, 成宗 3年 6月 庚午.

록하여 통행증인 노인(路引)을 발급해 일정한 수준에서 유이(流移)를 통제하려 하였다.[94] 하지만 어떤 수령들은 포작인으로 하여금 진상하는 해산물을 채취하게 하여 자기가 착복하는 등 관리들의 부패만 조장하는 결과가 되어 뜻대로 되는 일이 없었다.[95]

삼포의 난과 해민 탈출

중종 5년(1510년) 4월 삼포의 항거왜인들이 반란하였다. 그들은 제포(진해), 부산포, 거제도 등을 공격하여 부산포의 첨사 이우유(李友酉)를 죽이고, 제포의 첨사 김세균(金世鈞)을 납치하였다. 웅천 현감 한윤(韓倫)은 성을 버리고 도망간다. 수백 명이 죽고 수십 채의 집이 불타는 소위 삼포왜란이 일어난다.

이 난은 관군에 의하여 진압되기는 하였으나 이 사건 처리에 임하였던 한 간관(諫官)이 왕에게 아뢰기를 "일본의 왜인이라고 칭하는 자가 어찌 진짜 일본인인지를 알며, 대마도의 왜인이라고 칭하는 자도 작적(作賊)하는 사유를 알지 못하니 어느 것을 죽이고 어느 것을 죽이지 않으리까?"라고 묻자 왕의 대답은 간단명료하였다. "당초 조정에서 죽여야 한다는 자와 죽여서는 안된다는 의견이 각각 반을 차지하였으므로 살려 보내어도 별로 이익이 될 것이 없으니 모두 죽이기로 한 것이다."[96]

그들이 죽든 살든 상관없다는 것이 조선 정부의 입장이었다. 이른바

---

94) 『朝鮮王朝實錄』, 成宗 16年 閏4月 己亥.
95) 『朝鮮王朝實錄』, 成宗 20年 3月 癸酉.
96) 『朝鮮王朝實錄』, 中宗 5年 4月 庚戌.

기민정책(棄民政策)이다. 삼포의 난이 평정된 후 항거왜인 중 평시라(平時羅, 일본명 平次郎)라는 자가 제포(薺浦)에 돌아와 항복하여 아뢰기를 "가연조귀(加延助機)라는 무리들이 하카다(博多) 등 여러 섬에 흩어져 살고 있는데 항상 배에 처자를 태우고 노략질을 일삼고 있다. 얼굴색이 검고, 털은 누르며 언어와 복식(服飾)이 왜인과 다르고, 활 쏘는 재주에 능하고 칼을 잘 쓴다. 바닷물 속에 잠입하여 배 밑에 구멍을 뚫는 것이 그들의 특기이다. 대마도의 도주가 이들 가연조귀를 시켜서 작적(作賊)하려 한다."라고 공술하고 있다.97) 다카하시(高橋公明)는 가족을 배에 태우고, 배로서 집을 삼아 바다를 누비면서 햇빛에 얼굴이 검게 타고 털까지 누렇게 바래고 잠수실력과 전투력을 겸비한 가연조귀를 제주도의 두독야지(頭禿也只), 즉 두무악으로 보고 있다.98)

부산포 첨사가 소금을 만들고 기와를 구우면서 땔감을 바치라고 독촉하고, 웅천 현감은 국가가 허락한 왜인의 흥리(興利, 장사)를 금하고, 제포 첨사는 바다에서 어로를 할 때에 규정에 의한 사관을 배치하지 않고 있다가 어로하는 사람 4명을 죽이는 등99) 삼포난은 조선 관리들의 횡포가 직접적인 원인이었음이 밝혀진다.

그리고 이 난의 주역은 일본의 왜가 아닌 대마도와 남해 연안에서 상업을 하고 어로를 하는 주산과 오월, 그리고 탐라 해민이었다.

삼포난 이후 삼포의 왜관은 폐쇄되고 제포(진해)만을 개방하여 왜관을 존속시키며, 세공선의 수를 반으로 줄이고, 항거왜인에게 지급하던 세

---

97) 『朝鮮王朝實錄』, 中宗 5年 8月 壬寅, 丁未.

98) 高橋公明, 前揭書.

99) 『朝鮮王朝實錄』, 中宗 5年 4月 癸巳.

사미(歲賜米)의 양도 반으로 줄여 무역하는 것으로 일본측과 합의가 이루어진다. 소위 임신약조(壬申約條)이다.

이에 따라 두무악의 일부는 전라, 경상의 남해안과 경남, 울산 등지에 정착하기도 했으나,100) 대부분의 제주 해민들은 고향을 버리고 대거 일본으로 향하여 마쓰우라(松浦)의 해민 세력과 합류한다.

조선의 관리들이 다스리는 제주도는 이미 해민들의 안식처가 되지 못하였기 때문이다.

이 때에 얼마나 많은 제주 해민들이 섬을 떠났는지 극명하게 밝혀줄 자료가 있다.

임진난 직후인 선조 34년(1601년) 안무사로 제주도에 파견되었던 김상헌(金尙憲)이 제주 삼읍의 인구를 조사한 바에 의하면, 제주도의 민호는 4,145호, 인구는 23,030명으로 나타나고 있다.101) 이는 이보다 166년 전인 세종 17년(1435년)의 통계와 비교하면 호수는 58%인 5,790가 감소하고 인구는 63%인 40,060인이 감소한 수치이다. 『제주도지』의 편자도 어느 한쪽이 오차일 것이라고 할 만큼 충격적인 수치이다.102)

166년 동안의 인구 증가분까지 합산하면 아마도 제주도 사람 거의가 섬을 떠났음을 알 수 있다. 조선 정부는 제주도의 부를 모조리 약탈하고 나서 제주도 사람들을 일본으로 내몰아 버린 것이다.

---

100) 韓榮國, '頭毛岳考', 『韓沽劤博士停年紀念史學論叢』, 1984. 9.
101) 金尙憲, 『南槎錄』.
102) 제주도, '防禦施設', 『제주도지』 상권, 1982년도판, pp.155~156.

후기 해란과 제주 해민

정화의 대항해와 중화주의

　명태조 주원장은 홍무 2년(1369년) 영지를 분할하여 10명의 황자들을 왕으로 임명 분봉하고, 영락 24년(1391년)에는 다시 23명의 왕들에게 분봉하여 이른바 새왕제(塞王制)를 실시하고 있다. 새왕제는 외형상 봉건제와 유사하였으나 실질적으로는 오히려 중앙집권적 통치체제의 강화에 중점을 두고 있었다.
　1398년 태조가 죽자 황태손 윤문(允炆)이 황위를 계승하여 혜제(惠帝), 즉 건문제(建文帝)가 즉위한다.
　그러나 태조의 상이 끝나기도 전에 연왕(燕王)에 봉하여졌던 태조의 제4자 체(棣)가 쿠데타(靖難의 變)를 일으켜 1402년 명의 제3대 황제 성조(成祖), 즉 영락제(永樂帝)가 즉위한다.
　주원장의 중화주의는 영락제에 이르러 새로운 국면을 맞이하게 된다.
　영락제는 정난의 변에 헌신하였던 색목인(色目人) 환관 정화(鄭和)를 중용하여 태감(太監)으로 승진시키고, 세계사상 유래가 없는 대형선박(배의 길이가 44丈, 폭 18丈) 62척을 건조하여 서양보선(西洋寶船)이라 명명하고 장사(將士) 27,800여 명으로 이루어진 대선단을 편성하여 영락 3년(1405년) 6월 많은 보물을 싣고(중국의 도자기, 실크 등) 장사성의 본거지였던 소주(蘇州) 대창(大倉)의 유가항(劉家港)을 출발, 장강을 나와 천주(泉州)를 거쳐 남지나해, 인도양으로 진출하여 남해대원정 길에 나서고 있다.[103]

---

103) 『明史』卷304, 宦官 鄭和條.

수심이 낮은 황해에서는 탐라의 배와 같은 평저선(平底船)이 유리하였으나 수심이 깊은 남지나해와 인도양에서는 첨저선(尖底船)이 적합하였으므로 정화의 보선은 명의 수도였던 남경 교외의 용강관(龍江關)에서 건조된 남송형 정크선이었다. 배의 규모에 관하여 여러 설이 있으나 가장 큰 배의 길이는 약 151.8m, 폭 약 61m, 전체 중량 약 2,500톤, 배수량 약 3,100톤급의 V자형 첨저선으로 보고 있다.[104]

정화의 대항해는 콜럼버스의 제1차 항해(1492년)보다도 87년이나 앞선 세계 최초, 최대 규모였으며, 영락제의 시대(1405~1422년)에 6회, 선덕제(宣德帝)의 시대(1430~1433년)에 1회, 도합 7회에 걸친 10만 해리에 달하는 대항해였다. 함대는 어느 원정에서나 대형보선 60여 척을 중심으로 보조선박 200여 척, 승무원 27,000명으로 구성되었으며, 함대의 지도부는 환관, 승무원 대부분은 강남, 강절(오월 지역)의 해민들이었다.

함대는 베트남의 신주항(新州港, 퀴논), 보르네오, 스마트라의 항구 도시 팔램방에 이르고, 다시 말라카(滿剌加) 해협을 지나 인도의 켈커터(古里), 세일론, 페르시아 만의 호루무즈(忽魯謀斯), 아라비아 반도의 아덴(阿丹)을 거쳐 아프리카 동해안의 모가디시오(소말라야), 부라와(卜剌瓦, 소말라야), 탄자니아의 항구 도시 마린다(麻林) 등 30여 개국을 원정·교역하여 헤아릴 수 없는 만큼의 보물들을 획득하여 돌아오고 있다.

영락제는 명의 부강을 세계에 과시하는 한편 원나라가 하였던 것처럼 사무역을 금하고 조공 무역을 강요하였다. 영락제의 함대 외교로 인하여 베트남(占城), 자바, 샴(暹羅, 타이), 캄보디아(眞臘), 보르네오(渤泥), 말라카,

---

[104] 宮崎正勝, '거대한 목조선 보선', 『정화의 남해대원정』, 이규조 옮김, 도서출판 일빛, 1999. 2. pp. 142~146.

켈커타, 호루무즈(페르시아 만), 아덴(아라비아), 소말리아, 탄자니아의 조공선들이 줄을 이어 명나라에 쇄도하였다.

당시 중국인들은 말라카 해협 서쪽을 서양이라고 불렀으며, 이 곳은 인도양으로 통하는 아라비아 상인들의 활동 무대였다.

정화 함대의 궤적을 추적하면 당·송대에 주산의 탐라인들이 이미 개척한 해로와 겹친다. 그것은 정화보다도 약 500년이나 앞선 시기에 아랍의 지리학자 이븐 라키스(Ibn Lakis)가 '와크 와크'라 불리는 주산의 탐라인들이 말라카 해협과 인도양을 지나 아프리카 동해안의 칸발로(Kanbalo)까지 진출하여 교역하였다는 기록에서 확인할 수 있다. (본고 '주산의 창국' 참조)

정화의 대항해는 전통적인 농본주의 사회질서를 전복시킬 만큼 위험하였으므로 사대부 집단이 들고 일어나 소요 경비의 과중함과 북방 민족의 침입을 이유로 집요하게 항해 금지를 요구했기 때문에 영락제 사후 선덕제 시대의 제7차 항해를 마지막으로 막을 내린다. 그 후 헌종(憲宗) 성화(成化) 시대(1465~1487년)에 몽골인들의 침입을 막기 위하여 지금의 만리장성을 구축하고 전통적인 조종의 법에 의한 중화주의(富國之本 在於 農桑)에 안주하게 됨으로써 근대 사회를 향하는 모처럼의 기회를 놓쳐 버리는 것이다.

명의 대외 무역은 감합부(勘合符)를 발행하여 조공 무역에 한정하고 민간의 사무역을 엄금하였으나, 정화의 대항해 시대를 경험한 바 있는 오월 지역의 상인들은 명 정부의 해금 정책에도 불구하고 대거 해외로 진출(華僑)하여 밀무역에 종사함으로써 후기 해란의 원인이 된다.

감합무역(勘合貿易)과 밀무역

 일본에서는 반명파인 쇼궁 요시모치(義持)가 죽고 그 뒤를 이은 쇼궁 요시노리(義敎)가 즉위한다. 그는 지금까지의 명분론을 버리고 명의 선덕 7년(1432년) 명에서 귀화한 승 용실도연(龍室道淵)을 정사로 하여 일본 왕 원의교(源義敎)의 명의로 명에 조공하고 감합무역(勘合貿易, 朝貢貿易)을 재개한다.105)

 일본의 무역항은 영파(寧波), 유구(琉球)는 천주(泉州), 그 밖의 남양의 여러 나라들은 광주(廣州)의 시박(市舶)으로 지정되고 있었다.

 그러나 명 정부의 공식 무역 면장인 감합부를 발급받지 못한 제주 상인들은 개항된 영파를 피하여 주산 육횡도(六橫島)의 쌍여(雙嶼), 장주(漳州)의 월항(月港) 등 작은 포구를 중심으로 복건인(福建人) 이광두(李光頭), 휘주인(徽州人) 허동(許棟) 등이 주관하는 밀무역에 가담하고 있었다.

 이 곳에는 주산, 절강, 복건의 밀무역상들뿐만 아니라 1513년 명의 쇄국 정책으로 광동에서 쫓겨난 포르투갈 인, 이베리아 인, 샴 인(태국)까지 가세하여 없는 물건이 없을 만큼 풍성한 호시(互市)가 형성되고 있었다.

 호시에는 복건의 장주, 천주의 부호들이 결탁되어 있었으므로 명의 관리라 할지라도 함부로 손을 댈 수가 없었다고 한다.106)

 이 시대에 제주의 상인들이 중국과 교역하였다는 기록은 없다. 다만 제주 해민들이 중국의 동부 연안에서 표류하여 송환되는 기록에 의하여 제주인의 밀무역 실태를 추정할 수 있을 따름이다.

---

105) 『明史』, 日本傳.
106) 『明史』, 卷205 朱紈列傳.

제주의 표류민들이 중국의 연안뿐만 아니라 일본, 유구에서도 발생하고 있는 것으로 보아 그들은 주산과 일본을 직접 왕래하고 있었던 것으로 보인다.

『제주도지』에 집계된 후기 해란기의 제주인 표류민의 실상을 정리하면 다음과 같다.[107]

중국에 표류한 제주인

세종 25년(1443년) 8월 제주인 강권두(姜權豆), 조괘실(趙怪實), 깅초송(金草松) 등

세종 29년(1447년) 제주인 2명, 동년 12월 김원(金元) 등 13인

중종 2년(1507년) 제주인 이복대(李福大) 등 7인

중종 6년(1511년) 6월 제주인 고치강(高致江) 등 17인

중종 14년(1519년) 9월 제주인 17인

중종 22년(1527년) 6월 제주인 이근(李根) 등

종중 37년(1542년) 8월 제주인 이개질동(李介叱同) 등 21인

명종 2년(1547년) 11월 제주인 김만현(金萬賢) 등 64인

명종 9년(1554년) 10월 제주인 7인

선조 9년(1576년) 6월 제주인 양준(梁俊) 등 22인

영조 46년(1770년) 6월 제주인 부차길(夫次吉) 등 8인

일본에 표류한 제주인

세종 26년(1444년) 8월 제주인 김목(金目)

---

107) 제주도,『漂流人과 漂到人』,『제주도지』제1권 1993년도판, pp.896~900.

단종 즉위년(1452년) 6월 고봉(高奉) 등 9인

세조 10년(1464년) 봄 해남인 김석이(金石伊) 등 2인

성종 14년(1483년) 10월 제주 존지암 주지 사식(斯湜) 등 10인

성종 17년(1486년) 4월 제주도 표류인

중종 31년(1536년) 10월 제주인 김공(金公) 등 14인

선조 20년(1587년) 제주인

정조 21년(1797년) 제주인 조필혁(趙必爀), 이원갑(李元甲) 등

유구에 표류한 제주인

세조 3년(1457) 7월 제주인 한금광(韓金光), 김신(金新), 석을방(石乙邦), 승동(升同), 양동(梁成), 고석수(高石壽) 복선(卜仙), 양녀(良女) 지내(之內) 등

명종 원년(1546) 제주 표류민

이 시대에 얼마나 많은 제주 사람들이 주산의 밀무역에 가담하였는지는 알 수가 없으나 제주 해민의 밀무역은 후기 해란 발생의 하나의 원인이 된다.

후기 해란

1547년 명 정부는 절강의 부도어사(副都御使) 주환(朱紈)을 절강순무(浙江巡撫) 겸 복건오부(福健五部)의 군무(軍務)에 임명하여 대대적인 밀무역 소탕작전을 전개하게 한다.[108]

---

108) 『明史』, 卷322 日本傳.

주환은 "나무로 된 판자 하나도 바다에 띄울 수 없다.(片板不許下海)"는 조종(祖宗)의 법(명태조의 海禁令)에 따라 일반인의 항해를 엄금하고, 보갑(保甲)으로 무장한 군선을 건조하여 복건의 장주, 천주를 공격하며, 주산의 쌍여(雙與, 람보)를 초토화하여 이를 봉쇄한다.

주환은 밀무역의 거두 이광두 등 96인을 처형하고 이 곳을 근거로 밀무역하던 포르투갈 인까지도 학살하고 있다. 이 때에 많은 제주 상인들도 희생되었을 것이다.

주환의 강력한 해금 조치는 복건의 부호들에게도 타격을 주었으므로 해민과 부호들이 하나가 되어 정부의 조치에 반발한다.

후기 해란에는 해적의 우두머리 왕직(王直)이 등장한다. 그는 본래 안휘성 출신의 상인으로 밀무역의 거두 이광두의 휘하에 있었다고 한다.

또한 가정(嘉靖) 19년(1540년) 엽종만(葉宗滿) 등과 더불어 광동에서 대선을 건조하여 화약(硝), 면 등을 일본과 여러 나라에 밀수출하고 포르투갈 상인들과 거래하여 거부가 되었다고 한다. 1543년 8월 25일 일본 규슈 남부의 다네가시마(種子島)에 표착한 정크선(戒克船)에는 포르투갈 사람 3인과 오봉(五峰)이라는 중국인이 타고 있었는데, 오봉이라는 사람이 다름 아닌 왕직이라는 사실이 밝혀진다.[109]

이 배에는 명 초기 중국의 소동총(小銅銃)보다 훨씬 성능이 우수한 소총이 있었다. 일본에서는 다네가시마 총(種子島銃)이라고 부른다. 후에 임진난 때 왜군이 사용한 조총의 모태가 바로 다네가시마 총이다.

왕직은 서양 사람들을 처음으로 일본에 데려가서 교역을 하게 하고 기독교를 전파하게 한 장본인이다.

---

[109] 林屋辰三郎, '種子島鐵砲風', 『日本の歷史 12, 天下一統』, 中公文庫, p.27.

왕직은 명 정부에 대하여 시장개방(互市公許)를 촉구하였으나 묵살되자 해적이 되어 가정(嘉靖) 32년(1553년)에 군선 수백 척을 거느려 명이 설치한 주산의 창국위(昌國衛)를 격파하고 이어 대창(大倉), 상해(上海), 강음(江陰) 등 절강과 강남, 북의 연안 수천 리를 격파한다. 이로써 후기 해란이 시작된다.

이듬해 1554년에는 대창을 시작으로 소주(蘇州), 송강(松江)을 공격한 후 강북으로 달아났다가 다시 가선(嘉善), 숭명(崇明), 소주(蘇州)를 공격한 후 오강(吳江)을 건너 가흥(嘉興)을 치고 자림(柘林)에 이르고 있었다.

반군은 천사와(川沙窪) 자림을 근거지로 하여 종횡무진한 게릴라 작전을 구사하여 명군의 위소(衛所)를 유린하였다.

가정 34년(1555년)이 되자 왜적들은 선박을 탈취하여 사포(乍浦), 해녕(海寧) 숭덕(崇德)을 공격하고 당서(唐棲), 신시(新市), 횡당(橫塘), 쌍림(雙林) 등 절강 일대를 공격하고 있다.

그해 5월부터는 새로운 왜(新倭)가 등장하여 지금까지의 왜와 합동으로 가흥(嘉興), 강경(江涇)을 공격하고 있다. 그들은 관군과의 싸움에서 1,500여 명의 희생자를 내고도 자림을 탈취하고, 소주, 강음, 무석(無錫)을 유린하여 태호(太湖)에 이르고 있다.

왕직은 일본 고도열도를 근거지로 하여 영주(領主) 마쓰라 다카노부(松浦隆信)와 결탁하여 해적을 지휘하는 한편 히라토 섬(平戶島)에 대당가(大唐街)를 설치하여 휘왕(徽王)을 자처하고 있었다.

히라토 섬은 1281년 원의 제2차 일본정벌 때에 남송의 아탑해(阿塔海) 장군 휘하에서 살아남은 30,000여 수군이 항복하여 정착한 곳이며[110]

---

110) 마르코 폴로, 『동방견문록』 제160장, 김호동 역, 사계절출판사, 2004. 8, p.419.

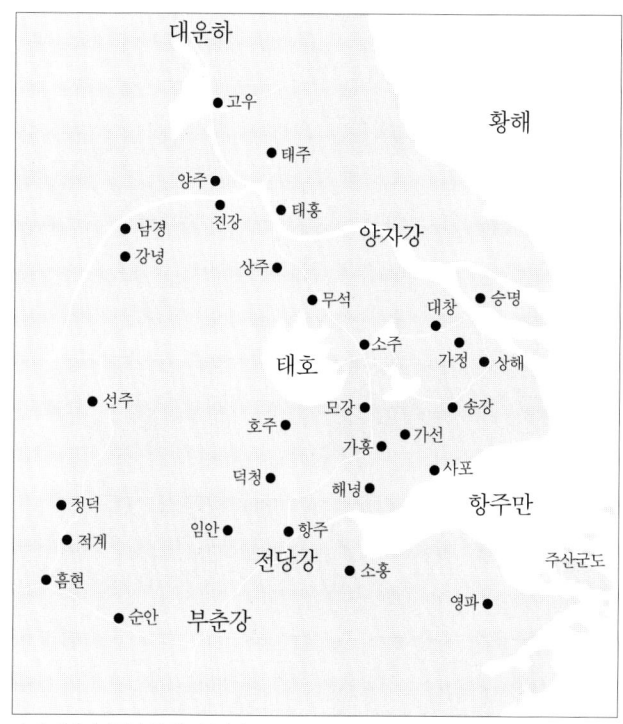
후기 해단의 격선시 강질(江浙)시방

당시 일본 규슈수호(九州守護) 쇼니의 관할지역이었다.

그들은 일본인도 아니고 명나라에서도 버려진 옛 오월 지역의 백제 유민이었다. 대체로 왜구라고 하는 것은 10 중 3이 진짜 왜이고 나머지 10 중 7은 단순한 추종자들이었다고 하며,[111] 제주 해민들도 어쩔 수 없이 이 해란에 말려들고 만 것으로 보인다.

이탈리아 루벤스 (1577~1640년)의 초상화 '고려인 복장을 한 남자(A Man in Korean Costume)'의 주인공은 아마도 제주 사람이었을 가능성이 크다. 왜냐하면 이 시대에 유럽 사람들과 만난 조선 사람은 탐라 상인 말고는 없었기 때문이다.

신왜가 등장함으로써 싸움의 양상도 달라지기 시작한다. 왜가 싸울 때에는 적을 납치하여 대열의 앞잡이로 세워(軍鋒) 공격하였다. 그들의 법이 너무 엄격하였기 때문에 앞잡이가 된 자는 거의 죽임을 당하므로 관

---

111)『明史』, 日本傳.

군은 혹 잡힐까 두려워 도망가기 일쑤였다.

그리고 새로운 왜는 날이 갈수록 그 수가 늘어나 붉은 옷에 황색 모자를 쓰고 목적지에 다다르면 자기들이 타고 온 배를 불태워 없앤 후 배수진을 치고 싸웠다.

그들은 북신관(北新關)으로 우회하여 순안(淳安), 휘주(徽州), 흡현(歙縣)을 거쳐 적계(績谿), 정덕(旌德)을 지나 태평부(太平府), 영진(寧鎭,) 남경(南京)을 공략하고 있다.

왜구들은 하룻밤 동안에 180리를 달리는 기동성을 발휘하여 단 80일 만에 4,000여 리의 길을 달려 무려 4,000여 명이나 되는 관군을 죽이고 있다.

나중에 안 일이지만 그들의 수는 고작 6, 70명에 불과하였다고 한다.

후기 왜란 때 진짜 왜라고 하는 것은 중국의 대무역상들이 일본 현지에서 고용한 사무라이들이었다는 설도 있다.[112]

명은 가정 35년(1556년) 절강순무사를 호종헌(胡宗憲)으로 교체하고 있다. 호종헌은 이듬해인 1557년 왕직의 모친과 처를 인질로 삼아 왕직을 유인 살해한다.

그러나 왜는 더욱 사나워져 이듬해가 되자 신왜가 대대적으로 몰려와 절동삼군(浙東三郡)과 주산을 유린하고 여세를 몰아 절강 강남북, 복건의 여러 도시와 광동까지 침구하고 있다.

야마사키(山崎 岳)는 "후기 해란은 정부의 규제 밖에서 강남의 면, 도자기, 남양 산 향료 등을 자유스럽게 밀무역하며 외국에 거주하던 화교와 왕조의 보호로부터 버려진 기민사회의 반란이며, 주환의 해금정책 또한

---

112) 山崎 岳, '巡撫朱紈の見た海', 『東洋史研究』 第62卷 第1號, 2003. 6.

일본에 대한 것이 아니라 자국민에 대한 것으로서 주환 자신이 그의 유문(遺文)에서 왜구라는 말을 사용한 적이 없으며 왜구와 주환을 연결시킨 것은 후세 내지 같은 시대의 사가들에 의하여 조작된 것"이라고 하여 주환의 입장에서 후기 해란을 바라보고 있다.[113] 김성호는 후기 해란(1548~1662년) 114년 동안에 요동, 산동, 강남북, 절강, 복건 등 각지에서 총 660건의 침구 사태가 발생하였는데 해란의 성격을 옛 비류백제의 해상 교민과 명정부가 맞붙은 민족 전쟁으로 보고 있다.[114]

쇄국과 개방

후기 왜란은 요동을 거쳐 조선 반도에까지 미쳐 중종 39년(1544년)에는 경남 통영의 사량(蛇梁)을 침구하고, 명종 7년(1552년) 5월에는 중국 상선 8척이 제주도 천미포(川尾浦)에 표류하였다. 관군이 잡으려 하자 그 중 30여 명이 한라산에 도주하여 숨어 있는 것을 붙잡았는데, 거기에는 망고삼부라(望古三夫羅)라는 이름의 왜적이 있었다고 한다. 그러나 그가 일본인인지 중국인인지 알지 못하고 있다.

명종 10년 을묘(1555년) 5월 70여 척의 해적이 영암의 달량(達梁, 해남군 북평면) 앞 바다에 정박하여 동서로 나누어 달량과 이진(梨津)에 상륙하여 나주, 강진까지 침구하고 있다. 적들은 달량을 포위하여 절도사 원적(元積)과 장흥부사 한온(韓蘊)을 살해하였다. 영암군수 이덕견(李德堅)이 항복하여 군량 30석을 요구하는 적의 서계를 가지고 귀환하자 정부는 그를

---

113) 山崎 岳, 전게서.
114) 김성호, '민족전쟁', 전게서 2, pp.322~328.

참형하고 있다. 그런데 그 계본에 의하면 "너의 나라가 우리들과 교분이 매우 두터웠는데 요사이 3, 4년 동안에 우리나라의 죄없는 사람을 죽였으니 이제는 원수가 되었다."라고 하였으며, 그들이 조선말을 할 줄 알고 가정 34년이라는 연호를 쓰고 있는 것으로 보아 조선 정부는 우리나라를 왕래하던 왜인이거나 중국인이라는 결론을 내리고 있다.115)

그해 6월에는 전라도의 강진, 장흥의 8개 진을 공략한 적이 제주의 화북포를 3일 동안이나 포위하였는데, 목사 김수문(金秀文)이 항거하여 적을 대파하고 많은 적을 사로잡았다고 한다.116)

일본 사람과 비슷한 이름을 쓰고 일본 말을 약간 하면서도 일본 사람이 아니고, 명나라 연호를 쓰면서도 중국인이 아닌 이들 조선의 교민들을 조선 정부는 명나라에 강제 송환하였으므로 그들은 하는 수 없이 조선을 피하여 자신들을 수용하는 일본으로 향한다.

동아시아의 해란은 대륙의 폐쇄적인 유교적 권위주의와 개방적인 해양인들의 상업적 자유주의의 대결이었다고 보아야 할 것이다.

일본의 오다 노부나가(織田信長)는 명에서 쫓겨난 포르투갈 인들을 맞아들여 일본 근대화의 기초를 다졌으며, 포르투갈 인들은 서양인으로서는 처음으로 마르코 폴로의 지팡구라는 환상의 나라에 발을 디딤으로써 아프리카 남단 케이프타운을 돌아 일본에 이르는 엄청난 비용을 공제하고도 몇 십 배의 이익이 남는 장사를 하게 된다.

후일 일본의 도요토미 히데요시(豊臣秀吉)는 해민들을 이용하여 임진난

---

115) 『朝鮮王朝實錄』, 明宗 10年 5月 己酉, 壬子, 癸亥.
116) 金錫翼, 『耽羅紀年』, 明宗 10年 6月條.

을 일으키게 된다. 이에 대하여 임진난은 오월 지역 조선의 해외 교민들이 명 정부를 타도하기 위하여 도요토미 히데요시를 사주하여 일으킨 전쟁이라는 설도 있다.117)

권위주의의 화신이라 할 명제국은 북로(北虜, 여진족)와 남왜(南倭, 강절·복건의 해민)에 의하여 1662년 멸망한다. 그러나 여진족이 세운 청 왕조도 명의 정치, 사회, 제도를 그대로 답습하였기 때문에 결국 해양 세력에 의하여 비참한 종말을 맞게 된다.

후기 해란으로 씨가 말라버린 것으로 알았던 영파의 상인들은 청조에 이르러 조선업과 금융업을 일으켜 강절, 복건, 광동을 거점으로 일본, 싱가포르, 수마트라, 세이론 등지로 그 세력을 확장하고 외국의 자본을 끌어들인다. 그들은 상해를 중국 최대의 무역항으로 만들어 세계에 개방하고, 그리하여 중국의 새로운 역사는 상해에서 시작된다.

영파 상인들은 '절강의 재벌', '중국의 부르주아지', '무업(無業)의 상고(商賈)에 의한 매판자본'이라는 혹독한 비난118) 속에서도 서구 문명을 받아들여 왕조를 무너뜨리고 상해를 중심으로 중국 근대화의 계기를 마련하였음을 부정할 수 없다.

한편 조선의 사대주의는 날이 갈수록 쇄국의 수렁에 빠져 부모나 다름없는 대국(父母之大邦)인 명에만 의존하여 장산 군도에서 밀무역하던 제주 상인들을 굳이 명의 허가를 얻으면서까지 강제 송환하고,119) 인조 7년(1629년)에는 다시 제주도민의 유이(流移)를 엄금하고 있다.120)

---

117) 김성호, , '仮道入明', 전게서 2, pp.328~335.
118) 西里喜行, '淸末寧波商人について 上 下', 『東洋史硏究』第26卷 第1號, 第2號, 1967. 6.
119) 『燕山君日記』, 6年 3月 壬申, 甲戌, 同 6年 7月 庚戌, 己未, 辛酉.

해금과 탈출

제주도는 세계를 향하여 열려 있는 공간이다. 제주도민에 대한 조선 왕조의 거듭되는 해금 정책은 도리어 제주도민을 바다로 내모는 결과가 되어 도민들은 생존을 위해 앞 다투어 섬을 탈출한다.

최근 일본의 쓰루소노 유타가(鶴園 裕) 등 5인이 공동 연구한 자료[121]에 의하면, 임진난(1592~1598년)이 끝난 이듬해인 1599년으로부터 1872년까지 274년 동안에 일본에 표류한 조선인은 966건에 총인원 9,739인, 이들 조선 표류인의 출신 지역을 보면 전체 표류인의 절반가량이 제주, 나주, 영암, 해남, 강진, 완도, 진도, 추자 등 전라도 지방이며 나머지 절반이 경상도 남해안 지방으로 집계되고 있다.

조선 표류인이 표착한 지역은 쓰시마(對馬島)에 전체 표류인의 35.1%, 규슈 지방(肥前, 五島列島, 築前, 薩摩)에 29%, 야마구치현(山口縣) 19%, 시마네현(島根縣) 11.28%이다. 표류인 중에는 여인들도 보이며, 익사·병사한 사람들이 많고 특히 1679년 1월 24일 가고시마(鹿兒島)에 표류한 한 척의 배에서는 승선자 26인 전원이 익사하는 참사가 발생하기도 하였다.

위 공동연구와는 별도로 이케우치 사토시(池內 敏)의 「유구(琉球)에 표착한 조선인」이라는 자료에 의하면, 앞의 공동 연구와 거의 같은 시기에 총 33건, 293인의 제주인들이 유구에 표류하고 있음을 본다.

---

120) 『朝鮮王朝實錄』, 仁祖 7年 8月 戊辰.

121) 鶴園 裕·池內 敏·古畑 徹·南 相瓔·小見山春生 共同硏究, 「江戶時代における 日朝漂流民送還をめぐつて」, 『靑丘學術論集』 第11集, 韓國文化硏究振興財團(東京), 1997. 11. 25.

일본에 표류한 조선인들은 쓰시마 번(對馬島 藩)에서 성명, 연령, 선구, 화물, 출신지, 인원수, 표류 경위 등을 조사받은 후 나가사키(長崎)로 보내져 조사 기록과 함께 조선의 부산포로 강제 송환되는데, 부산포에서 조선의 관리가 재조사한 결과 제주도 표류민 대부분이 그들의 출신지를 제주도가 아닌 다른 지역 출신이라고 사칭하고 있음이 밝혀지고 있다. 그러므로 일본과 조선에서 조사한 표류인 출신지가 서로 다를 뿐만 아니라 앞의 출신지별 통계도 확실하다고 볼 수 없으며, 일부 경상도의 표류인을 제외하고는 대부분의 표류인이 제주 출신이라고 추정하는 것이다. 이와 같은 사례는 유구에 표착한 경우도 마찬가지이다.

제주의 표류민들이 자신의 출신지를 다른 지역으로 사칭하는 이유에 대하여 제주인들의 변명인즉 "제주도는 섬 둘레가 모두 암초이고 조수의 들고 나감이 거칠어, 안전한 수로를 알지 못하는 외국 선박(일본을 가리킴)이 접안하려 할 때에 암초에 걸려 파선되거나 사람이 죽는 경우가 더러 있다. 이것을 가지고 일본인들은 섬사람들이 제주도에 표류한 사람들을 죽였다고 떠벌리므로 해외에서 일본 사람들이 제주도 사람을 만나기만 하면 모두 죽여 버린다는 말이 오래 전부터 전한다. 그러므로 우리는 살아남기 위하여 제주도 사람이라고 칭할 수가 없는 것이다."라고 항변하고 있음을 조선 정부가 일본 측에 통보하고 있다.[122] 일본에는 오래 전부터 "도라(度羅, 乇羅, 濟州)의 섬에 이르면 그 곳 주민들이 모여들어 사람들을 모두 죽이고 잡아먹는다."라는 금석이야기(今昔物語)가 전한다. 제주도는 해안선이 험하여 궂은 날씨에 선박이 접안할 때에 목숨을 잃은 경우가 많았으므로 이런 전설이 생겨났을 것이다.

---

122) 池内 敏,「近代朝鮮人の對日認識論ノート」,『歷史學研究』678, 青木書店, 1996.

출신지를 사칭한 제주 표류민들의 변명이 그럴 듯하지만 진짜 이유는 다른데 있었다. 그것은 조선 왕조가 제주 도민에게 내린 해금령(海禁令) 때문이다. 해금령은 제주도민에게만 적용되고 그 형벌 또한 가혹하였다. 제주 표류민이 외국에서 강제 송환되면 국내법에 의하여 해금령 위반의 죄로 처벌되는 이중의 고통을 치러야 하므로 출신지를 속여 처벌을 면하려 한 것이다. 다행히 속임수가 먹혀 든 일부 사람들이 타 지역(전라도, 경상도)에 정착하는 사례가 이 때부터 생겨난 것이다. 섬을 탈출한 모든 사람들이 표류한 것은 아니다. 그 몇 배, 몇 십 배의 탈출자들이 무사히 목적지(일본)에 도착하여 정착하였다고 보는 것이 옳을 것이다. 오늘날 일본의 서부 지역 여러 곳에 제주 출신 교민들이 집락(集落)을 이루어 생활하고 있는 사실과 무관하지 않다. 제주인들은 조선 왕조의 혹독한 쇄국 정책으로부터 나름대로의 자유를 찾아 목숨을 걸고 탈출했던 것이다.

그러나 미처 탈출하지 못한 제주 상인들은 옛 탐라 성주의 나루였던 별도(星梁浦)를 근거지로 하여 영내 해역인 해남, 강진을 통하여 쇠가죽, 진주, 귤, 죽류(竹類) 등을 팔아 쌀과 바꾸어 겨우 연명하고,[123] 장사 밑천이 없고 가난한 해민들은 연근해에서 고기잡이에 종사하게 된다. 이 시대에 고기잡이는 가장 천한 업종으로 분류되어 있어서 사람들은 그들을 보재기(浦作輩)라고 불렀다.

김상헌(1570~1652년)은 그의 저서 『남사록』(南槎錄)에서 제주도의 포작배에 관하여 다음과 같이 기술하고 있다.

---

123) 李重煥, 『擇里志』 全羅篇.

고을의 풍속이 처첩을 아울러 둔 자가 많으나 포작하는 자들은 홀애비로 늙다가 죽는 자가 많다.

그 이유를 물으니 포작인들은 본주에 바쳐야 할 전복의 수가 너무 많고 관리들의 공을 빙자하여 사리를 도모하는 것이 또한 몇 배나 된다. 포작인들은 그 고역을 견디다 못하여 흩어져 떠돌아다니다가 물에 빠져 죽다 남는 자가 열에 두셋만이 되는데도 관리들이 거둬들이는 물건은 줄지 않는다. 따라서 남자들은 오랫동안 바다 속에 있고, 그의 아내는 감옥 속에 있는 것처럼 원한을 품고 살아야 하므로 비록 이웃에 과부가 있어도 거지 노릇을 하다가 죽을지언정 포작인의 아내는 되려 하지 않는다.[124]

새로운 시대의 여명

조선 정부가 연산군 6년(1500년) 해랑도의 제주해민을 소탕하였음은 앞서 '장산 군도'에서 언급한 바 있다. 그러나 장산 군도는 조선의 영토가 아니므로 조선 정부가 명나라의 허가를 받고 한때 해랑도를 급습하여 조선 사람들을 강제 송환하였다고 하여 해민들의 발길이 끊긴 것은 아니다.

제주의 거상 고한록(高漢祿)은 1827년 이래 해랑도를 근거지로 선단을 조직하여 발해만 연안의 여러 지역에서 제주말을 교역하고 있었다.

청대의 최고 가치의 통화는 은화였다. 말 1필의 가격이 얼마였는지는 알 수 없으나 말을 판 대금은 은으로 결제하였으므로 그는 많은 은자를 가지고 있었다.

---

[124] 金尙憲, 『南槎錄』.

그의 배가 산동의 암초에 좌초하자, 몸에 감긴 닻줄을 끊고 노를 부수어 구사일생으로 살아남아 북경에 체류하다가 조선의 사신들과 함께 귀국하고 있다. 귀국 후에도 그는 수부와 선박을 모집하여 다시 선단을 조직하여 3차례나 더 중국을 왕래하고 있었다. 그는 필담으로 중국인과 의사소통을 하였다는 것으로 보아 상당한 식견을 가진 상인이었으며, 제주 말을 중국에 수출하여 많은 돈을 벌어들인 제주 상인이었다.

그러나 그가 제주도에 머물고 있을 때에 누군가의 모함에 의하여 제주 목사 이원달(李源達)에게 체포되어 파렴치한 해적으로 죄명이 조작되었으나,125) 비변사(備邊司)의 조사 결과 서북 국경에 무단 월경한 죄목으로 기소되어 처형되고 있다.126)

고한록이야말로 서북 연해에서 활약하던 최후의 탐라 상인이었다. 이씨 조선은 철저하게 제주의 해양 문화를 말살하였다. 이씨 조선이 멸망하자, 수만의 제주인들이 바다 건너 일본으로 간다. 그들 해란의 주역들은 열악한 환경 속에서 공장 노동자가 되어 힘든 노동에 시달리다가 죽는 사람이 속출하였다. 그런 와중에서도 돈을 모아 고향에 송금하고 소수의 젊은이들이 일본의 다이쇼 데모크라시(大正 Democracy)의 영향을 받아 서양 문명을 흡수하여 새로운 지식인 집단이 탄생하고 새로운 시대의 여명을 열어 나가게 된다. 그러나 그들의 앞길에는 전환시대의 험준한 파도가 날름거리며 기다리고 있었다. 그들은 몸을 던져 정면으로 그 파도를 헤엄쳐 나가게 되는 것이다.

---

125) 金錫翼, 『耽羅紀年』, 憲宗 4年條.
126) 『朝鮮王朝實錄』, 憲宗 4年 7月 庚申.

저자
고용희 高庸熙

1933년 제주 출생으로 제주 오현고등학교 졸업 후 국가 공무원으로 20년, 자영업으로 20년 동안 생업에 종사하면서, 탐라 상고의 역사에 대해서만 15여 년 이상 연구에 매달려 옴.

자택 : 제주특별자치도 제주시 노형동 1046-4번지
전화 : 064) 744-9519

參考文獻

1. 基本史料

『史記』, 『漢書』, 『三國志』, 『後漢書』, 『三國史記』, 『三國遺事』, 『北史』, 『北魏書』, 『周書』, 『隋書』, 『南史』, 『宋書』, 『梁書』, 『晉書』, 『舊唐書』, 『新唐書』, 『唐會要』, 『水經注』, 『新增東國輿地勝覽』, 「廣開土大王碑文」, 『宋史』, 『舊五代史』, 『新五代史』, 『資治通鑑』, 『宣和奉使高麗圖經』, 『元史』, 『新元史』, 『明史』, 『古事記』, 『日本書紀』, 『續日本記』, 『高麗史』, 『高麗史節要』, 『朝鮮王朝實錄』, 『瀛洲誌』, 「耽羅國王世紀」(『耽羅星主遺事』수록, 1979).

玄容駿, 「초감제」, 『濟州島巫俗資料事典』, 新丘文化社, 1980.

文彰憲 編, 『風俗巫音』.

李元鎭, 『耽羅誌』, 1653, 『耽羅巡歷圖』, 1703.

李 健, 『濟州風土記』, 1630.

金錫翼, 『耽羅紀年』, 1918.

제주도, 『濟州道誌』 1982년 및 1993년도판.

金尙憲, 『南槎錄』, 1601.

末松保和 編著, 『吏文』, 朝鮮印刷株式會社, 1942.

(위 사료 중 본서와 관련 있는 부분)

2. 論文 및 著書

Geoje氏 原述, 遠藤佐佐喜 補考「日本に關する亞剌比亞人の知識」, 『東洋學報』第5券 第1號, 1915. 1.

遠藤佐佐喜,「ド,フーユ氏 の日本に關する亞剌比亞人の知識に就いての私考」, 『東洋學報』第5卷 第2號, 1915. 5.

ランケ(Reopold Ranke),「序說」, 『世界史槪觀』, 鈴木成高 相原信作 共譯, 岩波書店(東京), 1941.

加藤 繁,「南宋時代に於ける銀の流通並に銀と會子との關係について」, 『東洋學報』第29卷 3・4號, 昭和 19年(1944年) 1月.

姜景璿,「제주도의 농경방식에 대한 비교연구」, 『탐라문화』창간호, 1982.

강봉룡,「영산강 유역의 고대사회와 나주」, '나주지역 고대사회의 성격', 국제학술대회, 목포대 박물관, 1998. 3. 18.

江上波夫,「騎馬民族國家」, 『古代日本史へのアプローチ』, 中央公論社(東京), 1976.

輕部慈恩,「公州出十の百濟系古瓦に就いて」1・2, 『同雜誌』第21卷 8, 9號.

_____,「公州に於ける 百濟古墳」1・2・3・4・5・6・7・8, 『同雜誌』第23卷 第7號~第26卷 第4號, 1933~1936.

_____,「樂浪の影響を受けた 百濟の古墳と塼」, 『同雜誌』第20卷 第5號, 1930. 5. 5.

_____,「百濟の 舊都 熊津發見の 百濟式石佛光背に就いて」, 『考古學雜誌』第20卷 第3號, 1930. 3. 5.

고광민, 『제주도 포구 연구』, 도서출판 각, 2003.

高橋公明, 「中世東亞細亞 海域에서의 海民과 交流」, 金昌圭 譯, 『탐라문화』 제8호, 1989.
高橋公明, 「海域世界の交流と境界人」, 『周緣から見た中世日本』, 講談社, 2001.
_____, 『中世の海域世界と濟州島』, 小學館, 1992.
高昌錫, 「鄭道傳과 鳳禮 鳳智公의 交友」, 『星主』 제4호, 1990. 4.
關 周一, 「15世紀における 朝鮮人漂流人 送還體制の形成」, 『歷史學研究』 No.617, 青木書店, 1991. 3.
關 晃, 『歸化人』, 至文堂(東京), 平成 2年(1990年).
菅政友, 「高句麗 好太王碑銘考」, 『史學雜誌』 第2-22, 23, 24, 25號, 1891.
국립문화재연구소·전남대 박물관·나주시, 『나주 복암리 3호분 조사보고서』, 2001.
국립제주박물관, 『제주의 역사와 문화』, 2001.
宮崎康平, 『まぼろしの 邪馬臺國』, 講談社(東京), 1967.
宮崎正勝, 『정화의 남해대원정』, 이규조 옮김, 도서출판 일빛(서울), 1999.
吉岡完祐, 「高麗靑磁의 發生에 관한 硏究」, 『陶藝硏究』 Vol.1~No.2, 1980.
金聖昊, 『沸流百濟와 日本의 國家起原』, 知文社(서울), 1988.
_____, 『중국진출 백제인의 해상활동 1500년』 1·2, 맑은소리출판사(서울), 1996.
金元龍, 『韓國考古學槪說』, 一志社(서울), 1986.
金仁顥, 「제주도 고분에 대한 일견해」, 『제주도사 연구』 제4집, 1995.

金在瑾,『우리배의 歷史』, 서울대출판부, 1999.

金宗業,『耽羅文化史』, 조약돌(제주), 1986.

那珂通世,「高麗古墳考」,『史學雜誌』第4-47, 48, 49, 1893. 10~12月.

大原利武,「山海經の倭と蓋國に就て」, 雜誌『朝鮮』212, 高麗書林, 1933.

渡邊光敏,『古代天皇家の渡來』, 新人物往來社, 1983.

稲葉岩石,「滿鮮史體系の再認識」,『靑丘學叢』第11~14號, 1933.

藤田明良・李善愛・河原典史 共同硏究,「島嶼から見た朝鮮半島と他地域の交流」,「濟州島を中心に」,『靑丘學術論集』第19集, 韓國文化硏究振興財團(東京), 2001.

藤田豊八,「宋代の市舶司 及び 市舶條例」,『東洋學報』第7卷 第2號, 大正 6年(1917年) 5月.

리지린・강인숙,『고구려사 연구』, 사회과학출판사(평양), 1976.

마르코폴로,『동방견문록』, 金浩東 譯註, 사계절출판사(서울), 2004.

무함마드 깐수(정수일),『신라, 서역 교류사』, 단국대학교 출판부, 1992. 9.

文暻鉉,「檀君神話의 新考察」,『嶠南史學』창간호, 1985.

_____,「耽羅國 星主王子考」,『龍巖 車文燮 敎授 回甲紀念 史學論集』, 1989.

文定昌,『韓國史の延長 古代日本史』, 柏文堂(서울), 1974.

박시형,『광개토왕릉비』, 사회과학원출판사(평양), 1966.

北山茂夫,「遣唐使の廢止」,『日本の歷史4 平安京』, 中央公論社, 1991.

山崎 岳,「巡撫朱紈の見た海」,『東洋史硏究』第62卷 第1號, 2003. 6.

森克己,「日宋交通に於ける我が能動的貿易の展開1, 2, 3」,『史學雜誌』第45編 第2~4號, 1934.

三上次男,「高麗靑磁の起源と歷史的 背景」,『朝鮮學報』第99, 100輯, 1981.

三宅米吉,「高麗古墳考」,『考古學雜誌』2-1,2,3, 1898 및「高麗古墳考 追加」, 同 2-5, 1898.

三品彰英,「布都之御魂考」,『靑丘學叢』第10~12號, 1932~1933.

서귀포시・제주대학교 박물관,『法華寺址』, 1992.

西里喜行,「淸末寧波商人について 上 下」,『東洋史硏究』第26卷 第1 號, 第2號, 1967.

松田壽男,「弓月に就いての考」,『東洋學報』第18卷 第4號, 1930. 10.

市村其三郞,「宇佐」特輯 '邪馬臺國はここだ', 月刊『歷史と旅』第30 號, 1976. 6.

申采浩,『朝鮮上古史』Ⅰ・Ⅱ, 一信書籍出版社(서울), 1994.

심백강,『황하에서 한라까지』, 참좋은세상, 2007. 3.

安部建夫,『元代史の硏究』, 創文社(東京), 1981.

永原慶二,「海賊衆と勘合貿易」,『日本の歷史 10』, 中公文庫, 1991.

奧野正男,「百濟伽倻系 渡來集團と應神王朝」,『歷史讀本』第31卷 第6 號, 新人物往來社, 1986. 3.

王建群,『好太王碑と高句麗遺蹟』, 讀賣新聞社(東京), 1988.

有高巖,「元代の海運と大元海運記」,『東洋學報』第7卷 第3號, 大正 6 年(1917年) 9月.

尹乃鉉,『韓國古代史新論』, 一志社(서울), 1986.

李基白,「半島的 性格論 비판」,『韓國史市民講座』, 一潮閣, 1987.

李丙燾,「麗元兩國의 日本征伐」,『韓國史』中世篇, 震檀學會, 乙酉文 化社, 1973.

李丙燾, 「倭寇와 紅賊의 侵入」, 『韓國史』中世篇, 震檀學會, 乙酉文化社, 1973.

_____, 「統一에 隨伴된 再組織 再編成」, 『韓國史』古代篇, 震檀學會, 乙酉文化社, 1973.

_____, 「貝水考」, 『靑丘學叢』第13號, 1933.

_____, 「漢四郡의 疆域問題와 그 植民 政策」, 『韓國史』古代篇, 震檀學會 乙酉文化社, 1973.

李瑄根, 「國王의 獨立誓告와 洪範 十四條 頌布」, 『韓國史』現代篇, 震檀學會, 1973.

李成市, 「新羅僧慈臧の政治外交上の役割」, 『朝鮮文化研究』第2號, 東京大學文學部朝鮮文化研究室, 1995.

이종선, 「나주 반남면 금동관의 성격과 배경」, 국제학술대회, 목포대박물관, 1998. 3. 18.

李重煥, 『擇里志』全羅篇.

李淸圭, 「북제주군 애월읍 광령리 지석묘군」, 『탐라문화』제4호, 1985.

_____, 「용담동 고분」, 『유적조사보고서』제5집, 제주대학교 박물관, 1989.

李弘稙, 『韓國古代史의 研究』, 新丘文化社(서울), 1971.

日野開三郎, 「五代の馬政と當時の馬貿易1, 2, 3, 4」, 『東洋學報』第29卷~30卷, 1942~1944.

林屋辰三郎, 「種子島鐵砲風」, 『日本の歴史 12, 天下一統』, 中公文庫, 1991.

장우진, 「조선 사람과 이웃 주민 집단들과의 관계」, 『민족문화학술총서 조선사람의 기원』, 사회과학출판사(평양), 1989.

前田直典,「元代の貨幣單位」,『元朝史の硏究』, 東京大學出版會, 1973.

田中整治,「吳越と閩との關係」,『東洋史硏究』第28卷 第1號, 1969.

井上光貞,「神話から歷史へ」,『日本の歷史 1』, 中央公論社(東京), 1991.

丁若鏞,『아방강역고』, 이민수 역, 범우사(서울), 1996.

鄭昌柱·白龍赫·李泰浩,「全南 康津郡 大口面 史蹟 68號 高麗靑磁 陶窯址에서 出土된 靑磁破片에 관하여」,『호남문화연구』제12집, 전남대, 1982.

제주대학교박물관,「탐라성주고봉례묘추정지」,『제주대학교박물관조사보고서』제17집, 제주대학교 박물관, 1997.

조영록,「9세기의 韓·中 海上交涉과 佛敎交流 - 중국 赤山 寶陀山과 洛山의 觀音道場을 중심으로-」,『법화사상과 동아시아 불교 교류』, 2001.

佐藤進一,『日本の歷史 9 南北朝の動亂』, 中央公論社, 1991.

佐伯有淸,「廣開土王碑文の拓出と硏究」,『廣開土王碑』, 吉川弘文館(東京), 1974.

池內 敏,「近代朝鮮人の對日認識論ノート」,『歷史學硏究』678, 青木書店, 1996.

直木孝次郞,「天皇家の近親婚」,『日本の歷史 2 古代國家の成立』, 中公文庫, 1991.

陳祝三,「蒙元과 濟州馬」, 吳富尹 역,『탐라문화』제8호, 제주대학교 탐라문화연구소, 1989.

靑木和夫,「國分寺創建」,『日本の歷史』3, 中央公論社, 1991.

최몽룡,「전남지방 소재 지석묘의 형식과 분류」,『역사학보』제78집, 1978.

최택선・리란우,「고조선의 령역과 그 중심지」,『고조선문제연구논문집』, 사회과학출판사, 1977.

秋山謙藏,「室町初期に於ける 九州探題の朝鮮との通交」,『史學雜誌』第42篇 第4號, 1931. 3.

出口晶子,「濟州島 筏船の構造, 操船, 漁撈技術」,『탐라문화』제8호, 제주대학교 탐라문화연구소, 1989.

크로체(Benedetto Croce),『歷史의 理論과 歷史』, 李相信 譯, 三英社(서울), 1987.

坂本太郎,「貴族文化の成立」,『日本史』, 山川出版社(東京), 1989.

鶴園 裕・池內 敏・古畑 徹・南 相瓔・小見山春生 共同硏究,「江戶時代における日朝漂流民送還をめぐって」,『靑丘學術論集』第11集, 韓國文化硏究振興財團(東京), 1997.

韓榮國,「頭毛岳考」,『韓㳓劤博士停年紀念史學論叢』, 1984. 9.

洪熹,「廢主光海君論」,『靑丘學叢』第20號, 1935.

黑田俊雄,『日本の歷史 8 蒙古襲來』, 中央公論社, 1991.

3. 其他 資料

김영돈,「용천검」,『탐라문화』제2호, 제주대학교 탐라문화연구소, 1983.

＿＿＿＿＿,『제주도 민요 연구』, 도서출판 조약돌(제주), 1983.

金鍾喆,『오름나그네』, 도서출판 높은오름, 1995.

박창범·라대일,『삼국시대 천문현상 기록의 독자관측 사실 검증』,
　　　snu-ast, 1994. 7. 27.
司馬遼太郞,『街道を行く』, シリーズ 朝日文庫.
小林惠子,『天武天皇의 秘密』, 한상구 옮김, 고려원, 1990. 12.
李寧熙,『もうひとつの萬葉集』, 文藝春秋社(東京), 1991. 7. 10.
＿＿＿,『天武と持統 -歌が明かす壬申の亂-』, ペン・エンタープライ
　　　ズ(東京), 1999.
陳舜臣,『天竺への道』, 朝日文庫, 1991. 1.

색인

⟨ㄱ⟩

가네요시 친왕(懷良 親王) 348
가락국기(駕洛國記) 90
가루베지온(輕部慈恩) 241
가마쿠라(鎌倉) 막부 317
가야(伽倻) 61, 202
가연조귀(加延助機) 357
간 마사토모(菅政友) 172, 173
갈사왕(曷思王) 63, 93
갈석산(碣石山) 31
갈성 습진언(葛城 襲津彦) 180
감합무역(勘合貿易) 362
강소(江蘇) 144
강신의 의식(降神 儀式) 79
강제 송환 371
강진(康津) 112
강회(江淮) 198
거란말 283

거로(巨老) 105, 293
거발성(居拔城) 66, 248
건들개 92
건마국(乾馬國) 34, 71
견당선(遣唐船) 202, 207, 256, 262, 277
견수선(遣隋船) 202, 206
견훤 289
경기진한(京畿辰韓) 49, 64, 121
경북진한(慶北辰韓) 49, 121
계루부(桂婁部) 62, 102
고개나루(高家津) 112, 156
고개마을(高家村) 105, 107, 111
고구려 신국(臣國) 81, 89, 102
고구려(高句麗) 19, 94
고려(高麗) 291, 293, 310, 315
고려 상인 300, 301
고려도경(高麗圖經) 274, 285
고려청자 281
고려판 대장경 352

색인 387

고마(固麻) 66, 70, 134
고복수(高福壽) 334
고봉례(高鳳禮) 98, 106, 345, 346, 347
고사기 130, 230
고사부리(古沙夫里) 34, 248
고신걸(高臣傑) 345
고여(故如) 159, 219, 227, 257
고여림(高汝霖) 311
고을나(高乙那) 73, 254
고익견(高益堅) 126
고정남(高正男) 126
고죽국(孤竹國) 19, 20, 63
고토 열도(五島列島) 61, 100, 318
고한록(高漢錄) 375
고해진(古爰津) 112
고향촌주(高向村主, 高向王) 188, 206, 207, 223
고후(高厚) 151, 254, 292
곰나루(熊津) 34, 248
관미성(關彌城) 169
광개토대왕(廣開土大王) 168
광양당(廣壤堂) 78, 88, 229
교관선(交關船) 무역 268, 271
구당사(勾當使) 293
구마기(久麻伎) 159, 224, 257

구마나리(久麻那利, クマナリ) 133, 139, 176, 192, 248
구마예(久麻藝) 159, 226, 227, 233
구왜위구(勾倭爲寇) 337
구주탐제(九州探題) 이마가와(今川了俊) 341, 348, 350
구한의 하나(九韓之一) 203, 269
군령제(郡令制) 194
궁월군(弓月君) 179, 182, 188, 190
귀화인(歸化人) 186
금석이야기(今昔物語) 373
기민정책(棄民政策) 357
기자(箕子) 20, 56
김방경 312
김수(金須) 311
김원룡(金元龍) 38
김통정(金通精) 312

〈ㄴ〉

나주 59, 115
낙랑(樂浪) 24, 56
낙랑군 55, 58, 68
난수산도(蘭秀山島) 336

남사록(南佐錄) 374
내물왕(奈勿王) 122
노령(蘆嶺) 26, 59, 289
노응산(老鷹山) 286
노인(路引) 356
노형해선(櫓型海船) 235
누선장군(樓船將軍) 양복(楊僕) 54
니니기노미코도(瓊瓊杵尊) 134, 135, 136

〈ㄷ〉

다네가시마 총(種子 島銃) 365
다래오름(月羅峰) 51, 129, 343
다루가치다(達魯花赤) 316
다찌마모리(出道間守) 139, 142
다카마가하라(高天原) 135
다카마쓰쓰가(高松塚) 143, 229
다파나국(多婆那國) 91, 98
단군 조선(檀君 朝鮮) 17
단주(亶洲) 120, 265
담로 국가(擔魯國家) 130, 134, 155, 195
담로(擔魯) 70, 134
당캐(唐浦) 60, 128

대능하(大凌河) 24, 50
대마도(對馬島) 349, 350, 352, 354
대무신왕 64, 93
대방군(帶方郡) 58, 68, 161
대별왕(大星王) 80, 85
대산(岱山) 286, 336
대산도(岱山島) 336
대수(帶水) 68
대식국(大食國, 아라비아) 265
대화개신(大化改新) 188, 207, 222, 259
덕판배 237, 239
데례성(弓禮城) 217
덴무(天武) 천황 226, 230
도 동음진(徒 冬音津) 117
도가사주(都加使主) 181, 182, 187
도내(徒內) 117, 150, 152
도라(都羅) 159, 215
도무다례(枕彌多禮) 51, 149
도부기성(枕服岐城) 217, 218, 252
도요토미 히데요시(豊臣秀吉) 370, 371
도형강선(櫂型江船) 235
동두철액(銅頭鐵額) 18
동북공정(東北工程) 41
동불상(銅佛像) 275
동성왕 116, 193, 246

색인 389

동성혁명(同姓革命) 292
동음진(冬音津) 215, 216, 254
동이의 강국(東夷强國) 66
동제인(東鯷人) 119
동제학 이십여국(東鯷壑 二十餘國) 266
동지나해 25, 302
동한지지(東韓之地) 149, 162
두독야지(頭禿也只) 357
두만강(頭滿江) 81
두무악(頭無岳) 43, 59, 86, 101, 111, 199, 203, 355, 357
두힐현(豆肹縣) 217, 252
등주(登州) 항로 300

〈ㄹ〉

란하 19, 31
랑케(Leopold Von Ranke) 329

〈ㅁ〉

마량포(馬良浦) 113, 128, 234, 280
마르코 폴로(Marco Polo) 308

마쓰우라(松浦) 317, 318, 331, 351
마연국(馬延國) 162
마한(馬韓) 34, 37, 38, 69
만번한(滿番汗) 24, 32
만엽집(萬葉集) 78, 231
만주(滿州) 33
만지(Manzi) 308
말라카(滿剌加) 45, 360
말로(末老) 291
망해진(望海鎭, 지금의 鎭海區) 266
매산리(梅山里) 사신총(四神塚) 244
매잠항(梅岑港) 274
명주(明州) 297
모라(牟羅) 193
모씨(牟氏) 193
모화, 숭유(慕華, 崇儒) 36
모흥혈(毛興穴) 73, 87, 229
목라근자(木羅斤資) 147
몽계필담(夢溪筆談) 144
몽고대천(大遼河, 松花江) 81
무녕왕능(武寧王陵) 247
무로마치 막부(室町幕府) 319, 335
무산계(武散階) 293
무진주 도독(武珍州 都督) 258
문경현(文暻鉉) 40, 151

문주왕(文周王) 192, 240
문행노(文幸奴) 296
문현(文縣) 33
미사흔(未斯欣) 180
미즈호(水穗) 134, 139, 142
미추홀(彌鄒忽) 69, 139
민애왕(閔哀王) 272
밀무역 127, 362, 371

〈ㅂ〉

바이안(伯顔) 313
반남 고분군 115
발라(發羅) 114, 161, 239, 251
발해(渤海) 21, 43
방국진(方國珍) 326, 328, 332
배중손(裵仲孫) 310
백가제해(百家濟海) 66, 159
백강(白江) 214
백랑수(白狼水) 24, 28
백악산 아사달(白岳山 阿斯達) 21, 57
백잔(百殘) 169
백제사(百濟史) 36
백제의 진평이군(晉平二郡) 29

번석(燔石) 295
번수(燔守) 295
번우(番禺) 25, 118, 279
법화사(法華寺) 271, 273
베리오름(星峰) 107
베포도업(配布都業) 185
벽랑국(碧浪國) 74
변안열(邊安烈) 340
별님(星主) 88
별도(星梁) 107, 159
별라(星羅) 108
보덕국(報德國) 256
보재기(浦作輩) 374
보타도(普陀島) 271
복암리 고분군 252
부여백제 245
부을나(夫乙那) 74
북부여(北扶餘) 19
북송 297, 298
북치기(鼓謀以迎) 92
불조통기(佛組統紀) 274
비류(沸流) 69
비류백제(沸流百濟) 155, 175, 191, 240, 250
비미호(卑彌乎) 140, 152, 174, 229

색인 391

〈ㅅ〉

사국명(謝國明) 299, 324
사대주의(事大主義) 36
사라오름(紗羅峰) 107
사로국(斯盧國) 151
사마대국(邪馬臺國) 140
사자국(獅子國) 122, 265
산해관(山海關) 30, 54
삼강오호(三江五胡) 118
삼별초 296, 303, 310
삼신산(三神山) 41, 230
삼엽환대도(三葉環大刀) 253
삼포왜란 356
삼한 재조(三韓 再造) 292
삼한전(三韓傳) 71
삼한통보(三韓通寶) 300
상세국(常世國) 91, 139
샤머니즘(Shamanism) 199
서덕영(徐德榮) 301
서시(徐市) 119
서양보선(西洋寶船) 359
석곽묘(石槨描) 83
석탈해(昔脫解) 90, 92
섬진강 59

섭라(涉羅) 104, 125, 159, 178, 199
성주 고인단(高仁旦) 296, 316
세견 무역(歲遣 貿易) 353
세공마(歲貢馬) 344
소가씨(蘇我氏) 188, 205, 206
소별왕(小星王) 80, 295
소서노(召西奴) 67
소주(蘇州) 45, 124
송산리 244
송상 293, 301, 324
송포왜구(松浦倭寇) 277
쇼니(小貳) 318, 351
수신인어(獸身人語) 18
수혈(䄠穴) 87
스징 왕조(崇神 王朝) 136, 137
스쿠나비코나(少名毘古那) 132
시라무렌하(西拉木倫河) 28
시박사(市舶司) 293, 297, 300, 323
시장개방(互市公許) 366
신라 64, 137, 177, 202
신라번인(新羅藩人) 267, 268
신라상인(新羅賈人) 274, 275
신라왕묘(新羅王廟) 121
신라일본제번(新羅日本諸藩) 266
신촌리, 덕산리 고분군 251

쌍구본 171

〈ㅇ〉

아라가야(阿羅伽倻) 147
아리아케 해(有明海) 61, 139
아스카(飛鳥) 188, 206, 226, 244
아시카가 다카우지(足利尊氏) 318
아시카가 요시미쓰(足利義滿) 319, 320, 350
아야히도(漢人) 188, 207
아와(阿波) 188, 211, 224
아와기(阿波伎) 210, 212, 224
아와지(淡路) 159, 186, 211
아잔(阿殘) 57
아지발도(阿只拔都) 342
아지사주(阿知使主) 181, 187
안무사 조동희(趙東曦) 294, 305
알 이드리시(Al-Idrisi) 287
야마도(大和國) 166, 182, 206
야요이 문화(彌生 文化) 26, 100, 141
양날 장검 84
양맥(梁貊) 63
양수(良守) 294, 295, 305

양을나(良乙那) 74
양자강(揚子江) 27, 198
양전(量田) 350, 353, 354
엄치(臣智) 70, 221
연장성(燕長城) 30
연지(燕地) 22, 55
영산강 250, 254, 290
영산포(榮山浦) 59, 114
영암(靈巖) 115
영주(瀛州) 126, 41, 42, 230
영주지 73
영파(寧波) 124, 203, 362
예실불(芮悉弗) 103
오다 노부나가(織田信長) 370
오대산(五台山) 201, 204
오오아마(大海人) 황자 223, 225
오오쿠니누시(大國主神) 131
오우징 천황(應神 天皇) 165, 166, 182
오월국 280, 283, 284, 290
옥녀봉 토성 249
온조백제 177
옹관 83, 249
와크 와크(Wak wak) 288, 361
완도 239, 270
완하국(琓夏國) 91, 98

색인 393

왕건 290, 291
왕안석(王安石) 298, 329
왕직(王直) 365, 366
왕험성(王險城) 22
왜(倭)의 오왕(五王) 164
왜관(倭館) 351
왜구(倭寇) 296, 338, 367
왜노국(倭奴國) 61, 96, 100, 101, 131
왜성(倭城) 28
왜한직(倭漢直) 187, 206, 223
요동군(遼東郡) 29, 35
요서 백제(遼西 百濟) 199
요서군(遼西郡) 35
요양(遼陽) 30
요하 문명(遼河 文明) 24
요하 왕검성 24, 55, 57
용강산(龍崗山) 109
용담동 고분 83, 94, 254
용성국(龍城國) 90
용천검(龍泉劍) 85
우거왕(右渠王) 48
우라산성(亏羅山城) 170
우마(宇麻) 159
우탄국(于闐國) 189
웅진(熊津) 240

월성(月城) 90
월주(越州) 71, 161, 183, 234
월주백제(越州百濟) 197
월지국(月支國) 190
위덕왕(威德王) 117, 196, 253
위만조선(衛滿朝鮮) 32
유가항(劉家港) 322
유구(琉球) 362
유리왕(瑠璃王) 63
유성(柳城) 30
유수(濡水) 28, 31
유슈(渝水) 22
율령 국가(律令 國家) 188
을나국(乙那國) 91, 102, 104, 125
응유(鷹遊) 203, 284
이두문(吏讀文) 79
이두어시(馬岳) 128
이병도(李丙燾) 29, 122
이븐 코르닷드베(Ibn Khordadbeh) 288, 304
이성계 344, 350
이어도 산 124, 286
이잔국(利殘國) 169, 172, 175
이종무(李從茂) 352
이주(夷洲) 120, 265

이진(梨津) 128, 369
이키노 하카도고(伊吉 博德) 208
이행(李行) 345
일기도(一岐島) 349, 350
일월광(日月光) 80, 85
임나가라(任那加羅) 179, 182
임둔군 55
임보일(林寶一) 336, 337
임신난(壬申亂) 188, 225
임신약조(壬申約條) 358

〈ㅈ〉

자미산성(紫微山城) 249, 252
자장정률(慈藏定律) 200
장강(양자강) 203, 291
장당경(藏唐京) 21
장보고(張保皐) 268, 270, 276
장사성 325, 328, 332
장산군도(長山群島) 60, 124, 129, 159, 199, 261
장회(長淮)의 무족(茂族) 272, 279, 290, 330
적산포(赤山浦) 203, 262, 322

전류(錢鏐) 278
전방후원형 고분 142, 151, 243, 251
전서대장군(鎭西大將軍) 319
정도전 347
정동행성(征東行省) 314
정문빈(丁文彬) 327, 328
정한론(征韓論) 315
정화의 대항해 359, 360
제주말(濟州馬) 113, 128, 282
제주배(濟州船) 236
제주삼읍도총지도(濟州三邑都總地圖) 108
제천대회 87
조선 유민(朝鮮 遺民) 55
조양(朝陽) 24
조우신라(朝于新羅) 149, 154
조종의 법(祖宗之法) 329
주교주의(呪敎主義) 138, 205
주군제(州郡制) 292
주산(舟山) 123, 124, 265, 269, 327
주산군도(舟山群島) 118, 159
주선국(州鮮國) 116, 162
주술적 신라명신(呪術的 新羅明神) 264
주원장(朱元璋) 328, 331
주유성(周留城) 213

주호(州胡)의 선비족(鮮卑族) 116, 161
주환(朱絙) 364, 369
죽금성 249
지토여제(持統女帝) 260, 261
지팡구(Chipang) 308, 370
지표지명(指標地名) 34, 50
진괴오(陳魁五) 336
진괴팔(陳魁八) 336
진군상(陣君祥) 305, 336
진나라의 피난민(秦之亡人) 47, 48, 190
진번 21, 25, 32, 56
진번인(眞番人) 28, 34, 55
진여의(陳汝義) 345
진한(辰韓) 49, 50
집고구진(集古求眞) 170
집안(輯安) 170, 173
징구 황후(神功皇后) 140, 167, 187

천근활(千斤弓), 백근살(白斤矢) 80
천마(天馬) 283
천주(泉州) 362
청동기문화(靑銅器文化) 27
청해진(淸海鎭) 269, 270, 275
초감제(降神禮) 88, 89
최영(崔瑩) 340
최치원(崔致遠) 49
최해산(崔海山) 160, 347
치우(蚩尤) 17

〈ㅋ〉

칸두(Kantu, 抗州) 285
쿠빌라이 칸 308, 309, 312, 323
크로체(Benedetto Croce) 77

〈ㅊ〉

창국(昌國) 284
창려왕검성(昌黎王儉城) 20, 31, 57
창해(漲海)의 웅번(雄藩) 272, 279, 290, 330

〈ㅌ〉

탁라(乇羅) 51, 75, 76, 201
탁라국(乇羅國) 293, 294
탁록의 들(涿鹿之野) 17
탁수(涿水) 49, 50, 102, 110

탐라(耽羅) 115, 153, 259, 293
탐라국(耽羅國) 149, 291, 346
탐라국왕세기(耽羅國王世紀) 25, 119
탐라국초토사 316
탐라군(耽羅郡) 294, 295
탐라순력도(耽羅巡歷圖) 45, 203, 236
탐라의 보복 해란 332, 335
탐라지(耽羅志) 78, 143
탐라총관부(耽羅總官府) 273
탐모라(耽牟羅) 195
탐진(耽津) 113, 151, 152, 239, 271
테우 239

⟨ㅍ⟩

패수(浿水) 32, 38, 57, 68
평양 57
평저선(平底船) 235
포상팔국(浦上八國) 146
포진보(鮑進保) 337
표류민(漂流民) 351, 373
풍속무음(風俗巫音) 79
피로인(彼虜人) 351, 334

⟨ㅎ⟩

하남 위례성(河南 慰禮城) 67, 69
하카다(博多灣)만 100
하타씨(秦氏) 188
한내(漢川) 109
한라호국신사(漢拏護國神祠) 78
한방언(韓邦彦) 340
한성백제 192, 245
항거왜인 351, 356, 357
항주(杭州) 42, 124, 203, 297
항주만(杭州灣) 25, 236, 261
해금령(海禁令) 338, 374
해동통보(海東通寶) 300
해란 329, 338
해랑도(海浪島) 60, 125, 199, 261, 262, 375
해빈 미추홀(海濱 彌鄒忽) 67, 69
해신당(海神堂) 108, 276
해양국가 289
해우(解憂) 97
현도군(玄菟郡) 55, 56, 58, 63
혼인지(婚姻池) 100
홀승골(訖升骨) 62
홍다구(洪茶丘) 311

화류준종(驊騮駿種) 283
활쏘기(射矢) 92
황룡국(龍城國) 98
황중문(黃仲文) 302
황하(黃河) 27, 198
회계군(會稽郡) 161
회수(淮水) 19, 198, 291, 301
회이(淮夷) 19, 97
회진(會津) 117, 254
회통(會通)운하 322
후기 해란 363, 364, 369
후량(後梁) 278
후백제 280, 290
후쓰노 미타마(夫婁之御魂) 184
후지와라가(藤原家) 207, 260, 276
흑수양(黑水洋) 287
홍덕리 고분군 251
홍리왜인(興利倭人) 353
홍양고성(興陽古城, 古興邑城) 163
히미꼬(卑彌呼) 164, 167